梁景之 —— 著

图像与历史

华北民间宗教
调查研究

社会科学文献出版社
SOCIAL SCIENCES ACADEMIC PRESS (CHINA)

赵家梁普明庙新建题记

十化牛角始圣诞身

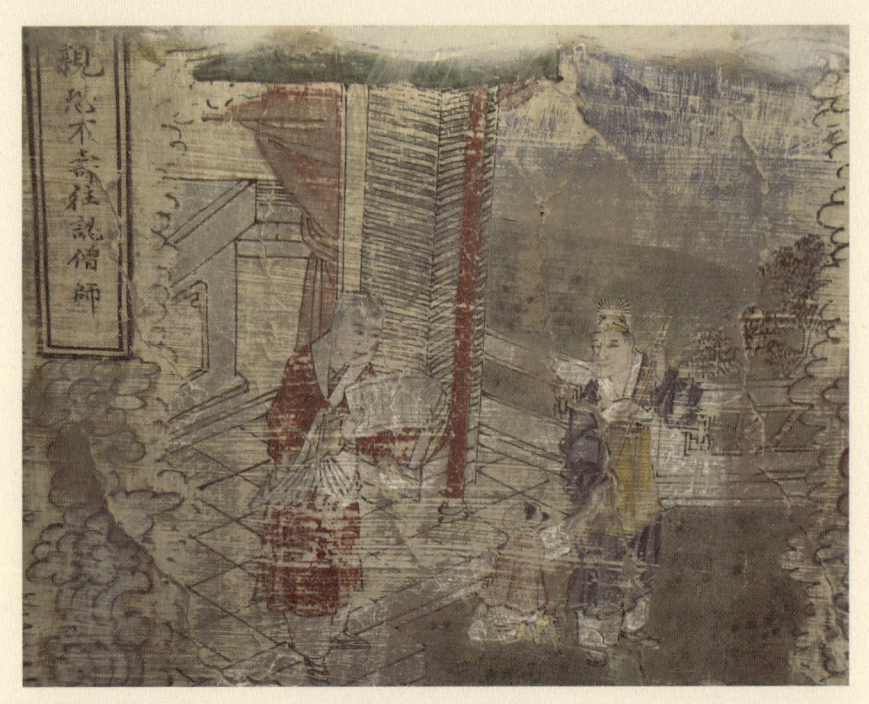

亲恐不寿往认僧师

立春随父移居膳房

菩萨传言令证人伦

效力边庭御侮伤目

回心向道化顶求师

麻景苦拷商富赔补

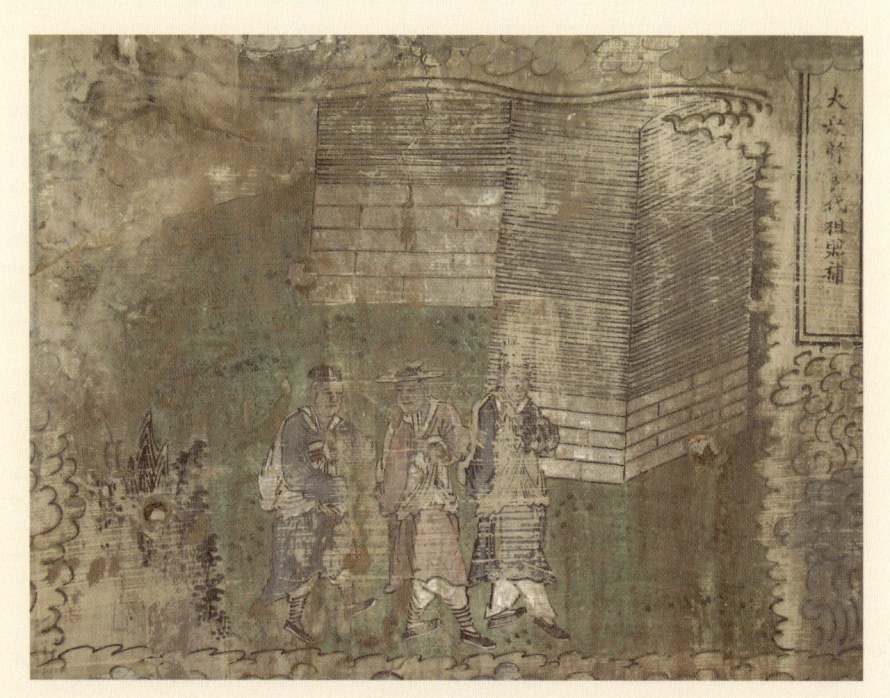

大众贤良代祖赔补

粮草补足释放还家

李庄偕亮建铁佛寺

酬恩谢圣岁大有年

通传皈戒不染瘟瘴

参禅入定运出阳神

头百户屯法船大开

马房说法喧演大乘

怀安化度善男信女

宣阳宝地说法谈玄

演留经典降伏妖精

玉敕封镇北天教主

再诣化顶传度赵先

枳儿岭上说法利生

侯真赵越发誓领经

聚众悲泣秘授家书

老母开法整理传灯

水庄坐道周传九法

静祖掌船续亲大法

经成了义救度原根

贤祖接法演留混沌

李景清家入圣回宫

五佛果成入圣回宫

锄禾显圣

佛祖在天

入山修心

竹林寺吾当老祖像

竹林寺无生圣母像

竹林寺弥勒殿藻井

竹林寺壁画-1

竹林寺壁画-2

竹林寺壁画-3

竹林寺壁画-4

金山寺壁画-1

金山寺壁画-2

金山寺壁画-3

金山寺壁画-4

水庄屯李记家谱

目　录

导　言 / 001

第一章　调查地情况及主要发现 / 008

第二章　图像中的历史镜像 / 044

第三章　"五佛"群像与内修意象 / 103

第四章　手卷绘图与信仰再现 / 139

第五章　砖碑由来与罗教余脉 / 157

第六章　《文华手卷》对勘与解读 / 172

第七章　明宗会源流与黄会 / 208

后　记 / 241

导　言

　　华北大地，长城横亘，和合南北，地灵人杰，历史悠久，文化多彩。唐宋以降，三教合一思潮风行。金元之际，新兴势力全真、真大、太乙崛起，谓之新道教。后杂糅融摄，并派合流，全真独秀。迨至明中，黄天兴起，外佛内道，崇全真而开新，蔚然成气候。可以说，黄天道是明清时代华北地区最具代表性的民间教派之一。对于黄天道的研究，无疑属于教派史研究的范畴，也是中国民间宗教史研究的重要内容之一。1947年李世瑜在万全县的调查可谓开黄天道研究之先河，其成果集中体现在《现代华北秘密宗教》第一章"黄天道"部分。但限于当时的学术环境，对于那些现在看来弥足珍贵的黄天道寺庙壁画，李世瑜先生虽然抄录了壁画的大多标题，却没有留下任何图像资料，而对于一些抄本、刊本等宝卷资料也没能进行充分的收集和整理。据介绍，李世瑜调查的范围包括万全县的南部及怀安县的部分地区，共走过92个村庄和张家口一市，历时一个半月，其间获得不少田野调查资料，并在其中14个村庄首次发现了黄天道信仰的具体事象。虽然以今天的眼光看来，这次调查无论是从深度还是从广度方面都尚嫌不足，但以特定时期的田野调查而言，其学术价值无疑是值得充分肯定的。不过必须指出的是，由于李世瑜是在开始调查之后的第十个工作日才偶然发现黄天道的蛛丝马迹，加之缺乏必要的前期准备工作，以及当时条件的限制，故而对黄天道的了解以及诸多看法、见解也就难免出现偏差，特别是他基于秘密宗教的认识所持有的过于怀疑的态度，仅以自以为可靠的个别文本为依据，并没有对碑刻、民间传说等其他相关资料进行更加认真细致的综合梳理、比对和辨析，尤其是缺乏对文献资料准确而深入的解读，从而对黄天道的分布、创教人等早期历史状况，既不能窥其真相，更无法知其全貌，实属憾事。尽管如此，《现代华北秘密宗教》仍然是中国民间宗教研究中值得关注的一部著作，也是从事民间宗教研究，特别是北方黄天道研究可资参考的一部重要书籍。

总体而言，国内对于黄天道的研究起步较晚，真正的研究，特别是比较深入的研究开始于20世纪80年代。濮文起的《中国民间秘密宗教》（浙江人民出版社，1991）和《秘密教门——中国民间秘密宗教溯源》（江苏人民出版社，2000）两书的有关章节，对明代黄天道的传承、传播以及经典等基本情况做了介绍。

连立昌、秦宝琦著《中国秘密社会》第二卷"元明教门"（福建人民出版社，2002）第六章"黄天教"，充分利用最新刊行的经卷文献和相关调查所得，对明代黄天道始祖李宾的出生地、行迹、创教时间与黄天道的传教世系、经卷教义等诸多问题，做了比较详尽细致的考察分析，且多有新意，值得关注。

马西沙、韩秉方著《中国民间宗教史》（上海人民出版社，1992）第八章"外佛内道的黄天道"，积十多年资料搜集、文献梳理与实地调查之功，对黄天道的创立与传承、流衍与分派、内修与科仪、经典与教义特点及其与道教、全真道乃至华北地区其他民间教派的关系均做了全面、深入、系统的考证、辨析和论述，是目前黄天道研究中最重要、最具代表性的成果。

无疑，黄天道研究迄今已取得多方面成果，并呈现出两大基本特点。一是在研究方法上，开始注重多学科的综合研究，即在传统历史学、宗教学强调文献研究的基础上，借鉴文化人类学的田野调查方法。二是在资料的发掘整理上，以大量宝卷资料的刊出为一大亮点，如《宝卷初集》（1994）的影印出版，《明清民间宗教经卷文献》（1999）及其续编（2006）的付梓，特别是《中华珍本宝卷》（2013～2015）的陆续刊出，为该领域的研究提供了丰厚的资料基础，同时也意味着今后黄天道的研究尚有很大的空间。其原因在于，一是现有研究成果多集中于明清时期，对于清末以来黄天道的研究相对不足，特别是有分量的成果较少。二是对现存黄天道经卷的解读和利用还不充分，文本研究，特别是专题性研究有待深化。三是相关田野调查的深度和广度还需加深和拓宽，碑刻、家谱等实物资料、寺庙壁画等图像资料的搜集、整理和研究重视程度不够。因此，本书试图达成的目的主要有两点。一是充实既有研究，通过对目前黄天道研究中尚存争议或异议，以及关注程度不够的一些问题进行深入分析，予以合理化解释，修正或补充现行观点。二是拓展已有研究，通过对新发现"三大活态化经书资料群"、寺庙壁画图像群以及碑刻、家谱等一手资料的整理分析，进一步拓展黄天道研究的领域和范畴，并尝试提出一种比较个性化的分析框架和研究方法，力求通过专题性研究，在整体上有所突破或创新。

就本书的主要内容、结构而言，可以分为一个中心、两个基本点、五大要素、六个方面。

一个中心，即以历史时期华北地区最具代表性的民间教派黄天道为研究主题，从历时性与共时性两个维度，对特定区域，即张家口、大同一带黄天道发展过程中诸多尚未解决和认识不清以及有待深化的问题进行分析讨论，同时对黄天道与其他教派之间的关系给予一定关注。

两个基本点，即以寺庙与相关人物为基本线索点和时空坐标点，通过对相关寺庙空间场域与特定人物时间经历之内在关系的把握，如膳房堡碧天寺与普明家族和许姓、膳房堡普佛寺与志明和尚、水峪口竹林寺与普静祖和梁氏家族、双塔村金山寺与忠信和尚等，以厘清以寺庙为核心的教派活动特点及其相关事件之原委，缀合片段性时空场景，尽量还原历史的真实。

五大要素，即以寺庙壁画、经卷、碑刻、民间传说和调查访谈口述等五方面资料，作为立论的主要依据和资料支撑，综合利用各类资料之特点和优长，特别是发挥第一手资料的作用，形成比较完整可靠的资料链条。

六个方面，即构成主体内容的六大专题，也是彼此关联的六大问题系列。以问题立论，通过专题性深度拓展，集中攻关，以破解涉及整体性研究中的关键问题、疑点和难点，并尝试提出一些新的见解和新的看法。

众所周知，由于历史原因，黄天道的寺庙迄今多遭毁弃，所存甚少。

学界对黄天道寺庙现状、性质及其分布的了解极其有限。根据多年长时段不间断的田野调查和实地走访，在对黄天道寺庙广泛考察、比较分析的前提下，本书提出了黄天道"孤庙"与"全庙"的概念及其两大分类观察模式，从而为认识和把握黄天道信仰空间、宗教场域的性质、地位及其活动方式提供了一种比较独特的视角。

"手卷"是黄天道内部传留的一种别致的经书体式，发现较少，研究不多。通过对稀见黄天道经书手卷中图像的解读和分析，本书认为三佛应劫说是手卷图像三佛图意象表达的主旨要义，三佛图中弥勒形象的凸显，隐含末劫救世说的奥义，是三佛掌教、弥勒为尊理念的直观体现。在教派实践中，弥勒信仰则转化为现实版的教祖崇拜，教祖崇拜在赋予三佛图以新的内涵和教派特性的同时，也获得了一种较为含蓄的间接表达方式。同时发现，在民间宗教的语境中，所谓银城，至少有三重含义，即天上银城、地上银城（劫化银城）和人身银城，从而跨越现世与来世、人间与天堂，集宗教性、地理性和内在性三者为一，共同构成了银城信仰最基本的命题。

罗教是早于黄天道而兴起的民间教派，对黄天道的创立多有启迪作用。新发现的罗教砖碑，不仅为研究罗教历史提供了一份重要的实物资料，也是迄今为止少见的最为完整的罗教碑刻之一。通过对砖碑的深入分析，本书发现罗教式微后，虽然个别罗教信徒心存复教的愿望，但大势已去，其主体与黄天道等新兴教派日渐合流，最终融入社会变迁的过程而不时变易其形态。

黄天道的会，又称普渡会场，形形色色、规模不等的会，构成了黄天道信众群体的最基本单位，也是黄天道有别于其他教派的组织特点之一。根据对不同版本经卷进行校勘分析，本书认为黄天道普渡会场五十二会，即南岸五十二会，实为郭真老祖所创嫡传法会，真定府九龙岗是郭真立教出世之地。郭真去世后，其教门在较长时期内陷入了一种低迷状态，直到普明祖出世，五十二会最终皈宗黄天道，局面方为之一变，郭真也因此被追认为黄天道第六代教祖。郭祖法门皈宗黄天道，堪称黄天道发展史上的重要事件。二十四会则是普明祖的嫡传法会，普明祖去世后，二十四会虽然仍是普明的法脉，但随着世事变迁，物是人非，大抵在明末清初，以膳房堡北岸头一会会主"言午祖"许堂为代表的黄天道周边各会，逐渐走上了一条不同于"旧路"的道路，那就是"黄会"与"明会"的合流共存。

关于明会源流，学界目前很少讨论，或推测与还源祖还源教相关。通过调查访谈与经卷，特别是新见经卷文献的细致梳理和综合分析，基本廓清了还源教之还源祖与明宗会之王还源、还源古佛，东大乘教之创立、石佛祖与王森，以及王森东大乘教、明宗会与黄天道明会之间错综复杂的渊源关系，并对王森生平行迹提出全新认识。认为东大乘教创立的时间当在明嘉靖四十三年（1564）之前或更早，而非万历年间。还源祖、还源古佛即石佛口王森，道号明宗，或称王还源、王明宗，为清净教、大乘门、总引明宗兴隆派之教主，凡圣十二部堪称其本派经典。很显然，此明宗会之还源祖，非彼还源教之还源祖。还源教之还源祖与明宗会之王还源，两者既非一人，更不同教，年龄、身世、家庭、父母、子女等情况以及组织理念一概有别，唯同属滦州东胜卫，同地同乡，或者同姓。

王森既为东大乘教、明宗会教主，但其师承关系却一直是个谜团。分析推断：很有可能，在石佛域王祖、老法王石佛祖归空后不久，石佛口东大乘教已然完成了教权转换，由来自蓟州，或为同族的闻香教教主王森接法续灯，从而开启了一个后石佛祖时代，即王森家族掌教的时代，虽然教内保留了石佛祖的名号，但石佛祖早已不是原来意义上的老法王石佛祖，而是接法石佛祖王森，而且还源古佛、还源祖、古还源佛、明宗祖等新的称号以及"牟尼注解祖经一十二部"的出现，标志着东大乘教内部正在悄然发生着某种新变化，那就是明宗会的分宗立派与流布。

所谓明宗会、明宗之会，即黄天道的明会，主要活动于当时宣府万全右卫一带，虽然名义上共尊普明，但教法有别，故为黄天道正统所强烈排斥和诋毁。不过，明宗会之所以能够皈宗黄天道，并进入黄天道祖庭核心区域活动，与当时黄天道"北岸头一会膳房堡会主许言工"，即言午祖许堂的接纳直接相关。另外，根据经书记载与地望考察，可以确认清茶门教通行的《九莲经》，并非本派所造，而是出自天真教无量祖。

1875年，明会志明和尚发愿重建膳房堡普佛寺，被认为是晚清黄天道史上的中兴事件。经过多方调查访谈，结合相关记载，确认志明和尚，俗名马有财，原为张北县台路沟乡朝阳窑子村人，后出家为僧。同时推断：因为志明建庙有功，以志明为代表的明会，从此堂而皇之进驻普佛寺，且辟有专门的活动场所与供奉本派始祖的佛殿，正式开启了明、黄两会共享一庙，皈宗合流的历史。虽说民国时期明、黄两会曾发生过争执，但应属偶发事件，并非常态。当然，明会势力的坐大也是一个不容忽视的事实。明会日趋活跃，特别是在寺庙事务上产生越来越大的影响，客观上挤压了黄会的权力空间，加之普佛寺田地产业甚多，因此，也不排除资源或利益因素对双方关系的某种影响。不过，随着"十八村"经营的开始，教派管理模式最终代之以属地管理模式，从根本上化解了明、黄二会潜在的利益和寺权之争。

　　对寺庙壁画图像的解读是本书的重要内容。根据对黄天道寺庙壁画图像的分析解读，以图像入史证史，厘清了黄天道早期发展史上的若干问题，明确提出了黄天道信仰体系和传承谱系中的"三普""五祖"概念，而且确认"三普"之一"九祖"普净，家住今阳原县东城镇水峪口村，与梁氏家族结缘颇深，竹林寺即其说法道场。

　　分析认为，竹林寺自万历四年（1576）始建，经过二十多年持续扩建修造，至万历二十七年（1599）终成规模，其中梁氏家族特别是梁尚文功不可没。梁尚文大致生活于明嘉靖至万历年间，民间所谓普明与郑爷、梁爷在竹林寺共修一说，并不确切，但与普明黄天道存在某种机缘或联系则是肯定的，这位媒介人物就是郑爷普净，应该说普净才是梁爷皈依黄天道并发心建寺的真正推动者。

　　普净与梁爷同乡，相交甚厚，万历四年普光祖归空后，或许为避免陷入碧天寺祖庭普明家族的教权纷争，于是回归家乡，借助于梁爷及其家族的财力和人脉，重开一方丛林，并于万历六年（1578）正式开道，使竹林寺成为普净说法布教的新道场，直至万历十四年（1586）回宫，共掌教九年。此后，梁尚文及其"梁氏世有一人主持寺事，谓之法主"，竹林寺事实上成为"梁家庙",由梁氏一族成员世袭掌管,代代相因,未曾旁落,但日常事务特别是法事活动基本交由守寺道人或僧人住持打理。值得注意的是,在乾隆二十八年(1763)万全黄天道事件中,竹林寺、梁氏家族并未受到任何牵连和影响,香火依旧,梵音不绝,这不能不说是一个奇迹。

第一章　调查地情况及主要发现

第一节　历史概况

黄天道创始于明朝中后期，早期活跃于以宣府、大同府为中心的洋河、桑干河流域，教势遍及今河北张家口地区以及晋北各地，远达塞外乃至京师一带。数百年间，虽然遭遇乾隆二十八年（1763）的灭教之劫，一度归入沉寂，但却并未就此绝迹，特别是清朝末年，经过黄天道祖庭——碧天寺（光绪元年即 1875 年重修后又称普佛寺）住持志明师傅倡导的复教活动，潜滋暗长的黄天道得以重新活跃，并融摄各派，流布四方。

俗云"天下寺庙明朝修"，华北地区的寺庙也不例外，其中绝大多数兴建于明清之际。而自明代中后期到 20 世纪中叶，黄天道的辗转传播和流布，在华北一带留下了许多黄天道或者与之关联的寺庙遗迹和遗存。据文献记载以及相关调查可知，即便不包括乾隆时期被大量毁灭的关涉黄天道的寺庙在内，仅从民国时期的情况来看，在黄天道活动的中心区域张家口一带，每个村落几乎都有黄天道的寺庙或庙堂。1947 年李世瑜在田野调查中发现，在其走访过的 92 个村庄中有 14 个村庄存在黄天道信仰的迹象，并推断可能还有更多的村庄存在该教门的信徒。由于黄天道主张三教合一，"俗衣人说法"，家堂做会与庙堂说法兼顾，而且多借庙行教，故遍布乡村城镇大大小小的寺庙，实际上成了黄天道通常活动的场所。《万全县志》载："僧有十方之食，寺立百户之乡，尤以明中叶敕建寺庙为多。今寺观之有者，十九皆为明代所遗。寺之大者即设十方丛林，甚小者亦住持三五人，皆容纳僧众以说佛诵经者也。"又云:"至三家之村,偏僻之地,有人家即有庙宇,有庙宇即有住持,多则二三人,少则亦有一人,故佛教势力虽日渐衰微,而佛法仍能深入人心,终久不易没落也。"

至于本地的道教,"虽产于中国,其势于佛教相差甚远,民间信之亦不若佛教之深,对丧事虽有僧道对坛诵经念佛以超度死者之习,然举行者甚少,至祛邪拿妖为道家之所长,然试之往往效力不甚著,以致失人民之信仰。至清静无为尤不合生活竞争时代,故道教前途更难望其发展。至道士住持寺观,亦甚寥寥,除张家口之北关财神庙、桥西龙王堂外,其余乡寺村庙,虽各有老道,实则并非道士,亦不过守庙之仆役耳";"其他各教,皆性质不明而行为似宗教,如吃素者在理者以及黄教等,皆中等以下之人所奉,教义暧昧,行为奇特,所供之神佛,皆有诸神杂陈"。① 不过,在佛、道式微的同时,杂糅三教的黄天道大行其道。

据回忆,在黄天道祖庭所在的万全县,由于过去是沟通塞内外的关隘重镇,又是商埠之城,庙宇众多,以万全城为例,"其庙宇星罗棋布,遍及全城各个角落。从明初至清末先后共建庙宇五十多处,居全县首位。全城庙宇建筑的占地面积,占全城居民住宅面积的十分之一。城外,庙地约占全城好地的百分之十五左右,庙宇集佛、道、儒三教之大成"②。至1940年前后,黄天道在本县建立了12个分会,涉及65个村庄、18处庙宇、74处佛堂,共有中、小道首78人,道徒663人。此外还涉及张北、怀安两县的部分村庄。黄天道的另一支派明会,则建有"黄经堂"6处、佛堂21处,涉及本县42个村庄,发展中、小道首43人,道徒412人。③ 洗马林镇则是通往塞外的另一要道。史载明朝初年,洗马林已形成相当大的村落和军事要塞。随着士农工商的聚集和戍边的需要,宣德十年(1435)开始堆土筑城,隆庆五年(1571)增修包砖,洗马林遂成为一座雄伟坚固的城堡。据详细统计,在全镇不足两平方公里的土地上,有大小庙宇寺院30座,而且

---

① 路联逵、任守恭主修《万全县志》卷七,察哈尔省万全县编修馆编印,1934,第46页。
② 赵俊:《万全城的庙宇及庙事活动》,万全县政协《万全县文史资料》第三辑,1990。
③ 王金城:《封建会道门在万全县的组织情况》,万全县政协《万全县文史资料》第三辑。

是和尚、道士、尼姑皆有，自然也少不了黄天道的信众。①

　　阳原县地处桑干河流域，亦为黄天道传播与活动的核心区域。明属宣府顺圣川，"北有东西二城，其东城为顺圣县，元属顺宁府，西城为弘州，元属大同路"②。县志云，本县祀神约分三类：一是想象之无上神，如"天地三界十方万灵真宰"；二是历史人物，如孔子、关羽；三是尊神，如玉皇、泰山娘娘等。③特别是天地三界十方万灵真宰，为本县"各家皆供"之位，"盖以为宇宙一切事物冥冥中必有主宰，故恒供奉，以求免祸降福。'天地三界十方万灵真宰'平时位在北房中楹廊下，迄元旦日则移于院中，前设香案供三牲，每晚烧烛，至夜十时始至。上元后仍移原位。清时知县每于元旦后祀天于郊，到民国5年，地方祀典废止，惟民间行之，至今弗替"④。据载，民国时全县有大小寺庙1000余座，多为明清时所建，其中大者160余座。

　　本地的道教，"故例，凡寺庵供佛，皆以僧尼住献，凡庙观供神，皆以道士住献。界范判然，理宜互守。然至清季，庙观恒见僧人，寺昭罕有道士。此即佛盛道衰之征。数十年来，本县也不外是。往在清末，道士较僧虽少，约五六分之一，各村尚未绝迹。民国以还，东城揣骨疃等大镇，道士尚存一二庙观，以外则均被夺。治城道人住献之所，仅得其三。……其所恃以养瞻（赡）者，半赖寺产，每年每庙约二十至三十元，半赖唪经。有清时代，道士稍伙（夥），唪经大宅，尚可成班。彼时富家较多，机会恒有，故其年入，颇足补助。近则民穷财寡，迷信不深，水陆道场，年不经睹，偶有需时，三道未能充数，尚须特约在家道人，俗称三元义，勉凑八数。此辈虽不宿庙，各有家室，然关于唪经吹打音乐之技，亦属应有尽有。届时自携法器仪仗、道服、经书，应约合组，事毕各分谢金，每日人约五

---

① 秦万选：《洗马林镇史实节录》，万全县政协《万全县文史资料》第三辑。
② 《明史·地理志一》卷40，中华书局，1984，第902页。
③ 李泰棻总纂，刘志鸿主修《阳原县志》，民国二十四年（1935），河北省阳原县地方志编纂委员会办公室重印，刘志河标点，1986，第239页。
④ 李泰棻总纂，刘志鸿主修《阳原县志》，第240页。

角至元。平日道士在庙，焚香唪经，各有成例。而在家信士，则持斋应课，多无定规。盖各有职业，农人最多，无暇为此。今则住庙住家者数均日减，全县所有，不足六十，比之佛门弟子，殊有霄壤之别。然其由来久矣，今则特甚耳"①。

较之道教，佛教在民间社会的影响似乎更加深远，以妇女为主的居士群体人数亦众，且流传有序，多出禅宗临济宗一派。"本县僧众，就近百年言，河北约分两支：一系县城弥陀寺方丈如意之五世徒温和等，现住西关龙王庙。一系晋僧应和之四世徒灵鹫等，现住城内城隍庙。河南亦分两支：前清光绪初年，宁和尚假双塔金山寺地址，传教于揣骨疃、独山堡、三泉村、邓家庄、曲长城等村，此一支也；又有朝和尚者，于光绪三年，由东城大寺移住揣骨疃堡内之三义庙，传教各村，其弟子有围和尚、苏和尚等，此又一支也。……吾县桑干南北各寺僧众，不外以上四支所传，各寺所奉，则为弥陀、释迦、观音以及十八罗汉等，所唪则为心经、金刚、华严、法华以及楞严经等，但深明经义者，除朝、围诸和尚外，余皆喃喃，莫明深义。各僧善瞻（赡），除寺院入款外，亦系半依唪经。不过本县丧葬，十九皆延僧众，故其机会，较道为多；然僧徒亦较道为多。平均所获并属寥寥。奉佛教徒、僧尼而外，在家居士为数亦伙（夥），尤以妇人为众。善男信女，实繁有徒，故虽农村破产至于今象，偶有寺观修理之举，布施仍可源源而至。其入人之深可想见矣。"②

怀安县明属宣府，先后置万全都指挥司等统怀安卫，隶京师。清属宣化府，后改隶山西、直隶等。本县"介于宣大之间，外毗边塞，内屏幽燕，群山纠绕，地极险要；汉唐以来，或属中国，或沦异族，早为兵家所重视；迨至朱明，尤为敌冲，警屡至焉。成化十年，置分守西路参将于柴沟堡，以张家口，万全，左卫，膳房，新河口，属上西路；洗马林，柴沟堡，西阳河，怀安，属下西路"。又云："怀安县境，万山丛列，又居洋河上游，古昔称为要地。迨至朱明光复，中原虽统一，而元裔盘踞蒙古，犹不时南

---

① 李泰棻总纂，刘志鸿主修《阳原县志》，第229页。
② 李泰棻总纂，刘志鸿主修《阳原县志》，第230~231页。

下；怀安既迩边地,适成内地门户,故屯兵设将,不遗余力,在当时以县西之西阳河李信屯柴沟堡为尤要,而左卫渡口堡次之。"① 怀安县为黄天道教祖、创始人普明李宾及其夫人普光王氏的家乡,当地特殊的社会环境与浓厚的宗教氛围造就了其不平凡的人生。应该说,早在黄天道创始之前,形形色色的信仰群体,特别是以女性为主体的民间信仰群体即已大量存在,成为乡土社会宗教生活的一种常态,这无疑为后来黄天道的发展壮大提供了充分的民众基础,其中又以妇女为最虔诚的支持群体。诚如县志所载:"本县妇女,表面上多不奉教;然无形中受佛教及儒家之学说,影响实深矣。极信因果轮回及听天由命之说,无论境遇若何痛苦,悉委之于命,卒能安然忍受,而无丝毫反抗精神……至有患难疾病,每多焚香忏祷,或求神问卜,而对巫婆尤为信仰。"②

当然,晋北各地,即大同府辖地,其宗教氛围、村风、民习与宣府即张家口一带并无二致,传统上均属于五台山佛教文化圈,又因宣府为历代以来山西移民的迁入地,两地人员往来甚繁,故张家口方言亦属于晋语系,即晋语张（张家口）呼（呼和浩特）方言区。无疑,语言文化上的相近,自然为黄天道的流布和传播提供了良好的环境条件,大同府辖地即晋北地区遂成为明清时代黄天道活动的又一中心区域,从源流上看,黄天道早期的某些教义文本可能出于此地。

总体而言,明清以降,随着民间宗教其他教派的兴起,尽管黄天道在华北的教势有所减弱,但教派间的融摄互动、交流涵化却日趋深化。虽然纯粹的黄天道寺庙,即主供黄天道开祖普明、普光夫妇的所谓"孤庙"数量不多,但三教合一或杂糅三教乃至其他新兴教派的"全庙",则实际上成为黄天道一种常态的存在方式。因此,"孤庙"与"全庙"不仅是构成黄天道寺庙体系的两种基本形态,而且"孤庙"与"全庙"的分类,也成为理解并把握黄天道信仰空间、宗教场域及其活动方式的一种方便的视角。

---

① 景左纲修,张镜渊纂《察哈尔〈怀安县志〉》,民国二十三年铅印本影印本,台北,学生书局,1967,第56页。
② 景左纲修,张镜渊纂《察哈尔〈怀安县志〉》,第282页。

第二节 现存黄天道"孤庙""全庙"及其壁画

宣府、大同府即今天以洋河、桑干河流域为中心的张家口、大同地区，不仅是黄天道的发祥地，而且是明清以来、历代黄天道传教活动的核心区域，其中又以黄天道祖庭所在地万全县与黄天道教祖出生地怀安县以及阳原县、蔚县等地最为活跃。1947年李世瑜的调查曾踏及万全县与怀安县的92个村庄，且多有发现与收获，可谓开华北黄天道田野调查之先河，但更为重要的是，为后来的田野调查提供了必要的线索以及可资参考的研究成果。因此本次调查，一方面是基于李世瑜的先行调查，对其曾经走过的92个村庄进行回访式跟踪调查。当然，两次调查，虽然相去达半个多世纪，时空转换，今非昔比，但乡村社会的某些特质当一脉相承，历史的记忆不会全然消失。另一方面是进一步延伸调查的范围，适当拓展研究的空间。即在实地考察李世瑜曾经踏访过的万全、怀安两地部分村庄的基础上，进一步对阳原、蔚县以及大同的天镇、阳高等地村庄进行考察。目的是希望以此方式，在深度与广度上达成对黄天道的再认识或重新思考。这样，从2004年到2011年，每年至少一次，每次短则一周，长则一月，先后十多次，共完成了对130多个村庄的拉网式普查，其中重点走访、考察了其中的30多个村或镇，不仅发现了原以为不复存在的若干黄天道寺庙以及残存的大量壁画，而且访得不少流传已久的民间传说、寺庙碑刻、抄本宝卷、符图印信等各种弥足珍贵的一手资料。2012年以来，随着对重点区域、重点人物的回访式调查，又有不少新的认识和收获。无疑，这对于深入认识黄天道的历史与现状具有资料与学术的双重价值和意义。下面对考察过程中的主要发现和收获分别加以介绍。

一 寺庙与壁画

黄天道寺庙及壁画堪称调查中最重要的新发现。由于众所周知的原因，绝大多数寺庙在"文革"时期毁于一旦，存世的黄天道寺庙可谓少之又少，而发现黄天道寺庙的过程也纯属偶然。

为了进一步考察黄天道的史迹，弥补此前几次无功而返的缺憾，2004年春节刚过，笔者即于正月十一日从北京乘火车经过四个多小时到达张家口市，并于当日下午搭车来到这次考察的第一站膳房堡。膳房堡是黄天道祖庭碧天寺所在地，也是明清以来直到民国时期，华北黄天道的传教中心和圣地。但此时庙宇早已荡然无存，在当地人称为"大庙"的地方，只见瓦砾遍地，一片狼藉，全然找不到史载中所谓"四面环山，基址颇大"的迹象。时近黄昏，旷野寥无他人，匆匆拍下几张"遗址"的照片后，便回到了依然处于节日状态中的张家口。次日，根据李世瑜先生早年调查所提供的有关线索，决定先到赵家梁村了解一下普明庙的情况，若有可能的话，再拜访一下当年普明庙的修建者赵尔理的后人。于是笔者乘车首先到达孔家庄镇，然后包乘一辆当地俗称为"蹦达达"的机动三轮车，不到20分钟便来到了赵家梁。司机是当地人，笔者与司机一路攀谈，当问及赵家梁以及周边村庄现在是否还有寺庙时，回答是否定的，而且语气相当坚决，不容怀疑，称寺庙早在"文革"期间就已全部被毁。听罢，虽然失望却又于心不甘。渐近村头，恰见地里有一老农在忙活，于是停车打探村里是否还有寺庙。老人的回答也很干脆：没有，早就没有了。闻此，心不禁凉了半截，甚至怀疑此行到底值不值得。但转念一想，既来之，进村看看也好。村里依然沉浸在节日宁静而又喜庆的气氛中，一排排新起的红色砖瓦房，似乎都在暗示，别说是寺庙，即便要找寻一座老旧的房子也属困难。大街上少见人踪，却又不便贸然敲门。正失望至极，准备离开时，一位村干部模样的中年男子从一户农家中闪身而出。见状，我们赶紧迎上去，打听村里是否有座普明庙。回答是令人意外却振奋无比的：有！在哪里？在这里！我们将信将疑，紧随其后，返身走进他刚才出来的那户人家："就是这里。"这分明是一户人家，怎么成了普明庙？进屋后坐在北方农村特有的土炕上，跟房东聊了起来，始知这的确就是以前的普明庙，壁画也依然存在，且大部保存完好。这样，此前被学界普遍认为早已不复存在，且具有重要学术价值的黄天道壁画终于得以重见天日，是为公元2004年2月1日即阴历正月十一日上午。

据调查，普明庙始建于民国十三年（1924），占地一亩余，由本村黄天道信徒、当地名医赵尔理捐地出资兴建，以其位于村南，故当地又称之为南庙，属于家庙或村庙性质（见图1-1、图1-2）[图1-2为1938年赵尔理（前排右起第四人）与众道友于普明庙前合影——王德山提供照片]。该庙直到1959年时仍保存完好，1960年以后逐渐废弃。"文革"期间，除正殿外，东西配殿、天王殿以及其他附属建筑均被拆除。当时，被划为地主成分的赵某无家可归，遂以废弃的普明庙为家。直到今天，该庙仍由其后人赵敬元一家三口居住。赵敬元50岁出头，为人朴实厚道，育有一儿一女，女儿已出嫁，儿子在当地打工，自家现有十几亩承包地，种植玉米、小麦、西瓜等。家境看起来较为贫困，生活水平在该村处于较低水平。若干年前，因庙宇东边两间淋雨渗漏，造成局部塌坏，遂拆掉重新翻盖。故普明庙正殿实际上现仅存三间，且已破败不堪，其中西头两间已无法使用，东边一间即原正殿的正中一间，本为堂屋，因漏雨局部崩塌，现改为杂物储藏间，堆放着粮食、煤炭、农具以及其他杂物，而普明庙壁画即发现于这一间。据房东讲，绘有壁画的庙堂中，原有两尊当地人俗称为"娃娃"的泥塑像，即普明和普光的塑像，但在"文革"期间被毁坏。后来，因划为地主成分而无家可归的赵某，被安排在庙里，以庙为家，庙堂被辟为居室，壁画也被抹上一层厚厚的黄泥并粉刷涂白。这样壁画反而得以幸存，并在50多年后再次被我们发现。改革开放以来，农村正经历着巨大的变化，村民的居住条件也在逐步改善，过去的土坯房大多已为砖瓦房所取代，而房东贫寒的家境，使其无力修建新房，这是命运的悲哀，但却无意中为我们保留了这份弥足珍贵的民间宗教文化遗产。在我们小心洗刷掉那层厚厚泥巴后，那段早已被人们忘却，乃至学界认为不复存在的画面再次清晰地展现在我们面前，仿佛在诉说着那段几乎被人们遗忘的故事，同时也再次唤起了人们对那段历史的朦胧记忆。

图1-1 赵家梁村普明庙

图1-2 道友合影

据县志载,赵家梁村位于张垣(今张家口)以西50里处,明万历年间建置,无堡垒,今属万全县安家堡乡,有户400余,有赵、李、王、张等姓,以赵氏为最众,次为李姓。经济以农为主,作物多种植高粱、玉米、谷子、小麦、黍子等。灾害以旱灾、雪灾为多,偶有蝗灾。家畜饲养传统上以养猪为主,新中国成立前也饲养绵羊等。现存的普明庙原为一座孤庙,位于该村以南,根据观察及初步测量可知,普明庙正殿为平顶式建筑造型,洞室结构,坐北朝南,高约3.1米,面阔五间,残存三间,每间宽2.75米,平面长方形。在各开间之间墙壁正面,原镶嵌有砖雕楹联两副,现残存一副半,自东而西,分别为"普照十方三千界""明通乾坤四部洲""千里相传归旧踪"。其内部空间均为青砖发券,砌为拱形的洞室结构形式,宽2.65米,进深5米,顶高2.1米。经观察,壁画漫绘于洞室的四壁以及顶部,但画面的主体是在东西两壁,每壁画面约为横3.35米、纵2.04米,两壁合为13.668平方米。画面清新自然,线条简洁流畅,画风朴实,构图饱满,内容丰富,技法兼工带写,重彩写实,具有浓郁的地方特色和乡土气息。每一幅画代表一个故事,并附有榜题,榜题为四言双句,楷体墨书,套有黑色边框。画面之间以祥云纹图案为界,每幅大小基本一致,横48厘米、纵33厘米,按故事情节,单幅构图,幅幅相连,过渡自然,相对独立而又不失统一。顶部漫绘翔龙云海图样,但大部分已毁,仅为残余。南壁即庙门之左右内侧,以素描手法,各绘有一大型人物画像一幅,其中右侧画像墨迹脱落,依稀可辨,左侧人物画像保存基本完好,下部略有残缺,残幅为

· 016 ·

横50厘米、纵60厘米，整幅应为横70厘米、纵170厘米，该画像之右旁，竖题有"中华民国十三年岁次甲子新建……次年乙丑四时丰稔国泰民安"等字样的边跋若干行，盖在记述新建此庙的缘由、过程及其神迹，可惜大多已漫漶不清，难以辨识（见图1-3）。洞室正面原有普明、普光两尊彩绘塑像，"文革"时被毁，但以红色头光、身光为主题的背景图案仍保存完好，霞光万道，色彩艳丽（见图1-4）。

图1-3　普明庙新建题记　　　　图1-4　塑像背光

据李世瑜当年的调查，该庙壁画原本有50幅，而且在邻近的张贵屯和张杰庄村庙中也有同样的壁画，另外在贾贤庄村庙有38幅壁画，大部分与该庙相同。现在除少部分壁画因开墙挖洞被完全毁坏以外，多数尚保存完好，其中个别有残缺，或漫漶不清，或有榜题无壁画，或只存壁画缺榜题。其中完好者31幅，部分残缺者7幅，只存榜题或壁画者各1幅。榜题内容如下。

①十化牛角始圣诞身。②运父林母赐名解愁。③立春随父移居膳房。④亲恐不寿往认僧师。⑤效力边庭御侮伤目。⑥千手眼佛降丹救难。⑦洋遇周祖亲传大道。⑧参禅入定运出阳神。⑨再诣化顶传度赵先。⑩头百户屯法船大开。⑪修盖三天长生宝殿。⑫演留经典降伏妖精。⑬李庄偕亮建铁佛寺。⑭锄禾显圣无数化身。⑮麻景苦拷商富赔补。⑯大众贤良代祖赔补。⑰粮草补足释放还家。⑱偕众贤良申文谢圣。⑲宣阳宝地说法谈玄。

⑳蔚州开道救度皇胎。㉑马房说法喧演大乘。㉒飞符显圣日月光明。㉓玉敕封镇北天教主。㉔枳儿岭上说法利生。㉕通传皈戒不染瘟瘴。㉖聚众悲泣秘授家书。㉗静祖掌船续亲大法。㉘五佛果成入圣回宫。㉙菩萨传言令证人伦。㉚侯真赵越发誓领经。㉛十经忏成立留钥匙。㉜贤祖接法演留混沌。㉝经成了义救度原根。㉞老母开法整理传灯。㉟水庄坐道周传九法。㊱演三元偈并留四维。㊲李景清家入圣回宫。㊳酬恩谢圣岁大有年。㊴怀安化度善男信女。不过其中有 7 幅壁画的榜题与李世瑜当年的记录略有不同，如"十化牛角始圣诞身"，李世瑜记录为"十化牛角始诞圣身"；"头百户屯法船大开"，李世瑜记录为"头百户屯佛坛大开"；"演留经典降伏妖精"，李世瑜记录为"演留经典降妖伏魔"；"宣阳宝地说法谈玄"，李世瑜记录为"宣阳宝地说妙谈玄"；"枳儿岭上说法利生"，李世瑜记录为"枳儿岭上说佛利生"；"聚众悲泣秘授家书"，李世瑜记录为"聚众悲泣秘授家堂"；"水庄坐道周传九法"，李世瑜记录为"水庄坐道传周九法"；等等。当然，榜题抄录上的个别笔误并不影响对其画面大意的解读。

  以上即为现存壁画及榜题之基本情况。另外，尚有壁画及其榜题均缺失者 10 幅，只存画面而无榜题者 1 幅。根据当年李世瑜的记录，可以确定者为该寺庙壁画之榜题者有四，即功圆果满七七回宫、慈悯众生注千佛忏、九化朝阳船开真定、广昌救旱祈雨救民，另外 7 幅壁画当为以下之狮林卖地天缘相凑、回心向道化顶求师、性入都斗亲领天轴、创设雨坛广救世人、亲传六候镇伏五魔、边役诬害告欠粮草、顺圣生道注成清净、西河度众阴阳乖戾、祖师果满腹胯回宫、广度人缘二十四会等 10 幅壁画中之 7 幅，但到底为哪 7 幅李世瑜并未言明。只是提及赵家梁、张贵屯、张杰庄三处壁画与贾贤庄壁画的内容大部相同，唯其中 15 幅标题有别。依此判断，并根据赵家梁普明庙壁画的分布规律推测，上述 10 幅壁画中很可能除"祖师果满腹胯回宫""边役诬害告欠粮草""性入都斗亲领天轴"3 幅外，其余 7 幅即为该庙毁损的部分。而唯一的只存画面而无榜题者，依画面内容判断，当为"回心向道化顶求师"这幅。这样，可能的 7 幅加上上述 4 幅，以及现存之 39 幅，共 50 幅，即构成了该庙壁画的全部内容。

除赵家梁村普明庙壁画外，在怀安县第三堡乡狮子口村的普明庙也发现了一些残存的壁画，并于2009年6月6日对该庙壁画进行了彻底清理和拍照（见图1-5）。

图1-5　狮子口村普明庙

该村的普明庙为一座小型的"孤庙"，坐北朝南，面阔三间，宽约7米，进深约3米，东、西两壁各绘有壁画9幅，东壁画面除个别外，多已模糊不清，西壁经清理，画面、榜题基本清晰。两壁所有画面均单幅构图，相对独立而又连贯。画面尺寸大小基本一致，在纵66厘米或68厘米至横66厘米或62厘米之间。榜题可辨认者为：舍布济贫、挂灯照路、入山修心、为民代牧、佛祖在天、财滋利人、佛前恭敬、施舍饮食、辞世去乱等。画面完好者10幅，残缺漫漶者5幅。与赵家梁村普明庙壁画一样，属记传式传画性质壁画，主题内容均为记述教祖的生平事迹或行脚故事。

据现住普明庙西邻的张贵务（2010年，63岁）介绍，普明庙大概建于民国十几年，80多岁的老人也讲从记事的时候起就已建有普明庙。庙里原先供有普明爷爷、普明奶奶和米姑姑、面姑姑、康姑姑的泥胎塑像，"文革"时被毁坏，庙宇则改作他用，成了村里的小学校。并称他的太太（当地又称太奶奶，即曾祖母、爷爷的母亲）是黄天道道徒，平时茹素吃斋，信佛好善，后来传给了祖父，以后就没有再传。一般都是家庭内部父子或母子相传。张贵务又讲，庙里的壁画是画匠苗加高所画，苗加高是阳原县三马房人，平时以给人家漆寿木（棺材）、为寺庙绘画为生，后来娶了该村姓王的闺女，入赘落户在了狮子口，直到20世纪60年代初期去世。他的侄子就在本村，已60多岁。该村有王、张、李、赵等姓，其中张姓最多。以前村里并没有什么庙会，平时偶有烧香许愿者。普明庙只是村里的一个小庙，当时还有真武庙、五道庙等，但规模均不大。历经沧桑，普明庙现已基本废弃，里面堆满柴草等杂物。现存壁画，虽然大多漫漶，可辨识者寥寥，但部分可补赵家梁村普明庙壁画之不足。

此外，类似题材的壁画也发现于万全区黑石堰村的文昌阁，可惜均已损毁漫漶。依稀可辨者仅存两幅，似为普明说法图和舍布济贫图（见图1-6、图1-7）。

图 1-6　普明说法图 　　　　图 1-7　普明舍布济贫图

黄天道的寺庙壁画不仅见于"孤庙"，而且在"全庙"中也有发现，只不过表现形式不同而已。阳原县的金山寺和竹林寺，即属今天尚存的两座"全庙"性质的黄天道寺庙。

金山寺位于今揣骨疃镇双塔村。据载，金山寺，在双塔村，年代不可考，现寺虽大，乃清光绪至今，屡年所建，旧址无存。"忠信和尚者，创修金山寺之始祖也。俗姓宁，泥泉堡人，幼而好佛，年三十，善心感动，立

意作大功德。路经双塔村，因倦坐息，见有石碑，文曰：'大明正德七年重修金山寺'。今已废坠为平原荒野矣，即发善志。并以复兴为己任，四方捐募，责无旁贷。自清光绪十年二月开工创建"，十余年即告成，年七旬有五，患腿疾不能行走，"而善意弥坚，复建修罗状元砖塔，塔在双塔村西南一里罗状元坟旁。昔其募化地点为外蒙古、恰克图、库伦、多伦、山西大同，以及津保各县，四方徒走，无所不经，腿疾之原如此"。① 也就是说现存之金山寺实为清光绪年间始建，包括观音殿、唐僧殿、普明殿等建筑。黄天道壁画即发现于普明殿。

普明殿面阔一间，进深约 3 米，原有普明塑像一尊，"文革"期间被毁，现塑像为 2006 年由善士李长春、李爱国捐资 1200 元重塑（见图 1-8）。其东西两壁漫绘壁画，后因改作他用，涂以白灰，故虽然保存状况基本完好，但因画面脱色或剥落，其细微处多模糊不清。壁画题材均为仙佛神圣人物，尺寸约为 60 厘米×60 厘米，每幅均有榜题，画风、题材均近乎竹林寺壁画风格（见图 1-9）。

图 1-8 金山寺普明殿　　图 1-9 金山寺壁画东方佛

唐僧殿面阔一间，进深 3 米，壁画漫绘于正壁及东西两壁，题材取自《西游记》小说中唐僧、沙僧、孙悟空、猪八戒师徒四人受大唐皇帝钦差前

---

① 李泰棻总纂，刘志鸿主修《阳原县志》，第 301~302 页。

往西天拜佛取经的故事。据介绍，该殿原有唐僧塑像一尊，"文革"期间被毁，壁画则作于清末光绪年间，现保存基本完好，构图饱满，色彩艳丽，风格独特。其中东西两壁画面，单幅构图，60厘米见方，均有榜题，类似连环画形式，描述了孙悟空大闹天宫、龙宫借宝、师徒四人历经九九八十一难，前往西天取经，终成正果的整个过程。正壁中央，约占1/3空间则为原唐僧塑像的五彩背光，其左右两侧，分别绘有孙悟空、沙僧和猪八戒、白龙马的巨幅画像（见图1-10）。2010年，由当地善信出资，请当地的民间艺匠重塑了唐僧的金身塑像，并且增加了孙悟空、沙僧、猪八戒以及白龙马的彩绘塑像，造型可谓生动逼真，场面气氛为之一变（见图1-11）。

图1-10　金山寺壁画猪八戒　　图1-11　金山寺孙悟空、沙和尚塑像

　　竹林寺位于东城镇水峪口村。县志载："青元山。在水峪中，西南去县治八十里，地当观山之背，千峰环向，若揖若拱，南望倒剌代园，连山隐隐，桑干壶流，细才盈带，有竹林寺，寺中铜像以千计。故老云：山旧有铜阮，当时鼓铸，得数十万斤，今封矣。"① 竹林寺位于东城镇水峪口村北贯山上，明万历四年（1576）建，建筑面积3300多平方米，四周围有山墙，仿北京城郭，设九门就关。上至王母、玉皇，下至土地、阎王，均有

---

① 李泰棻总纂，刘志鸿主修《阳原县志》，第32页。

殿宇，仅铜铸神像即达1400余尊，可惜"文革"期间全部被毁。① 可以说，竹林寺作为一个三教合一的寺庙，其殿堂兼及儒释道三教，其中道教殿堂主要有玉皇阁、西王母殿、三圣母殿、五岳帝君殿、泰山圣母殿、南极寿星殿、北极真武帝君殿、二郎神殿、关圣帝君殿、三官殿、吕祖殿、财神殿、龙王殿、火神殿、雷神殿、喜神殿、贵神殿、河神殿、山神殿、马神殿、牛神殿、太阳殿、太阴殿等。佛教殿堂主要有三世佛殿、释迦佛殿、玉书天佛殿、普明普净普贤佛殿、天王殿、文殊普贤观音菩萨殿、地藏王菩萨殿、陀罗菩萨殿、准提菩萨殿等。儒家殿堂有文昌阁、圣人阁等，另有三教殿、三皇殿。在总体分布格局上也是相互交叉，三教融通，故当地人称之为全庙（见图1-12）。②

（笔者摄于2009年）　　　　　（1958年旧照）

图1-12　水峪口村竹林寺

关于竹林寺的建造，民间相传，明嘉靖到万历年间，篦子屯堡（即今水峪口村）有个武职军人叫梁尚文，官居总兵，后来辞官回乡隐居。梁尚文为官清正，性格刚直，带回一些积攒多年的俸银，老夫妻无儿无女，别无他求，常出入佛门道观，与僧道交游。隆冬某日，闲暇无事，去宽平庄拜访其牛姓表兄。其表兄住在三间破败的草棚里，寒风袭来，其表兄虽身穿单薄褴褛的衣服，却毫无寒意；自己衣着狐裘暖帽，却冷得全身打战，

---

① 阳原县编纂委员会编《阳原县志》，中国大百科全书出版社，1997。
② 陈贵主编《张家口历史文化丛书·张家口各异的古寺庙》，党建读物出版社，2006，第135、136页。

便问表兄原因，表兄道出了他多年修真养性、礼佛坐禅的真相，梁尚文随之动了善念。一日，他夜梦一神仙，托他在莲台之巅，建造一所全庙，日后他可位列仙班。梦醒以后，他知道是神仙点化，决心布施俸银，建造寺院。庙基便选在缕缕烟起、朵朵祥云的五岳莲山顶峰。建造规模如此宏大的一所寺院，单有梁尚文一人的银两肯定不够。一次梁尚文在工地与乡亲们谈及建寺时，身心疲乏打了一个盹，醒后对人说："我刚从关南来，关南麦熟，现已收割。"此时当地还未完全解冻，无人相信，梁即从衣袖中掏出一个黄熟的麦穗。众人觉其神异，随即传闻四乡，建寺的钱、料、工得到乡人源源不断的资助。梁、牛表兄弟二人和郑子明及一魏姓人氏共同督工监造，寺庙得以建成。

据说梁尚文居官带回的俸银共三斗六升，合七万二千两，全部用于建寺。梁尚文后来无病而终。人们为了感念梁、牛、郑、魏四人建寺功德，均称他们为爷，并在寺东边建庙塑像，享受人间烟火供奉。[1]

竹林寺正殿为三圣母殿，面阔三间，供奉主尊无生老母及黑碧圣母和紫金圣母。据介绍，该殿四壁绘有"一幅幅介绍明万历年间，天下各大名寺的寺名、主要供奉的神佛名称及数量"的壁画，计有100多寺，神佛数千。"凡到竹林寺的香客，首先要拜圣母殿，取一揖朝百寺之意"[2]。调查期间，水峪口村梁台和老人介绍，竹林寺内有万佛台，各种神佛菩萨塑像都齐全，所以常言道"中国一百单八寺，都在竹林寺"，故竹林寺又名千佛寺。现在的大佛殿就是原来的正殿，主供无生老母，老母两侧分别是黑碧老母和紫金老母，东侧供的是弥勒、释迦和燃灯，西侧是文殊、观音和普贤，前面是两尊天王像。2004年夏笔者初访竹林寺时，虽满目凋敝破败之象，残垣败壁，瓦砾狼藉，正殿的神佛塑像早已无存，但唯该殿四壁绘画灿然如新，且见圣母殿正面中央贴有上书"无生老母"字样的黄色小纸条一幅，盖庙会期间香客"打吉祥"之所为。

竹林寺圣母殿四壁满绘壁画，儒释道人物毕集，仙佛神圣俱全，俨然一

---

[1] 陈贵主编《张家口历史文化丛书·张家口各异的古寺庙》，第137页。
[2] 陈贵主编《张家口历史文化丛书·张家口各异的古寺庙》，第138页。

热闹的大聚会，千姿百态，形形色色。壁画均单幅构图，色彩饱满，尺幅一般为纵58厘米、横50厘米，个别稍长。除少数图幅遭人为局部毁坏外，其中绝大部分保存完好，榜题清晰（见图1-13、图1-14）。另外，在竹林寺破败的马神殿、天王殿等殿堂仍然残有部分风格独特、画工精妙的壁画。

图 1-13 竹林寺壁画　　　　　　图 1-14 竹林寺壁画无生圣母

2008年2月笔者第三次踏访该寺时，适逢来自阳原县塔儿寺的居士"张善人"张致平住持竹林寺，并依靠广大善信，募集资金，发愿重修竹林古刹，几近毁弃的大佛殿即三圣母殿等部分建筑业已修缮完工，殿堂内的神佛塑像，如三世佛等均已重塑，定于当年6月19日举行开光仪式。庙会也已恢复，每年农历四月初八、端午（五月初五）为庙会。届时，四方善信云集该寺，烧香朝拜，道路几乎为之拥塞。可惜的是，在该殿修缮、重塑佛像的过程中有少量壁画遭到人为损坏。从碑记可知，最早一次修缮为乾隆二十年（1755），以后屡有修缮，如光绪年间的多次维修等。初步判断，正殿壁画很可能绘于明代末期，从画风看，大抵出自民间画匠之手。

史载，膳房堡黄天道祖庭碧天寺在乾隆二十八年（1763）遭毁后，于光绪元年（1875）再度复兴，来自本地的僧人志明（智明）和尚发愿募捐，重建寺庙，名曰"普佛寺"。据调查，虽然该寺在1958年被彻底毁弃，原供奉于普佛寺的志明和尚尸骨已不复存在，但当地信众一直感念志明和尚的善举，20世纪90年代，在普佛寺遗址附近为其临时搭建了一座小庙以示纪念（见图1-15）。而原址几经变迁，已是瓦砾遍地，只有当年的那眼"神井"尚可辨认（见图1-16）。多年前，当地善士孙克雄发心重建寺庙，因陋就简，将一间废弃营房辟为佛堂，四壁张挂西方三圣等佛菩萨画像，以及原张家口市伏魔寺住持释慧学所题"发愿文"一幅，并将请自白龙洞的一尊小型彩绘泥塑普明坐像供奉于此（见图1-17）。无奈时运不佳，善缘难以为继，终不了了之。

图1-15　志明和尚庙

图1-16　古井遗迹

上西湾的大太爷庙，属于该村王氏家族的祖庙，同时也是一座明会善人庙。供奉对象为王氏家族的二世祖王同。据说王同吃斋茹素，修行得道，坐化前一天夜晚，天有异象，出现五彩云光。坐化后，托梦给巨德堡村的一个神婆，于是在该村建庙塑像以供。现在，逢年初一凌晨，族人都会前来上香摆供，祭拜太爷。该庙1959年被拆，后来在原址按原规模重新修建。据观察，该庙宇不大，坐落在猪耳山前坡，高、宽均不及两米，依山面河，但见山川逶迤，村落田畴，树木围合，一派风光，别样景致。据说，早先经本族阴阳师察看风水，最终选址于此（见图1-18）。

图1-17　普明塑像

图1-18　太爷庙

二 碑刻资料

碑刻资料是继黄天道寺庙及壁画之后的又一田野调查成果，堪补历史文献之不足。黄天道碑刻可以大别为两类，即墓地碑刻与寺庙碑刻两种。

1."门公碑"

墓碑发现于黄天道祖庭碧天寺所在地万全县膳房堡村以西的山坡上，据当地耆老介绍，此碑为黄天道明会一支法师门二师傅的墓碑，原来立于门二师傅墓前，"文革"时墓地被毁，仅存碑刻，后被信众暂立此处。墓碑为石质，碑首（又名碑帽、碑头）、碑身为一体，略有残缺，碑座已佚。残高170厘米、宽60厘米、厚20厘米。石碑正面（碑阳）上方楷体镌刻"碑记"二字，碑文内容除第一个字缺损外，余皆清晰可辨：

讳兆银　生于咸丰癸丑年甲子月十一日亥时降生
涅槃于民国庚申年己卯月初五日子时皈空
碑记（　）故　法师　考　门公
　　　之墓

讳兆贵　生于咸丰戊午年庚申月二十一日辰时降生
涅槃于民国庚申年己卯月初五日巳时皈空

背面（碑阴）碑文，近半已漫漶不清，其左右两侧大字楷体镌刻对联一副，云"乐善不倦流芳诚百世，趋道而行表著乃千秋"。其余可辨识者为：

盖闻佛生西域昭王尊佛而周化圣教东留明帝敬□而汉兴苦海无边制宝筏……登岸慈航有径落……应时以渡迷居士籍□北直蔚罗郡南留庄门公幼而养真壮而访……得遇□真授以乐其志□而云游张北县狮子村创设……五部沐遵金科玉律保命太和以就乐善之士操持玄机以济好

善……而有数载焉自□膳房普佛寺施董住持等公请旅寺洁理……德行俗美民康物阜四隅等村均有助善……涅槃皈空溷混之际扶柩皈里甚为相……葬殡藏姑虽有治齐之效而贺姓切有荐贤之理……湮代远实难纪念于是勒碑志事以垂不朽云尔……谷旦立……（见图1-19）。

另，该碑右侧，立有2012年新发现之普明石质残碑一方，高75厘米，宽50厘米，厚15厘米。碑阳楷体镌刻"碑记普明祖"字样，碑阴则刻有"碑记明故高祖行三李……祖原籍万全左卫后拨兑……午时卒于嘉靖四十一年"等断续三行残文。此即李世瑜当年于普佛寺所见之普明碑残件（见图1-20）。

图1-19 "门公"碑　　　　图1-20 普明祖残碑

2. 金山寺刻铭方砖

据该庙的管理者邓述文介绍，该砖刻是在整理观音殿旁的一个配殿时，从铺地砖中发现的。当时一共发现两块，其中一块已不知去向。现存的这

第一章　调查地情况及主要发现

块方砖刻，呈青色，约30厘米见方，厚4厘米，一侧边缘略残。据双塔村耆老讲，该村原来有一座罗状元塔，塔下即罗状元的坟墓，"文革"期间被毁坏。该砖是否出自该塔，不得而知。刻铭除个别字句漫漶难识外，余则清晰可辨：

大明有感中国出一在家居士 罗 籍贯山东涞州府牢山居住 自稚访道 昼夜行功 忘寝废食 遭磨抱业 共乃一十三春 心彻大悟 欲待口传心印 恐后信受□怠 所集五部真言 传留与世 普度善男信女 脱尘寰而至乐邦 超生死而登彼岸 此法令诸学者无不明矣 后绪门徒郑教赵氏 累因善□深厚 向诸方参访 幸闻罗祖会内有一明师冯公 道行得厚 发愿归依投师印证道理 指出一点灵明自发洁斋精进之志 功行深广 涅槃而回矣 遗墨有部小外□□□且真

3. 竹林寺碑刻

据不完全统计，该寺碑刻至少有31方，且碑身基本保存完好，唯大多碑刻，碑座或碑首散落无全，且字迹漫漶不清，或遭人为破坏，清晰可辨者鲜见。择其要整理如下。

（1）"竹林寺碑记　竹林寺建于明万历年间 宽平庄梁氏出资最多 故梁氏世有一人主持寺事 谓之法主 民国元年九月知县事贵阳胡绍铨题"［按：阳原县志载：知事。辛亥革新，初未改称，民国元年夏，始改名知事（原称知县），其人如下：……胡绍铨 贵州 举人……民国十年，知事又改称县长］

（2）"青元山竹林寺碑记

中式山西武举第一名□会王辰武进士怀安王怀忠著

东城叶武逸士梁□书刊

青元山不知何时名寺 则始于万历十有八成于万历十有九成也 陟是巅者 云氛寒怀 风威跄目 夜若星杓之摇摇于眉端也 始信广寒中特多寒景 己亥夏予陟是巅 蒸汗成雨 腾喘若风 移午得至时 觉蜀道非艰 秦岭非峻 榆关非险也 山之危峻若此 夫入庙见正殿三间 砖甃如面 问道道者曰 致仕梁公造也 观三

教殿二间 塑体端严 画笔清巧 砖甃亦如面 问道道者曰 亦致仕梁公造也 再阅别殿 十余间洞若星墟 恍如云宇 铸像塑像参半焉 道者恐再问 剿之曰 俱梁公成之也 予叹曰 木修易 砖修难 塑像易 铸像难 围堵近三十丈 土筑易 石就难 万仞之巅 犯此三难而成之 是见人力可以逾天险 而善念之感发一心也 礼圣毕 道者曰 巡游是得无遗乎 遗曰 我陟云巅仙与语 涧碣凿来自楚兴 雅兴短书字三百遗谢 南宫蟠盈笔 道者曰 游君入庙礼圣 崇敬也 称叹梁公旌善也 撰著碑铭实录也 其仁者欤 传曰 仁者乐山 今日巡游以之 又曰仁者寿 他日遐享以之 镌二忻然 前曰是即可为记矣 因书之

真定赵□□ 王□□

直隶大名府管宣府南路仓场通判屈关中可贤（按：县志云：明南路理饷通判。正德元年设，初驻蔚州，后移东城，又移西城，以下表列各名，自移驻东城后始，盖东城在本县境，而蔚州则别为一州，无关宏州也。各官列下表。戴宾 山西人 举人 万历初 自蔚州移驻东城。刘国宪 陕西人 万历初。屈可贤 华州人 举人 万历二十八年）

钦依守备顺圣川东城地方以都指挥体统行事指挥佥事刘国镇

操守化门堡指挥佥事戴恩建立功德梁尚文

旨万历二十七年岁次己亥中秋吉日立 守寺道人□□"

（3）"青元山竹林寺碑记

竹林寺碑文 □□□□□□□梁继元撰文 明碑文□郭□嵩书丹□□

礼北青文寿山天地而初金海斯陀生仙生佛三教九流性石五株生天根本杳立文藏金□

法治三清三圣示□空台所遗九皇……

顶明藏九元八十一天治初天地沾金逐土而灵三空六杳之段夫阳三阴三乃生九劫乾坤世界垂色□立九套九运初始皇……

五十九万九千载名呼套运日月参辰星斗玄光三明玄选六出元和九教佛莲迹下治空一十八所五劫乾坤五一套旗……

大觉世尊杳立青阳劫会儒文立世治立天皇始初五草全真为以真色五姓

立地皇垂形五方百草呵灵洎松独立为风……

地为起日月人皇商羽未判天地国民人以动融为食草木为根磕石击相为人立穴身窠九皇治水注江入河分神……

雌窝三卵飞空青鸡大鹏金乌三性九空铁笼乾坤艮二三明九性为青天以万文立籍万圣莲生为舍地形草性磕石……

皇初制文字纳五姓百草奇莲囗石（合）并立天地运土磁砣九株九层为灵玉枢天地玉玺人相之根为株苍然九圣制文……

囗竹天地玉竹揭石套文九藏苍空苍颉苍能圆朗圆还圆空孔明孔子孔圣九圣齐至石并仙教老子为九清立佛教九流……

封神原籍善神为国所极天统之路天主尊一始初论神之籍都阙昊神为文贯串五山大帝扶立二十三空诺下伏三皇五帝……

承形盘古始初日月同明星斗之盘屡国封神起至善神真武立囗金波为南极纣为天清司周武为池清司太公封神一千八……

为人清司立迹自初整文九家圣人极为明囗囗经囗善全真儒释道西回王母姚秦三藏唐梵金明书经文乎九藏而籍……

大明一统万历己亥岁次以集青元山竹林寺真武立殿碑文杳书囗迹论命一统五间一十四庙铜像六十八尊囗塑墙画藏尊……

余圣佛神所者俱全神尊各殿以古经文留迹刊造立迹传后僧房禅窑僧道俗三教人役潜守焚香各蕴心便移行不讧带物……

身囗南北真武一十二帅计碑监证本一国大明直隶顺圣地名青元竹林三教贤士焚香立迹碑文赞序文乎

潞城府辅国将军翠山

钦差分守宣府南路顺圣两城并蔚州广昌等处参将都指挥金事王问（正四品）

旨大明万历二十七年岁次己亥季夏月辛未朔日立　守寺道人郭登

发心建立功德 梁尚文 郭添福　买田人宋禄　泥匠于邦 于国　瓦匠任才德　塑匠郭已信 书匠乔文 赵木 木匠朱志沪 化主功德贺强 李璞 收管功德薛交才 周络 马添受　明像功德魏仲仁 杨大时 武中洋 李庶进 李囗 土塘功

德梁尚海 王中艮 樊棣 王涌　舍地功德梁善 梁魁 梁科 梁尚武 梁尚臣 康虎 康龙 康豹 柴守□"

（4）大明万历十九年岁次辛卯孟夏月勒石之竹林碑记："紫金竹林礼北……无极太极皇极……天王菩萨 垂光接引……菩萨亲来降 开藏化缘人众所功德见 同修古佛奠……紫竹明宝寺 无生降天厨 青元立古迹 大藏显燃灯……元始初立 古寺竹林 礼北垂光……无为九藏成 明金从立寺 普化九州人 七祖原生青鸡石中 此出一卵 三鸟飞空 青鸡金乌大鹏 五方□灵 日月参辰 五斗八万四千古迹星君十万八千一法性 今以南瞻大明直隶顺圣青元山竹林寺 自万历辛卯岁次季春 众等功德勒造碑文佛像塑画……

发心建立功德 梁尚文 郭添福 化主功德 贺强 宋英 收管功德 刘大湖 韩礼仁 王道 杜廷府 周铭 李□ 明像功德 魏仲仁 古应魁 王锐 土塘功德 梁尚义……舍地功德 梁善……各买用人 赵廷庄……守寺僧人 能真……兴善寺住持 宗福 申道……梁继元撰文……"

参与修庙者还有"钦差分守宣府南路顺圣两城并蔚州广昌等处地方右参将都指挥佥事 祁光祖　钦依守备顺圣川东城地方以都指挥体统行事指挥佥事 吴国孝　钦依守备怀安城地方以都指挥体统行事指挥佥事 苑尚忠 直隶大名府管宣府南路仓场通判 侯职"等。

（5）乾隆二十五年岁次庚申五月立碑："石匠 巩尚朋 木 刘国荣 泥 何应昭 画 胡斌州 瓦 韩朝金 住持 蒋阳诚"。

嘉庆伍年庚申七月望日勒石立青元山竹林寺施地碑："青元寺曰竹林 此寺创自梁祖 历有年所盖稀有之寺……嘉庆元年拾月贰拾柒日立施舍香火地契乙纸已交梁□□收管……磨儿湾 地壹叚叁亩……鹦窝梁 地壹叚拾亩……四马道 水地壹叚拾贰亩……井儿 地壹叚捌亩……南□ 地壹叚叁亩……斜□ 地壹叚捌亩……公同书契说合人 梁宏贵 梁金降 苏文元 苏泰 马有□ 田□卿 武胜 孙贵 刘通业 莘守业 武盛……"

又光绪二十三年三月立功德碑刻有"箴子屯苏凯仪书丹……张家屯法印芳施银三两……上碾头 朱有南施银二两 朱含富施银二两……酷柳沟合村施银一两……廪生高镛 庶宾苏秀荣 撰文"等字样。

第三节　传教世家及其藏经

黄天道自普明祖李宾创教以来，历经明清两朝乃至民国时期，其家族传承的嫡传法脉虽然接续七代而绝，但其教法却流布大江南北，绵延不绝。其间出现不少传教世家，刊经、抄经、布道，从而为黄天道在民间的传播奠定了广泛基础。20世纪50年代以降，就像其他民间教派一样，黄天道被全面取缔，绝大多数经卷或被焚毁或被查没，特别是随着教派人物的陆续离世，即便是艰难保存下来的部分经卷也渐次流失，所幸在最近几年的田野调查中，通过对教派人物特别是黄天道传教世家后人的访问，陆续发现了一批弥足珍贵的经卷文献。因此，很大程度上而言，这些经卷文献之所以能够保存至今，与黄天道传教世家后人以及教派人物的精心保管是分不开的。

一　水峪口村梁台和藏经

河北省阳原县东城镇水峪口村梁氏家族世代信仰黄天道，其远祖梁尚文即所谓的梁祖，既是竹林寺的创建者，又是虔诚的黄天道道徒。清嘉庆五年（1800）青元山竹林寺施地碑云："青元寺曰竹林　此寺创自梁祖　历有年所盖稀有之寺"。民国元年竹林寺碑记也云："竹林寺建于明万历年间　宽平庄梁氏出资最多　故梁氏世有一人主持寺事　谓之法主"。据梁台和（1937~2011）介绍，梁氏家族原来居住在竹林寺所处青元山脚下的宽平庄，从民国时期开始陆续搬迁到水峪口等周边村庄。家里原先有族谱，后来被毁，现只剩一张谱单，从梁祖到自己这一辈，已经是第21世。父亲叫梁悦，爷爷叫梁凤全，自己和哥哥梁台普是从小随父母入道的，入道后常去庙里跟师傅念经，因为在家里自己不会念经。开始是跟着师傅念经，等自己会念了，有时也在家里念。假若大家都会念了，大伙就聚在一起念经、做会。每年的农历三月初三、五月初五、十月十一日，大伙都会到竹林寺一起做会念经，有住持，念三天三夜，吃住都在庙里。当时庙里的住持和法主就是自己的爷爷梁凤全。同时透露，自己藏有家传经书一套，是哥哥梁台普去世前转交自己保存的。除经书外，还有若干灵符印信等绘图。梁台和老人告诉笔者，灵符印信等绘图是父亲生前所留，这批经卷则是当年自己的伯父梁槐读过的书，故每本经书上都写有"梁槐堂记"字样，但并非他自己抄写。同时表示，这些经卷和灵符印信均属祖传遗产，不得外传。

经查点，梁台和所藏经卷计有18册，符图20余幅，均为民国抄本或绘本，装帧方式除《利生宝忏》为经折装，开本略大以外，其余均为线装，楷书，开本为纵24厘米、横18厘米。其经卷书目如下。

1. 《叩天宝偈》。
2. 《利生宝忏》。
3. 《寿生经》。
4. 《普明佛传留叩天通宝》。
5. 《普明如来遗留都斗宝赞》。
6. 《古佛遗留黑虎宝赞一卷》。
7. 《普明遗留玙琦（璂）印记文篆》。
8. 《普明古佛遗留八牛宝赞》。
9. 《普明古佛遗留修养秘诀丹经壹卷》。
10. 《普明普光普静三佛遗留愿礼家乡》。
11. 《佛说玉箓金书通圆天地圣宝符咒 上下》。
12. 《普明古佛遗留符偈真宝》。
13. 《普明古佛遗留聚宝真经》。
14. 《古佛遗留末后一着青龙宝赞》。
15. 《佛说遗留脚册后事》。
16. 《狗龙记序共二千八年》。
17. 《普明遗留聚宝护命灵符真经》。
18. 《日月火风大叫九天普明宝卷》。

符图20余幅，保存状况不尽一致，大多完整。尺幅大小不一，尺幅大者纵90厘米、横58厘米，小者纵55厘米、横45厘米，每幅构图各异，内容有别，虽绘法稚拙，但却相当用心，通常被视为不传之秘，也是教内身份、地位的象征（见图1-21、图1-22）。

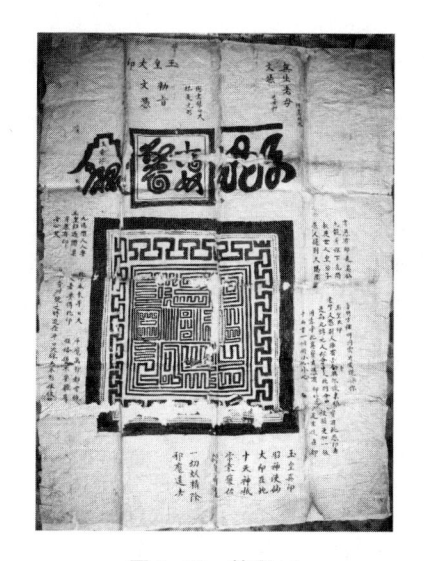

图1-21 符图-1

图1-22 符图-2

二 新开口村张德年藏经

万全县新开口村张德年（1926年生）18岁随父母加入某教派，后升为坛主，自认为黄天道和该教派的分别不很严格，互相参与，交流密切，教义上也有共同点。平时与黄天道信徒多有交往，互称道友，加之其亲友中多有黄天道信徒，因此对黄天道的情况非常熟悉。据称，张德年家藏有黄天道经书及三张符印，是他的一个信仰黄天道的亲友临终前所留，嘱其代为保管。同时张德年先生本人也亲自抄录过25本黄天道经卷。现将张德年藏经书目开列于下。

1.《普明遗留灵符文花手卷》，民国抄本，线装，纵26厘米×横18厘米。

2.《还源祖莲宗宝卷》，民国二十八年抄本，线装，纵23厘米×横14厘米。

3.《普明古佛遗留末后定劫经》，民国抄本，毛装，纵21厘米×横

21厘米。

4.《普明如来家书宝卷 上下》,民国抄本,线装,纵 26 厘米×横 14 厘米。有破损、水渍。

5.《圣贤遗留道书一册》,民国抄本,线装,纵 26 厘米×横 14 厘米。有破损、水渍、老化。

6.《普明遗留玓珕(璐)印记文篆》,民国抄本,毛装,纵 21 厘米×横 21 厘米。

7.《普明如来遗留灵符真宝》,民国抄本,线装,纵 27 厘米×横 14 厘米。边缘破损絮化。

8.《普明古佛遗留真武宝赞》,民国抄本,线装,纵 27 厘米×横 14 厘米。有破损。

9.《普明古佛遗留透天宝赞》,民国抄本,毛装,纵 21 厘米×横 21 厘米。

10.《普明古佛遗留手卷真宝》,民国抄本,毛装,纵 21 厘米×横 21 厘米。

11.《玉历宝钞》,民国抄本,线装。通行本。

12.《觉世宥罪天尊赦罪宝忏诵本》,民国刻本,线装,纵 19 厘米×横 13 厘米。

13.《高王观音经》,民国刻本,线装,纵 19 厘米×横 13 厘米。通行本。

14.《白虎宝赞》,民国抄本,线装,纵 27 厘米×横 14 厘米。

15.《十二圆觉》,清光绪六年刻本,线装,纵 22 厘米×横 14 厘米。通行本。

16.《血盆经》,民国抄本,线装,纵 23 厘米×横 14 厘米。有破损。

17.《文昌帝君阴骘文注解》,刻本。通行本。

18.《古佛遗留九阳玄文 罗凭偈 二十四气牌号 二十四照 降魔杵 灵符手卷 原籍 四时六候牌号 照妖镜 斩妖剑 缚妖索》,民国戊辰年合抄本,线装,纵 31 厘米×横 17 厘米。

19.《金刚经通俗集义》，刻本，线装。通行本。

20.《伯牙抚琴册》，民国抄本，线装。

21.《虎眼禅师传留唱经 上下》，张德年自抄本，线装。

22.《普光四维圆觉宝卷 上下》，张德年自抄本，线装。

23.《佛说普通如来百宝诸文宝卷 上下》，张德年自抄本，线装。

24.《推背图》，张德年自抄本，线装。通行本。

25.《相理衡真》，刻本。通行本。

另外藏有纸符三张（见图1-23、图1-24）。

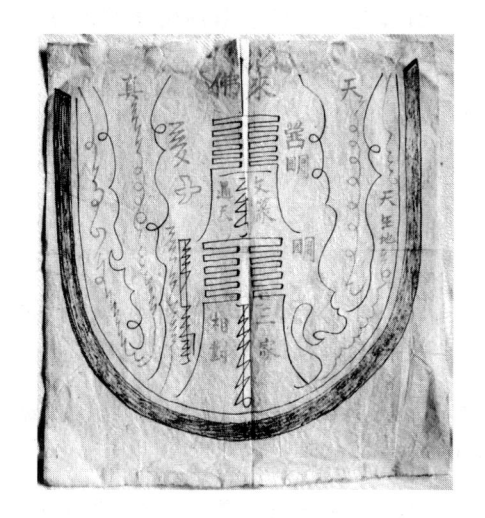

图1-23　符图-3 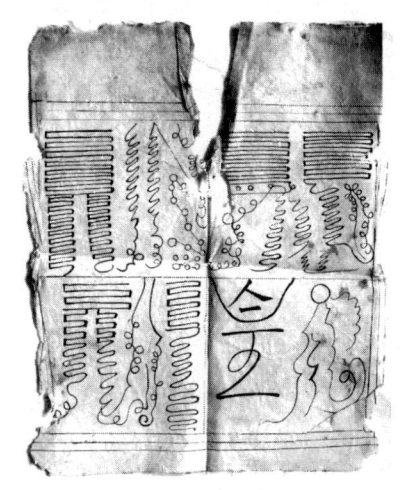　　　　　　　图1-24　符图-4

三　暖店堡村李风云藏经

李风云老人，1929年生，万全县孔家庄镇暖店堡村人。据介绍，她的老伴叫王子祥，1917年出生，是个中医，75岁那年去世，一辈子吃素。公公叫王崇善，光绪十二年（1886）生人，1943年去世。婆婆王赵氏则是赵家梁村赵尔理的亲妹妹，都是吃素的善人。自己是在17岁时随父母入的道。原先家里有很多经卷，"文革"时被烧掉不少，现在所存只是其中的一小部分。而据李世瑜当年的调查可知，赵尔理的父亲赵进有信仰黄天道是在光绪十九年（1893），后来赵尔理接续法传、继续行医传教，并捐地建庙。王崇善不仅是赵尔理的妹夫，也是同道，且一生热衷于抄经刊卷，据说其所抄经书有上百种。因此，李凤云老人所收藏部分经卷中，除少量传世本和王献云、王子祥兄弟手抄本以外，大部分抄本出自王崇善之手。值得注意的是，在这批藏经中，绢质或布质的手卷，即横幅长卷这种传统卷轴装形式的经书，不仅年代久远，尺幅巨大，且保存完好，墨色如新，图文并茂，堪称精品。现将这批藏经名目开列如下。

1.《朝阳古佛老爷遗留末后文华手卷》，清乾隆二十九年抄本，横幅长卷，布质，纵42.2厘米×横1204厘米，引首题"朝阳老爷遗留文花手卷"，卷中彩绘朱砂符印插图。

2.《灵符手卷》，清乾隆三十二年抄本，横幅长卷，绢质，纵39.5厘米×横635厘米，卷中彩绘朱砂符印插图，泥金楷书。

3.《普明遗留灵符文花手卷》，清抄本，横幅长卷，绢质，纵37厘米×横1289厘米，卷中彩绘朱砂符印插图。又有张德年藏民国七年抄本，纸质，线装，纵28厘米×横15厘米，又题《弥勒飞符印图》《弥勒尊手卷文华灵符》。

4.《七祖罗凭收元宝偈》，清乾隆五十九年抄本，横幅长卷，绢质，纵39厘米×横631厘米，卷中彩绘朱砂符印插图。

5.《普明遗留七家手卷合同》，清抄本，横幅长卷，绢质，纵38厘米×横808厘米，卷中彩绘朱砂符印插图。

6.《普明佛遗留末后一着灵符手卷神咒》，清抄本，横幅长卷，绢质，纵37厘米×横531厘米，卷中彩绘十二道灵符插图。又有张德年藏民国十七年抄本，线装，纵31厘米×横17厘米，与其他经卷合抄一册。

7.《普明古佛遗留白华玉篆之图》，清抄本，横幅长卷，绢质，纵38厘米×横651厘米，卷中彩绘朱砂符印插图。

8.《古佛遗留先天文榜》，清抄本，横幅长卷，绢质，纵38厘米×横514厘米，卷中彩绘插图2幅，尺幅分别为纵33厘米×横82厘米与纵33厘米×横220厘米。

第一章 调查地情况及主要发现

9.《普明古佛三期普渡》，卷首又题《三期普渡丹书》，民国十七年王崇善抄本，经折装，纵 31 厘米×横 11 厘米，共 111 折，楷书，插图 3 幅。其内容与后来题为《三教应劫总观通书》《冬（东）明历》《透天机》等经书内容基本一致，应该系同卷异名或一卷多名。换言之，《三期普渡丹书》很可能是黄天道之后，王森所创东大乘教，即明代闻香教与清代清茶门教之《三教应劫总观通书》的基本来源或母本。

10.《蕴空明宝透玲真经》（上册），清刻本，经折装，纵 38 厘米×横 13 厘米，共 84 折，楷书，插图 2 幅。

11.《透玲圆觉华严真经》，清刻本，经折装，纵 38 厘米×横 13 厘米，共 76 折，楷书，插图 2 幅。有破损。

12.《清净无为妙道真经宝忏》，清康熙丙寅刻本，经折装，纵 38 厘米×横 13 厘米，共 152 折，楷书，插图 4 幅。

13.《普明定劫护坛真经宝卷躲劫真宝归家》，民国王崇善抄本，经折装，纵 31 厘米×横 11 厘米，共 140 折，楷书，插图 1 幅。

14.《周祖传普明指诀》，民国二十年王崇善抄本，经折装，纵 31 厘米×横 11 厘米，共 70 折，楷书，插图 3 幅。

15.《普光四维圆觉宝卷 上》，王崇善抄本，经折装，纵 31 厘米×横 11 厘米，共 158 折，楷书，插图 2 幅。

16.《佛说西来意返唱经》，民国二十三年王崇善抄本，经折装，纵 31 厘米×横 11 厘米，共 141 折，楷书，插图 2 幅，有破损。

17.《普明老祖遗留悟道篇》，民国丙寅年（1926）王崇善抄本，经折装，纵 31 厘米×横 11 厘米，共 104 折，楷书，插图 3 幅。

18.《乘舟得路证道了心宝卷下》，民国王崇善抄本，经折装，纵 31 厘米×横 11 厘米，共 210 折，楷书，插图 4 幅。

19.《朝阳遗留九甲灵文宝卷 中册》，民国王崇善抄本，经折装，纵 31 厘米×横 11 厘米，共 166 折，楷书，插图 3 幅。

20.《太阳登殿日时默诀 后附路粮米》，民国王崇善抄本，经折装，纵 31 厘米×横 11 厘米，共 15 折，楷书，插图 2 幅。

21.《混源道德金丹龟灵古月宝卷》上下两册，民国十九年王崇善抄本，经折装，纵31厘米×横11厘米，共347折，楷书，插图7幅。

22.《普明无为了义宝卷 中册》，民国王崇善抄本，经折装，纵31厘米×横11厘米，共121折，楷书，插图1幅。有破损。

23.《朝阳古佛遗留三佛脚册末劫了言唱经卷 中》，民国王崇善抄本，经折装，纵31厘米×横11厘米，共80折，楷书，卷首扉画1幅，跨页，纵31厘米×横88厘米。有破损。

24.《古佛遗留三极九甲天盘偈》，民国王崇善抄本，经折装，纵31厘米×横11厘米，共150折，楷书，插图4幅。

25.《普明古佛遗留末后一着扣天真宝》，民国壬戌年（1922）王崇善抄本，经折装，纵31厘米×横11厘米，共108折，楷书。

26.《大明诚意伯刘伯温先生遗留搜天宝鉴》，民国三十年王崇善抄本，经折装，纵31厘米×横11厘米，共89折，楷书。

27.《朝阳遗留九甲灵文宝卷 上下册》，民国十六年王崇善抄本，经折装，纵31厘米×横11厘米，共267折，楷书，插图6幅。

28.《云外青霄显明直指宝卷 上》，民国王崇善抄本，经折装，纵31厘米×横11厘米，共189折，楷书，插图3幅。

29.《佛说玉液还丹捷径真经口诀》，民国己未年（1919）王崇善抄本，经折装，纵31厘米×横11厘米，共72折，楷书。有破损。

30.《普明古佛遗留开示愿簿 卷一》，民国抄本，毛装，纵22厘米×横10厘米，共8页，楷书。

31.《古佛遗留青龙宝赞》，民国八年王崇善抄本，经折装，纵31厘米×横11厘米，共63折，插图1幅。有破损。

32.《普明遗留八牛宝赞》，民国王崇善抄本，经折装，纵31厘米×横11厘米，共62折，楷书。有破损。

33.《黄天救度拔亡宝忏》，民国王崇善抄本，经折装，纵31厘米×横11厘米，共45折，楷书，插图3幅。有破损。

34.《省悟家庭 打药理》，民国十三年蒋永湛抄本，线装，纵9.5厘米×

横 7 厘米，共 12 页，楷书。

35.《观世音普门品经》，20 世纪中后期王献云抄本，线装，纵 13 厘米×横 10 厘米，楷书。通行本。

36.《谷雨十点》，20 世纪中后期王献云抄本，毛装，纵 9.5 厘米×横 7 厘米，共 8 页，楷书。

37.《了义卷宝卷》，抄本，线装，纵 22 厘米×横 11 厘米，楷书。有缺损。

38.《关圣帝君觉世经直讲》，抄本，线装，纵 21 厘米×横 13 厘米，楷书。通行本。

39.《五瘟文表 复初会志》，抄本，线装，纵 26 厘米×横 13 厘米，楷书。有破损。

40.《普明老祖遗留悟道篇》，又题《长阳老爷遗留悟道篇》，抄本毛装，纵 22 厘米×横 22 厘米，楷书。有破损。

41.《四季八节文表 上下》，民国抄本，线装，纵 25 厘米×横 15 厘米，楷书。

42.《普明古佛遗留修养秘诀一卷》，民国王崇善抄本，经折装，纵 31 厘米×横 11 厘米，共 126 折，插图 2 幅，楷书。有破损。

43. 书名不详，乾隆岁次壬子年癸卯月上旬吉日高昌书，抄本，经折装，纵 31 厘米×横 11 厘米，楷书。有破损。

44.《佛说普光四维圆觉宝卷 中册》，民国丁卯年王崇善抄本，经折装，纵 31 厘米×横 11 厘米，共 159 折，楷书，插图 3 幅。有破损。

45.《佛说清心戒赌文洗心论》，民国王崇善抄本，经折装，纵 31 厘米×横 11 厘米，共 37 折，楷书，插图 1 幅。有破损。

46.《普明古佛遗留天门宝卷》，民国抄本，经折装，纵 31 厘米×横 11 厘米，共 52 折，楷书，插图 4 幅。有破损。

47.《普明古佛遗留收元宝赞》，民国王崇善抄本，经折装，纵 31 厘米×横 11 厘米，共 62 折，楷书，插图 1 幅。有破损。

48.《普明遗留末后定劫经》（佛说定劫经、佛说照贤经、佛说聚宝经、佛说应劫经、照仙炉经、金莲会神经等合抄一册），民国十六年王崇善抄本，经折装，纵 31 厘米×横 11 厘米，共 135 折，楷书，插图 3 幅。有破损。

49.《普明遗留玠璃印记文篆》，民国三十年王崇善抄本，经折装，纵 31 厘米×横 11 厘米，共 42 折，楷书，插图 1 幅。

50.《九祖遗留收元罗凭宝偈》，民国十一年抄本，经折装，纵 31 厘米×横 11 厘米，共 37 折，楷书，插图 3 幅。有破损。

51.《佛说普明无为了义宝卷序》，抄本，经折装，纵 31 厘米×横 11 厘米，共 106 折，楷书，插图 1 幅。

52.《混源道德金丹龟灵古月宝卷 上下》，1966 年王子祥抄本，线装，纵 14 厘米×横 10 厘米，楷书。

53.《观世音菩萨感应灵课》，抄本，经折装，纵 22 厘米×横 9 厘米，楷书。有破损。通行本。

54.《静休斋志》，民国三十二年王子祥抄本，毛装，纵 13 厘米×横 10 厘米，共 16 页，楷书。有破损。

55.《佛说千手千眼观世音菩萨广大圆满无碍大悲心陀罗尼经》，抄本，经折装，纵 31 厘米×横 11 厘米，共 86 折，楷书。有破损。

56.《蕴空明宝真经》，抄本，经折装，纵 13 厘米×横 4.5 厘米，共 5 折，楷书。

57.《清净无为妙道真经宝忏》，抄本，经折装，纵 15.5 厘米×横 5.5 厘米，楷书。

58.《清静妙法莲华真经》，抄本，线装，纵 13 厘米×横 4.5 厘米，楷书。

59.《佛说三月火候利生宝偈》，民国王崇善抄本，经折装，纵 14 厘米×横 6 厘米，共 39 折，楷书。

60.《普明如来无为了义宝（卷）》，抄本，线装，纵 13 厘米×横 5 厘米，楷书。

61.《普明遗留周天火候金丹密指心印妙诀一卷》，民国王崇善抄本，经折装，纵 31 厘米×横 11 厘米，共 53 折，楷书，插图 3 幅。

第一章　调查地情况及主要发现

62.《文昌帝君阴骘文注证》，刻本，线装，书皮有王子祥题签"文昌帝君阴骘文注证　燹后幸存"字样。通行本。

63.《三佛正劫识宝九精八怪照妖镜妙偈》，民国王崇善抄本，经折装，纵31厘米×横11厘米，共24折。有破损。

64.《寒山石德留呼吸静功要诀 附十二段锦》，民国王崇善抄本，经折装，纵31厘米×横11厘米，共39折，楷书，插图3幅。

此外，尚有纸质和绢质灵符印信等绘图20余张，其中一部分存在不同程度的破损（见图1-25、图1-26）。

图1-25　符图-5 　　　　　　　图1-26　符图-6

无疑，黄天道经卷特别是灵符、咒语、法印、手卷、令牌、合同、圣号等真宝的发现，不仅大大丰富了黄天道经卷文献资料群，而且对于重新认识黄天道在民间社会的功能和作用，进一步探讨黄天道的组织形态和结构均具有十分重要的学术价值。有理由相信，符印、手卷等所谓黄天道的真宝圣物，对于民间社会而言，较之单纯的经卷文字，往往更具有吸引力，其具象神秘，不仅是宗教权威及其来源合法性的神圣体现，而且是维持教内秩序、凝聚信众的重要手段，当然更是同教的信物，在信众心目中，它既是现世避劫消灾的护身符，又是来世通达极乐世界的凭证。

043

第二章　图像中的历史镜像

　　黄天道寺庙壁画与图像是民间社会的产物，是大众精神生活的直接体现，集中反映了民众的思想意识和宗教信仰，它既是乡土社会的一种大众传媒，具有传播宗教信仰、教义思想、宣教阐教、教化大众的功能，同时又是一种通俗且喜闻乐见的传统叙事方式，即宗教文化的载体。因此，作为一种具象化的存在与表征，较之单纯的文字等其他表现手法或叙事手段，壁画图像具有十分直观、形象的特点。通常，它以故事叙述为主线，多采用写实性刻画与情节性描绘相结合的方式以求突出主题，再现过去那难以忘怀的一瞬。因此，作为历史记忆的一种形式，某种意义上而言，壁画图像的确又是历史情景的一种生动再现，当然并非简单的摹写，而是饱含画者、信众崇敬之心的群体回忆，承载着民众的记忆与想象。换言之，图像不仅可以再现过去的历史，而且可以引导对于历史空间的无限想象，更加生动地想象过去，是历史想象的一种向导。当然，作为乡土社会的一种绘画语言，其中也不乏对于意境、气韵的追求和渲染，体现着民众的审美价值与情趣。无疑，黄天道寺庙壁画，承载着丰富但却相沿已久的历史信息，通过对壁画内容中诸如教祖出身、宗教活动、日常生活等不同场景中那些被特别强调和渲染的视觉元素——参禅、拜佛、开法、救度等事象的考察和解读，不仅可以破解黄天道历史研究中的诸多难点、疑点问题，而且有助于深刻理解黄天道赖以存在、发展的社会背景、文化生态及其相互间的密切关联。

第二章　图像中的历史镜像

第一节　降生图像与普明出生地

关于黄天道教祖身世中的出生地即祖籍问题一直是学界探讨的重点之一，当然其学术意义早已超出了单纯地名探讨的范畴，实际上涉及宝卷文献、壁画图像等记录，乃至民间传说的真实性或真实程度的问题。近年来，秦宝琦为了弄清有关黄天道历史上的一些问题，特别是李宾的身世和经历，不仅查阅了清代档案史料及黄天道经卷等相关文献，而且亲自赴河北省万全、怀安、阳原等地进行实地考察，走访了当地一些老人和学者，查阅了当地政府保存的档案，初步判断，"关于黄天道始祖李宾的身世，迄今尚有不少疑点，有待进一步研究"[①]，而普明的出生地问题即为其一。

当年，李世瑜在调查期间曾发现有记载普明生平的墓碑一方，上刻有"祖原籍万全左卫后揆兑本堡"等字样。康熙壬申年（1692）普明五代后裔、贡生李蔚作序之《虎眼禅师传留唱经》则云"古佛爷，上牛生，地名兴宁，然后住在膳房村"，又"古佛原在上牛生，次后住在膳房村"。故喻松青据此以为普明为"宣化府南兴宁口镇上牛村人"[②]。马西沙先生则推断"李宾出生在地处长城脚下的直隶怀安县兴宁口上牛村地方"[③]。后来秦宝琦为了确定李宾的出生地，在万全、怀安两县地方志办公室以及两县公安局的协助下，试图查找墓碑中所刻的"揆兑本堡"与经卷中记载的兴宁口上牛村等地名的有关线索，结果未能如愿，遂得出结论："总之，迄今为止，我们对李宾的出生地，尚难以作最后结论。只能大体上确定在今怀安、阳原一带。"[④] 不过，"从贾贤庄的画传目录第一幅'十化牛角始诞圣身'可知，李宾是出生在与'牛'字有关的村庄，《唱经卷》所载'兴宁口上牛

[①] 谭松林主编，连立昌、秦宝琦著《中国秘密社会》第二卷"元明教门"，福建人民出版社，2002，第169页。

[②] 喻松青：《明清白莲教研究》，四川人民出版社，1987，第121页。

[③] 马西沙、韩秉方：《中国民间宗教史》，上海人民出版社，1992，第414页。

[④] 谭松林主编，连立昌、秦宝琦著《中国秘密社会》第二卷"元明教门"，第171页。

村'既然找不到，教内所传李宾是'怀安县牛家堡'人之说似尚可信。"①虽然秦宝琦在无法从文献资料中找到有关证据的前提下，最终有所怀疑，有所保留，却又很无奈地认可了怀安县牛家堡即为李宾出生地的这一教内说法，但毕竟是在不能确定中逼近了历史真相。在万全一带民间，也有李宾是今阳原县马房州人，或是洋河南岸之大村、今怀安县头百户人氏的传闻。

那么，普明到底出生在何地？经卷记载与教内传说是否可信？下面拟以壁画图像为核心，并结合宝卷、方志文献资料以及民间传说等对此加以考察。

"十化牛角始圣诞身"（见图2-1）是赵家梁普明庙中表现教祖李宾诞生的一幅壁画，画面模拟佛祖降生的场景：庭院中，一婴儿赤身站立，脚下泉涌，左右两位妇人，衣着华美，挽发高髻，呈半跪姿，手执巾帕，各牵其一臂，为其沐浴擦拭。空中，两位天使脚踏祥云，伫立俯视，似做照应状。右上方则为一僧，红衣红帽，面相饱满，席地结跏趺坐，一轮头光，放大光明，由内而外，放射出三道五彩光芒，悠悠飘举，一灵真性，脱壳而出，临凡降世，化身婴儿，烘托出一种宁静、肃穆而又神圣的氛围。榜题画龙点睛，主题突出，清晰地传达出三层意思。一是普明李宾为圣僧投胎转世的化身，来历非凡，并为以后所谓俗衣人说法、外相为俗里为僧的教祖形象的塑造做了自然铺垫。当然，至于普明具体为谁所化，经卷中的相关记载，虽然略有不同，但却一贯，如《虎眼禅师传留唱经》云"弥勒化普明""药师佛化普明""普明佛化弥勒"，又《朝阳遗留三佛脚册通诰经下卷》云："吾是唐僧一转化，普明降世在兴宁。"《朝阳遗留三佛脚册唱经偈卷上》则曰"朝阳南岸留佛头""老爷埋头丢千真，北岸显道化普明""朝阳老爷化弥勒""朝阳老爷立法门""有唐僧，化普明""朝阳古佛化普

---

① 谭松林主编，连立昌、秦宝琦著《中国秘密社会》第二卷"元明教门"，第175页。

明""朝阳佛，十转化，收元了道"云云。① 综上可知，普明既是唐僧的直接转世化身，又是朝阳老爷即朝阳佛的十转化身，即所谓的"十化牛角始圣诞身"，更是弥勒、药师佛的化现，可谓集诸佛化身于一体，尤其是与弥勒之间相互化现，所以后世教内有弥勒即为普明，普明即为弥勒化身的说法。二是明确点出李宾为黄天道的始祖，即始圣三三是指出了李宾的出生地，即临凡转化的地点是在牛角这个村落。那么，结合《普明古佛遗留八牛宝赞》"七祖普明姓李，居住牛角堡。八祖普光姓王，居住狮子村"②，乃至晚近成书的《普明佛说后照经》"普明佛二下生牛角堡村"等诸多记载来看，壁画榜题中的牛角即牛角堡（今牛家堡）③ 当属无疑。

图 2-1 普明诞生图

乾隆八年编修《宣化府志》云，牛角堡和狮子口属于怀安县东路。④ 民国《怀安县志》载："牛家堡，县东南，距城二十二里。狮子口，县东南，

---

① 《虎眼禅师传留唱经》《朝阳遗留三佛脚册通诰经下卷》《朝阳遗留三佛脚册唱经偈卷上》，王见川等编《明清民间宗教经卷文献续编》第一册，台北，新文丰出版公司，2006，第46、49、355、356、378、394、395、401 页。
② 《普明古佛遗留八年宝赞》，民国抄本，张家口市阳原县梁台和藏经。
③ 乾隆《宣化府志》作"牛角堡"，民国《怀安县志》始作"牛家堡"，以其方言"角""家"发音相同之故。
④ 《宣化府志》，边疆方志之二十五，乾隆八年编修，乾隆二十二年订补本影印本，台北，学生书局，1969，第 856、857 页。

距城三十里"。① 也就是说，牛家堡和狮子口同属于怀安县，两村距离县城分别为 22 里和 30 里，均位于县城东南。以此推测，两村相距当也不会太远。

根据调查，至今在万全、怀安等地，特别是在怀安县第三堡乡的狮子口村和牛家堡一带，一种流传已久的说法是，普光王氏从一出生就是个哑巴，到了谈婚论嫁的年龄后，父母着急女儿的婚事，找人算命，说只有遇到她的意中人她才会主动开口讲话。一天，家住牛家堡的普明上山打柴路过狮子口村，看到正在村头小溪中洗衣的普光，遂上前问路，普光竟然开口一一回答。这时正巧被普光的父母看见，喜出望外，赶紧留住普明，并详述原委，于是成就了这桩姻缘。这段故事道出了普明与普光姻缘的来由，同时也说明牛家堡和狮子口两村相距并不很远，且传统上多有来往。而经过实地考察，两村相距在 15 里左右，属黄土高原、丘陵峁梁地带，成人步行大约需一个半小时。又知，牛家堡原有光绪十五年（1889）建普明庙一座，后遭毁弃，现仅存遗址，偶见残碑断瓦，该村大凡上了年纪的人都知道这是普明的老家。而且得知，该村本来叫牛角堡，盖因村堡之形势呈牛角状而得其名，后来渐变为牛家堡，因为当地方言牛角与牛家发音相同，这就是该地在乾隆八年编修的《宣化府志》中叫作牛角堡，而在民国《怀安县志》中被称为牛家堡的原因所在。狮子口村则至今尚存民国初年修建的普明庙一座，据村民介绍，该庙的庙址就是原来普光家的房屋原址，普光当年就是出生在这个地方。故清末成书的《众喜粗言》宝卷也讲"普光佛，狮子村人"②。这样，综合各种因素，可以断定，普明、普光的出生地即为今怀安县第三堡乡的牛家堡和狮子口村当属无疑。

那么，为什么宝卷中又称普明"上牛生，地名兴宁"呢？查县志可知，所谓兴宁，一指兴宁岭，二为兴宁口，为阴山山系之支脉，今属怀安县境，地处怀安县与阳原县交界处。史称，怀安"万山攒簇，地势高亢，山峰多

---

① 景左纲修，张镜渊纂《察哈尔〈怀安县志〉》，第 118 页。
② 《众喜粗言》卷五"续化儒门"，张希舜等主编《宝卷初集》（21），山西人民出版社，1994。

而平原少"①。其中兴宁岭即为其境内著名山峰，也是明宣府各路行政区划的重要分界岭，与野狐岭、枳儿岭等齐名。旧志称其位于"城东南三十里，山腰时多云雾"②。兴宁口则为兴宁岭之隘口，又称丁宁口，明时与顺圣东城之水峪口、鳌鱼口同为宣府军事要塞。从地望上而言，兴宁岭、兴宁口与牛家堡同处怀安城东南方向，分别距离县城30里和22里，两者相距甚狭，加之兴宁岭、兴宁口传统上兼具地理与行政区划的分界意义，因此，以兴宁指称怀安或怀安之特定区域，即以家乡这种地标性自然景观来指称教祖普明的出生地也就再自然不过了。其实，以家乡最具标志性、代表性的山川名胜指代某些著名人物的出生地或祖籍的做法，历史上不乏其例，而以自然名胜得名的地名更是比比皆是。至于所谓上牛村，不过是当地对牛家堡的简称或俗称而已，由于当地多山，地形复杂，人们为了便于区分大大小小读来拗口、发音相同，甚至同名而异地的村落，往往习惯于按照本村所在山坡峁梁的相对位置称呼之，如上王庄、下强地、上八角、下八角、下沙沟、下沙嘴、上回庄，等等。这样，我们就不难理解为什么经卷中会有普明祖籍"上牛村，地名兴宁"之类的说法，也就可以解释在不同经卷中所载普明的出生地不能完全一致的所谓矛盾点和疑点。其实，宝卷中的记载是真实可靠的，只是我们不知其所以然而已，于是才有了所谓查找不到"兴宁口上牛村"的困境。③

普明为马房州及头百户人氏的传闻则见于民国时期编修之万全县志所载两则民间故事：一曰"膳房堡西有大寺，在先为碧天寺建置，年月不可考。就着老传闻，明嘉靖四十一年有马房州人李宾来膳房堡娶许姓女，夫妇修道成真，号曰普明，葬于碧天寺内"④。又云"三区头百户，洋河南岸之大村也。昔有村人名普明者……"⑤。考其史实，可知阳原县桑干河沿岸，

---

① 景左纲修，张镜渊纂《察哈尔〈怀安县志〉》，第70页。
② 景左纲修，张镜渊纂《察哈尔〈怀安县志〉》，第77页。
③ 谭松林主编，连立昌、秦宝琦著《中国秘密社会》第二卷"元明教门"，第170页。
④ 路联逵、任守恭主修《万全县志》卷七，察哈尔省万全县编修馆编印，1933，第49页。
⑤ 路联逵、任守恭主修《万全县志》卷十，察哈尔省万全县编修馆编印，1933，第14页。

即明时之顺圣川一带，明朝政府为抵御北方瓦剌蒙古的南下，遂将此地辟为军马场，设有一马房、二马房等九个马房，由世隶军籍之兵卒屯守驻牧，后来渐成村落，并以其地有马房诸村罗列，故又通称之为马房川。那么以此推测，马房州当为马房川之别称。鉴于顺圣川（今阳原县）为当时黄天道流布活跃的中心地区，且寺庙壁画中有"马房说法喧演大乘""顺圣生道注成清净"等行迹故事，那么可以肯定，马房村应为黄天道早期历史上一个很重要的传教中心，也是普明等教内人物时常光顾或者曾经居住过的村落之一，尽管还难以判定壁画榜题中提到的马房到底是指今天的哪一个马房，不过，根据教内关于普明家住七马房，现出原形之后才去膳房堡修行的传闻判断，所指为七马房的可能性较大。头百户即今怀安县之头百户镇，明时则称头百户屯，为当时比较大的屯户村落，也是当时黄天道传教活动的重点村落之一，且有"头百户屯法船大开"壁画图像以为佐证。综上各种因素，可以推断，马房村和头百户屯当是早期黄天道历史上教祖普明行教和居住过的村落，这样就可以合理解释为什么后来会有普明为马房州、头百户人氏的传闻。

至于李世瑜早年调查发现之墓碑上所刻"祖原籍万全左卫后撥兑本堡"的说法[①]，其字面意思应为："祖原籍万全左卫，后遣移本堡"，本堡即膳房堡。也就是说，"撥兑"为一动词，乃调配、调遣、遣移或充配之义，撥兑本堡即遣移本堡，而绝不会是秦宝琦所理解的那样，视之为万全左卫某一村落的名称。毫无疑问，若循其思路，自然在实地中也就无从查起"撥兑本堡"这一地名。至于崇礼县狮子沟有可能就是狮子口的推测，则更是南辕北辙。

万全左卫是明万全都司宣府西路三卫之一。洪武二十六年（1393），置宣府西路右卫城、左卫城和怀安城，隶属于"山西行都指挥使司"。宣德五年（1430），置"万全都指挥使司"，宣府西路左、右两卫改称"万全左卫""万全右卫"，与怀安卫一并改隶。康熙三十二年（1693），革厅卫之

[①] 李世瑜当年所见石碑于2012年重新发现，唯残损严重，"撥兑"二字依稀可辨，但"撥"似为"撥"之形讹。

制，改为县府，改怀安卫为怀安县；万全右卫为万全县，而万全左卫则废置，其地并入怀安，城名沿用"左卫"。也就是说从这时起，卫所制下的"万全左卫"成为历史，新的"左卫"则成为怀安县的一部分而延续至今。其时，怀安县下设怀安城东、怀安城南、怀安城西、怀安城北、左卫、柴沟堡、西洋河等七片区，左卫属第五片区，辖村庄100个，其中包括狮子口村和牛家堡。因此从隶属关系而言，狮子口村和牛家堡的行政区划单位可以表述为怀安县左卫或左卫狮子口、左卫牛家堡，但这时的"左卫"已是片区概念，而非明朝卫所制下的"万全左卫"。这样，由于历史时期行政区划的屡屡调整，或交叉或重叠，或平行或隶属，时空转换，人们往往很难辨清万全县与万全左卫、万全左卫与左卫，特别是怀安与左卫、万全左卫之间的上下隶属关系，从而将万全左卫而不是怀安作为普明的祖籍。果如此，或者当年普明又确实在左卫逗留过，那么以其事相去之久远，乃至民国时期仍有"祖原籍万全左卫"这一似是而非的说法也未尝不可，更何况清朝狮子口村和牛家堡村一并划属怀安县左卫第五片区。故此，在后世民国抄本如《周祖传普明指诀》中有普明祖"九生在万泉（全）县左卫牛角堡姓李"的说法也就不足为怪，尽管这时左卫早已划属怀安县。

其实，即便今天，左卫民间仍自豪地认为"黄天教的创始人就是我们左卫人李宾，法号普明。他传播教义，为民治病，人称'活神仙'。他死后，家乡人给他建庙，以资纪念"，"普明庙位于左卫城西北角，建于清朝年间，占地500平方米，内塑普明爷爷神像"。[1] 可见，当某一特定时段的记忆被固化后，就很容易成为一种习惯的说法而难以改变，地名如此，事件亦然。另据新发现的抄本"老祖家谱"谱单记载，始祖李昌"原籍山西太源（原）府寿阳县北章经南里村人，于洪武二十五年抽军二名至万全左卫上牛角堡居住，身荣万全左卫百户之职，后至正德年间，将李志道兑捎（按：兑捎即换防、调派）至万全右卫膳房堡边上守墩，军房一所，坐落马神庙街，军地卅亩，坐落堡西南。先人所留宗图一纸，未经订缉，后至嘉

---

[1] 张进善：《左卫历史文化》，左卫历史文化编委会，2011，第59页。

庆年间于是缉之。始祖李昌、二世祖李志道……三世祖李运国……四世祖李宾、李宸……八世祖李蔚、李蕡……"①。虽然从字迹笔体以及整体内容判断，该谱单应该是以嘉庆年间订缉的谱单为母本，经后世屡加改写，只可反映部分史实的家谱宗图，但却清楚地说明了李宾祖辈李昌、李志道与万全左卫牛家堡、万全右卫膳房堡之间的渊源关系。当然，也正是由于这种地域上的家族往来和亲缘关系，那么后来李宾"立春随父移居膳房"，即投奔其祖父李志道处定居，也就是再自然不过的事了。综上所述，可以肯定，怀安县的牛家堡即为普明的出生地和祖籍，其远祖则可追及山西太原府寿阳县北章经南里村②，而马房村、头百户屯、左卫等，可以说是普明曾经逗留过的暂住地或者短期居住过的村落，而其常住地、定居地，则是后来万全县的膳房堡。如此，关于普明出生地的诸多异见也就迎刃而解了。

关于普明的生年，经书中也多有记载。《周祖传普明指诀》云，"普明佛祖正德八年癸酉降生"。《普明古佛遗留末后一着灵符手卷咒语》载，"普明老爷原籍万全左卫左所上牛角堡人氏，癸酉正德九年（按：癸酉应为正德八年）十二月初十日降生落凡"，又云"普明祖降生癸酉年乙丑月甲寅日戊辰时降生"。若此，普明祖生于正德八年（1513）当无疑问。

第二节　早年图像与普明身世

所谓早年是指普明拜师学道之前，即从孩提到青年这一时期的生平事迹。经卷中比较完整记载普明身世的当为《普明遗留周天火候金丹蜜指心印妙诀》：普明"下生李家，隐姓埋名，父是李运，林氏母亲，牛角腊月初

---

① 2012年该谱单在万全县郭磊庄乡水庄屯被发现。藏者李万孝，1930年生，担任生产队长15年，小学文化。承蒙张振山先生提供图片资料，深表谢忱。2019年7月，经实地回访调查，确知族谱实为一经折装谱单或祖先世系图表，纵26厘米，横122厘米，共10折，封面题有"族谱水庄屯李记"字样，封底落款"嘉庆十三年"。乾隆二十八年碧天寺查出黄天道经卷字迹单中即有"普明家谱一张"，大抵同类性质。

② "北章经"又名"北张净"。"正西二十八所"之一，"潘家沟所，距城二十里，辖二村：北张净，距城四十二里；宣埴，距城四十一里"（清乾隆三十六年龚导江纂修《寿阳县志》卷一"村庄"第9页）。今为寿阳县平头镇北张芹村。

十下生,姓李名宾,九岁出家,发愿舍身,投师三次。师兄十七岁上,还俗家中,半路王氏,二九三春,娶结夫妇。王氏成亲,时不相至,走报边庭,野狐岭下,损目一睛,岳父王达,劝我回心,达达营内,投拜赵宗,持斋三次,不得明心。癸丑(1553)夏至,亲见周尊,化顶山前,传得分明,师传指我,卯酉之功,南岸来访,半载明心"①。《原籍》也云:"普明老爷原籍万全左卫左所上牛角堡人氏,癸酉正德九年('癸酉'当为正德八年,即1513年)十二月初十日降生落凡,丁丑正德十三年('丁丑'当为正德十二年,即1517年)五岁,随父到于膳房堡居住,至于辛巳嘉靖元年('辛巳'当为正德十六年,即1521年)九岁,舍身出家削发,起法名信何。师徒二人迁行新开口堡观音寺居住,不过一年,师傅早亡,仍回本处地藏寺投师,起法名圆环。不过一年,师傅迁方去讫,又投本堡镇边寺,投师圆庆。不过五年,师傅早卜。己丑嘉靖九年('己丑'当为嘉靖八年,即1529年),又投万全左卫照化寺老爷,一十七岁思凡,溷乱真性,离寺还俗。丙申嘉靖十六年('丙申'当为嘉靖十五年,即1536年),老爷二十四岁婚亲王氏,应候军差,报效出力。己亥嘉靖十九年('己亥'当为嘉靖十八年,即1539年),二十七岁暗九之年,五百年冤业想报,遇贼将左目损伤,本年持斋修善。癸丑嘉靖三十二年(1553),得遇真传,卯酉行功。甲寅嘉靖三十三年(1554),通传大道。"②而在寺庙壁画中,反映这一时期身世或境遇的图像计有赵家梁普明庙之"运父林母赐名解愁""亲恐不寿往认僧师""立春随父移居膳房""效力边庭御侮伤目""麻景苦拷商富赔补""大众贤良代祖赔补""粮草补足释放还家""菩萨传言令证人伦"等八幅。某种意义上而言,壁画图像带有"变相"或经变画的性质,通过图像再现了经卷的部分内容,是经卷内容最为生动、形象的表现。

"运父林母赐名解愁"(见图2-2)一幅,部分残缺,画面中一妇人怀抱婴儿,与一男子相对而视,舐犊之情跃然而现,气氛温馨而自然。榜题提示,普明的乳名即奶名,又小名叫解愁或解愁子,是父亲李运和母亲王

---

① 《普明遗留周天火候金丹蜜指心印妙诀》,民国抄本,张家口市万全区李凤云藏经。
② 《古佛遗留原籍》,民国戊辰年抄本,张家口市万全区张德年藏经。

林所起，寄托着父母对于子女的厚爱和期待，希望自己的儿子从此以后能够为家人化解忧愁，带来幸福和快乐。由父母为新生儿起名，特别是乳名，这在传统中国社会极其普遍，一般在婴儿出生后不久即可命名。乳名会伴随一个人的终生，但结婚后乳名的称呼权则只限父母等长辈，同辈之间则只能直呼其大名或学名。当然，乳名的意义不仅仅在于作为某一个体的标识和父母希望的一种寄托，习惯上，乳名往往又是个人隐私的一部分，成为查清某人底细、确认一个人真实身份的符号。宝卷中，为辟邪显正、辨清真假，常常在指出诸祖姓名的同时，道出其奶名，如《朝阳老爷遗留九甲灵文》中，即多有奶名为六十子、保定子、二元子、满香子、得贵子、丑小子、和尚子、羊哥等诸祖显形的记载。可以说，这幅图像直观形象地点透了普明父母的姓名及普明乳名的来历，且与流传已久的教内传说相印证。细微的差别只在于普明父亲的名字是李运，而不是后来所传说的李用，这可能是长期流传过程中的音变或讹传。其实在《普明遗留周天火候金丹蜜指心印妙诀》中即明确记载"父是李运"。凡此等等，足为明证。至于谱单中明记其父为李运国而非李运这一疑点，可以理解为谱名与常用名或实用名之间的区别，也或因名讳，空一字称之以示尊重，这在乡土社会极为多见，并不奇怪。

图 2-2 父母赐名图

第二章　图像中的历史镜像

"亲恐不寿往认僧师"（见图2-3），这幅壁画表现的是普明在父亲李运的陪伴下，前往寺庙拜僧为师的情景。画面中，一红衣和尚，面相方圆，微微躬身，捧卷而立，做宣读状。一小儿，着红衣，丫髻蓬头，双膝跪地，侧耳聆听，略带顽皮。身后站立着一位俗衣男子，头戴黄色羊绒帽，双手持杖，神情专注。其情其景，极其自然，虽少了一些肃穆神圣，却平添了一些生活气息。传统上而言，俗家男女拜寺庙中的僧人为师或拜认干亲，这在当地非常多见，如位于万全城周边深山、闻名边塞内外的全庙——弘慈洞，据说过去每代和尚除接受剃度出家的弟子外，还认收一批不出家的干儿干女，叫作"认依"。讲究"认依"的子女，因为有神灵保佑，所以都能长大成人。"认依"的子女都会得到一个佛号，如本字辈的本法、本元等，吉字辈的吉恩、吉连等，常字辈的常山、常来等。和尚们对自己的干儿干女很关照，干儿干女长大成人后，也会做些僧衣、僧帽、僧鞋去孝敬师父。逢年庙会，都有各村有头面的干儿主动上寺操持会务，接待香客。和尚死后，干儿干女均要以辈分戴孝、烧纸、送丧。故人们常说"和尚没儿孝子多"[1]。当然，除"认依"外，当地又有"现枷"习俗，即"以小儿女多疾者，带小枷锁诣庙祈祷，谓之现枷。俱以三年为满，是日鼓吹管弦，彻于衢巷，竟夜不止"[2]。以此推测，普明儿时盖因体弱多病，加之父母爱子心切，虔心向佛，故而才有了往认僧师之举。很有可能，普明之号也为当时僧师所赐。《普明遗留周天火候金丹蜜指心印妙诀》所云普明"九岁出家，发愿舍身，投师三次"，盖指此事。

"立春随父移居膳房"（见图2-4），这幅壁画讲述的应该是普明跟随父亲移居膳房堡的故事。画面中，左侧一男子，手展书册，做前行回首状，脚下立一黑犬，体型壮硕，神态温顺；右侧妇人，右手持杖，左手抱一雄鸡，呈随行态。两人相视，似探询商量，又像观察确认。远处山岭隐现，近处则亭台稀树，恬淡、野逸而又静谧。画面中虽不见普明身影，却也不

---

[1] 李文义：《弘慈洞》，万全县政协《万全县文史资料》第四辑，1992。
[2] 《宣府镇志》第一册，边疆方志之二十六，明嘉靖四十年刊，抄补本影印本，台北，学生书局，1969，第896~897页。

失主旨。据教内相传，普明7岁时随父母从牛家堡移居万全膳房堡。① 也有人认为，普明小的时候，因为家里很穷，父亲要经常外出卖工为生，在普明5岁时，父亲才带着他从牛家堡来到了膳房堡。但也不是常住，每到冬天农闲季节便回老家暂住一段时间，就这样冬去春来，直到后来普明20岁成了亲，才定居膳房堡。以上表明，普明早在孩提时就已经随父母不时寄居膳房堡，直到后来定居该村。这也是后来普明将坐落于该村的碧天寺作为黄天道传教中心的缘由所在。

图 2-3　认僧为师图　　　　　　　图 2-4　随父移居图

"效力边庭御侮伤目"（见图2-5）一幅，表现的是普明应征入伍后，在一次边地冲突中伤及一目的故事。画面中，四员战将纵马驰骋，其中左侧一员少年将领，跃马挺枪，形象高大，唯左目有残，可知当为普明。该画面虽然不同程度漫漶，但人物形象大致可辨。教内称普明18岁入伍后，在膳房堡以北的野狐岭边关服役，22岁时在一次抵御北元蒙古势力的冲突中左目受伤。② 对此，《虎眼禅师传留唱经》中的表述为"五百劫前冤业债，损了一睛"，当然这也是后来普明被称为虎眼禅师的来历，而且将这次受伤事件归因于所谓"五百劫前冤业债"的因果报应。而据《普明遗留周天火候金丹蜜指心印妙诀》记载，普明17岁还俗成亲后不久被征召入伍，即所

---

① 谭松林主编，连立昌、秦宝琦著《中国秘密社会》第二卷"元明教门"，第175页。
② 谭松林主编，连立昌、秦宝琦著《中国秘密社会》第二卷"元明教门"，第175页。

谓"时不相至,走报边庭"。显然普明从军并非出于自愿,而是迫不得已,加之后来"野狐岭下,损目一睛",于是才有了"岳父王达,劝我回心,达达营内,投拜赵宗"以及后来的拜师访道之举。

图 2-5 戍边御敌图

"麻景苦拷富商赔补"(见图 2-6)、"大众贤良代祖赔补"(见图 2-7)、"粮草补足释放还家"(见图 2-8)三幅,当是对同一故事情节的依次表述。"麻景苦拷富商赔补"一幅,画面中的场景为官衙,一官吏模样人物端坐于公堂之上,案左侧立一衙役,衣袖双挽,手持大棒,侧目而视,案右侧立一红衣男子,举止儒雅,似与官吏做解释求情状,案前则为一青年男子做跪地揖拜状,其身后不远有一男子,头戴羊绒帽,左手挎一布囊,做迈进状。从画面推测,案前跪地作揖者,当是替普明赔补的富商在答谢官府的开恩和饶恕,戴羊绒帽者当为普明。因为在寺庙壁画中,羊绒帽似乎已成为普明成人后的标志性装束。"大众贤良代祖赔补",画面中出现的是三位男子,人皆右肩背一布囊,自左而右,前后而行,表情轻松,靠后二人且做交谈状,似结伴前往为普明赔补钱粮。粮草补足释放还家,表现的场景应为村落街道,画中四人,其中头戴羊绒帽、笠形帽及头巾者曾出现在大众贤良代祖赔补一幅中。从画面情景判断,四人中头戴羊绒帽者应为普明。史载,有明一代,为应对边地危机,通常将人户编为不同的役户,承担不

· 057 ·

同的差役，是为户役。役户又有民户与军户之别，承担民差和军差。军户隶军籍，属于兵部，"役皆永充"。一般认为，军户由于实行世袭制以保证兵源，故多缺乏人身自由，在所谓军、民、匠、灶四户中地位最低，几近奴隶。民户则只是依制纳粮供草，当民差而已。依普明的情况而言，当属于"四户"中的军户。由于明朝边患不断，加之吏治腐败，永乐时百姓即为差役所累，宣德以后逐渐加重，军户、民户均苦不堪言，怨声载道，恰如宝卷所云："催粮运草民遭大难"①，"君王不正行无道，调民征虏慌又忙。趱粮军草人难过，逼得黎民尽离乡。东村便往西村走，南城又往北城行。趱粮不知何人用，苦死军民往张狂"。②可见上述三幅壁画，表现的虽然是普明个人的不幸遭遇，但却是当时差役之苦的普遍反映和真实写照。当然，将普明早年这段不堪回首的往事入画，自有其特别的意义，即普明与普通人一样，虽出身贫寒，遭遇坎坷，但只要一心向道，不畏时艰，最终必成正果。

图 2-6　富商代赔图　　　　　图 2-7　大众代赔图

"菩萨传言令证人伦"（见图 2-9）一幅，画面中，碧空原野，近山茂树，一青年男子，头戴羊绒帽，躬身作揖，望空礼拜，神情虔诚，右上方则为一少女，姿容丰美，表情怡然，秀发垂肩，红衣黄裙，跣足自在，一

---

① 《普明定劫真经》，王见川等编《明清民间宗教经卷文献续编》第一册，第 199 页。
② 《普明遗留考甲文簿》，王见川等编《明清民间宗教经卷文献续编》第一册，第 133~134 页。

腿上翘，一腿下垂，踞坐莲台，但见祥光罩体，彩霞飘举。表现的应是普明得到观音菩萨开示，与普光天缘相凑，缔结姻缘的故事。关于普明与普光的姻缘，宝卷中多缺乏相关的记载，即便偶有令人联想到这段姻缘的个别内容，也是语焉不详，难以为证，如有学者认为《虎眼禅师传留唱经》所云"狮子村，遇明人"，即指普明遇见了普光，两人结为夫妻。① 不过真正道出这段姻缘的则是《普明遗留周天火候金丹蜜指心印妙诀》："师兄十七岁上，还俗家中，半路王氏，二九三春，娶结夫妇。"应该说这是迄今所见最为明确的记载之一。

图 2-8　释放还家图　　　　图 2-9　菩萨传言图

根据调查，当地传闻普光王氏从一出生就是个哑巴，到了谈婚论嫁的年龄后，父母着急女儿的婚事，找人算命，说只有遇到她的意中人她才会主动开口讲话。一天，家住牛家堡的普明上山打柴路过狮子口村，看到正在河边洗衣的普光，遂上前问路，普光一一回答。这时正巧被普光的父母看见，喜出望外，赶紧留住普明，并详述原委，于是成就了这桩姻缘。据实地考察，狮子口村依山势呈东西狭长形分布，村南原来的确有一条季节性小河，虽然现已干涸。再者，教门中的说法与民间传闻大抵雷同，只不过民间传说更加生动丰满。传云：

---

① 喻松青：《明清白莲教研究》，第123页。

普明到20岁时，终于成了亲。当时，狮子口村有个姓王的财主，有个哑巴丫头，到出嫁年龄了却一直没有对象。这下愁坏了王财主，于是和夫人商量，请个算卦的给女儿算一算，到底何时才会讲话。算卦的说，你的这个女儿不是哑巴子，等见到了你女婿自然就会开口说话。后来，普明乞讨来到了狮子口村的王财主家，王财主听见有人在门口喊叫，就让他的哑巴女儿出去看一看是谁来了。不一会儿，哑巴女儿跑回来说：妈！来了讨吃的了，快出来呀。她妈一听，高兴得不得了，连忙说：快点叫他进来。又想，之前算卦的不是说，只要见了女婿，女儿就会说话吗，于是赶紧将普明引进来。老夫人问你是哪儿人？几岁了？成家了没有？普明回答说还没有成家。同时暗想，一个讨吃的哪有钱娶媳妇？听罢，王财主就要把女儿许配给普明，没想到普明连口拒绝，称一个讨吃的自己养活自己都困难，怎么能养活老婆。王财主说这个你不用担心，要是缺什么就给你什么，要不干脆留在我们家帮活不就行了。普明满心欢喜，终于答应了这门亲事。成亲后，普明奶奶王氏说在膳房堡有亲戚，普明问是谁家，普明奶奶说是姓许的亲戚，于是夫妻俩就来到了膳房堡，普明还是给人扛长工。这样普明奶奶就住在了许家。虽说普明奶奶住在许家，但很多人其实并不知道她和许家到底是什么亲戚关系。原来，普明奶奶是许家姑娘的外孙女。①

虽然属于传闻，但这件富于传奇色彩的故事背后，实际上道出普明、普光这桩婚姻与众不同的诸多特点。首先，传统意义上的婚姻讲究父母之命，媒妁之言，而这桩婚姻却是借以"菩萨传言令证人伦"名义下的男女结合，虽然普光一方有奉父母之命成婚的某种形式，但至少在普明一方，却是明显缺失父母之命，更无媒妁之言。其次，普明家境贫寒，无力娶妻，甚至一度乞讨为生，而女方家境富裕，为一方财主，但美中不足的是膝下

---

① 2009年6月2日万全县新开口村某教派坛主张德年访谈记录。

无子，只有一女，且生性怪异，木讷不言，几近哑巴，故虽已到婚龄，却待字闺中。这样，双方一拍即合，结为夫妇。再次，按当地由来已久的习俗，"其订婚时，先遣媒妁问名，继以纳彩，尚馃盒饼饵钗环布帛之物，择吉用鼓乐迎娶；只央亲友往迎，俗谓之娶亲，类是伴郎也"①。普明与普光，既无订婚之父母之命、媒妁之言，又无娶亲之鼓乐往迎。由此而言，与普光结婚后，普明可能是上门为婿，一度寄居狮子口村王财主家帮活。最后，普明17岁上还俗成家后，虽然一度寄居狮子口王家，但不久后即很可能与普光一起移居膳房堡。膳房堡既是普明小时候随父母生活过的地方，也是普光的外婆家，应该说两人对膳房堡均不陌生，所以移居膳房堡后，普光寄居许家，即外婆家，普明仍然给人扛长工。但这一生活并没有持续多久即因普明"效力边庭"而中断。不过，或许由于普光婚后曾经住在膳房堡许姓外婆家的这段经历，才有了后来所谓"就耆老传闻，明嘉靖四十一年有马房州人李宾来膳房堡娶许姓女，夫妇修道成真"②之类以讹传讹的说法。当然，这一传闻也并非空穴来风，毕竟许家与普光有着这层亲戚关系。至于普明移居膳房堡后帮的什么工，当地的说法多是给村里看庙，如在万全新开口村观音庙看庙，以前则是在本村牛家堡看过地藏王庙，等等。或许就是在这期间，普明有机会结识到一些教派人物，并随之拜师学道。总之，普明早年经历坎坷，命运多舛，居无定所，也无固定职业，然而正是这种漂泊不定的生活方式，造就了普明对于社会、人生敏锐的洞察力和深刻的感受力，从而为其后来的开宗立派、布道传教提供了丰富的社会经验和人生知识。

第三节　施善图像与教祖的民间形象

狮子口村普明庙壁画图像中的"舍布济贫""挂灯照路""施舍饮食""财滋利人""为民代牧""辞世去乱""佛前恭敬"等七幅，以及赵家梁普

---

① 景左纲修，张镜渊纂《察哈尔〈怀安县志〉》，第261页。
② 路联逵、任守恭主修《万全县志》卷七，第49页。

明庙壁画中的"酬恩谢圣岁大有年""偕众贤良申文谢圣""修盖三天长生宝殿""李庄偕亮建铁佛寺""通传皈戒不染瘟瘴""千手眼佛降丹救难"等六幅壁画，集中表现了普明成家后好施乐善、扶危济困、恤孤念寡的故事，虽然同类题材的壁画有部分缺失，但结合民间传说，从中仍可窥其大概。

"舍布济贫"（见图2-10）一幅，画面中的普明为一和蔼的老者形象，多髯须，头戴标志性的羊绒帽，与一孩童做且行且语状，身后一男子则趋步而随。这是在当地最具代表性且至今广为流传的故事之一，虽然具体情节因人而异，略有出入，但内容大致相同。

图 2-10　舍布济贫图

其一，"传说普明乐善好施。一天去赶集，买了卷白布准备回家，这时无意中听到后面有人羡慕地说'看人家多好，有钱买布做衣服'，普明回头一看，说话的原来是一个衣衫褴褛的穷人。普明爷爷看在眼里，疼在心上，便想把这卷布送给他，但转念一想，非亲非故的，人家不一定要。于是想了个法子：胳膊一松，白布顺势落在了地上，然后佯装不知，继续前行。那人走着走着，猛然间发现地上有卷白布，高兴地立马捡起来，抱着就走了。回家后，普明的妻子问：你今天买的布呢？普明如实将事情的原委告

· 062 ·

诉了妻子，没想到妻子竟然责怪他：只丢给他卷布，没有针和线怎么能缝衣服呢？于是叮嘱普明赶紧把针和线给那个人送去。"——讲述人：万全镇西北街村村民田先生，2009年5月28日。

其二，"听老人讲，普明进城去买布，后面跟着一个讨吃的穷人，看到普明买了布，羡慕不已：要是自己也能有钱买布做新衣就好了。普明听到后就将布丢在了地上。回家后，普明奶奶就问买的布在哪？普明就把事情的经过说了一遍，没想到普明奶奶责备说：有布没针线怎么缝衣服呢？快把针线给他们送去吧。"——讲述人：万全县张贵屯郝先生，2009年5月28日。

其三，普明老两口品行高洁，心地善良，见难相助，扶贫济困，为人们做了许多好事。一年秋天，普明爷爷到左卫赶集，买了一卷白粗布准备做过冬的棉衣。回来的路上，他碰到一个穿得既破烂又单薄的穷人，被秋风吹得瑟瑟发抖。普明爷爷看在眼里，疼在心上，知道他多么需要这卷布啊！但又不能直接给，平白无故，他怎么能要你的东西呢！于是，他想了个办法，把胳肢窝一松，白布掉在地上。他装作不知，继续往前走。那人走着走着，见地上有卷白布，抱着回家去了。普明回到家里，妻子问他："你买的布呢？"他把这事告诉了妻子。妻子埋怨说："你怎么不问问他家里有没有人做？若没有，我给他做好，你再给他送去，不是更好吗？"普明爷爷说："哎呀，我怎么就没想到这点呢？"普明爷爷的善行感动了上帝，使他很快修成了正果。①

"挂灯照路"（见图2-11）一幅，画面中灯笼高悬，宅邸前，普明与一孩童做交谈状，孩童扎双髻，绿衣，其身后为一背负家什、似外出而归的男子，做趋前答话状。从画面情景推测，表现的当为普明主动挂灯照明，为街坊夜行提供便利的故事。

"施舍饮食"（见图2-12）一幅，画面中四人，地下为一包袱状物，一男子俯身做捡拾状，身后一红衣小儿，双臂张开，做欢欣趋前状，普明则

---

① 张进善：《左卫历史文化》，第59页。

与一丫髻垂丝的女童立于近旁，虽在咫尺，却故做视而不见状。其表现方式与"舍布济贫"如出一辙，且更加形象生动。

图 2-11　挂灯照路图　　　图 2-12　施舍饮食图

"财滋利人"（见图 2-13）一幅，画面漫漶，局部甚至不清，但大致可辨。画面中普明盘坐蒲团，背靠岩壁，近处矮树两株，花满枝头，远处则遍地烟霞，山色朦胧，一派早春景致。一男子大步流星，似得普明相助而满意离去状。

"为民代牧"（见图 2-14）一幅，画面模糊，依稀可辨。青砖绿瓦、深宅大院之中，普明夫妇危坐高堂，阶下五位男子，一字排开，似做拱手答谢状。虽然单从画面而言，很难判断所表达的主题内容，不过据了解，代牧是当地由来已久，且普遍存在的一种雇佣方式，甚至直到 20 世纪 80 年代，在河北农村仍有这种雇佣方式。代牧者多是村里无依无靠、经济状况较差的青壮年，一般在本村或者邻村农户给人放牧羊群，由东家管吃管住，并给予一定报酬，以维持生计。现在则是将几家的羊群合在一起，联户放牧，每户定期出一人，在各户间轮流放牧，以节约劳力。以此推测，"为民代牧"这幅壁画的题材，可能来源于普明当年因生活所迫，受人雇用，放牧羊群的这一经历，只不过为了突出普明利济众生这一高尚品德，对这段历史做了加工美化而已。这样，出于生计目的的雇佣代牧也就变成了慈善行为的为民代牧，普明在人们心目中的形象自然也为之一变。

第二章 图像中的历史镜像

图 2-13 财滋利人图

图 2-14 为民代牧图

"辞世去乱"（见图2-15）一幅，看起来其标题提示与画面内容的关联性似乎不大，但与赵家梁普明庙壁画中"锄禾显圣无数化身"一幅（见图2-16），从形式到内容反倒万全一致。虽然，赵家梁普明庙中的这幅壁画除榜题外，大部残缺，但是，"辞世去乱"这幅壁画的内容正好补其不足。画面中，一派农忙景象，山坡上，普明真身怡然而坐，手做牵引或遥控状，洒下两道白光，坡下田间，四位农夫敛衣赤足，或埋头锄禾，除草松土，或伸腰小憩，其中两人，显然为普明示现化身，头戴羊绒帽，多髯须，似格外卖力。这一故事在民间的流传也极为广泛，且版本较多。

其一，普明早年行神迹轰动乡里，当时正逢六月农忙季节，村民都忙于锄禾，人手不足，普明于是主动受雇于农户。后来人们无意中谈起此事，都说自己雇的是普明，于是大家才知道普明不是凡人，而是个神仙。——讲述人：万全镇西北街村村民田先生，2009年5月28日。

其二，有一年，雨水特别多，庄稼地里杂草丛生，家家都来雇普明，请他帮忙锄锄地，薅薅草，结果他都答应了人家。另外，普明爷爷平素爱吃糕，只要谁家碾米他都会去帮忙推磨。一次，大家无意中提起这些事，才恍然大悟，原来那一天家家都有普明在帮忙，他的身影同时出现在不同的地方。于是人们议论纷纷，互相转告，终于明白普明爷爷原来并不是凡人。——讲述人：万全县新开口村张德年，2009年6月2日。

其三，普明爷爷给人干活，锄地、推碾子，都说雇的是普明爷爷。原来是普明化身在同时帮人干活。——讲述人：万全县张贵屯郝先生，2009年5月28日。

其四，普明爷爷成仙后，还一如既往地为人们做好事。有一年，头百户村风调雨顺，年景特好。但美中不足的是，锄苗季节还经常下雨，人们可就忙不过来了。普明爷爷施展法力，帮了这家帮那家，不几天，就帮遍了全村，人们的地很快就锄完了。一天，好几个人在一起闲聊，都夸普明爷爷好。这个说普明爷爷帮他家锄地，那个说普明爷爷也帮他家锄地，大伙一齐对时间，发现都是在同一天。还有一次，几个妇女推碾子，都说是普明爷爷在帮助她们，而且是在同一天同一个时辰。村里到底有几个普明爷爷？就一个呀！一个普明爷爷怎么能同时帮助几家呢？这就奇怪了，逐渐地，人们慢慢才明白：普明爷爷成仙了！后来，他到了膳房堡。堡中有一眼井，经他点化，井里的水成了神水。就这样，他用化缘来的钱财，建起了一座规模很大的寺庙。普明爷爷走了，但头百户村的人们还很怀念他，就在堡的东北角建起了一座普明庙，庙里供奉着普明爷爷的泥塑神像。[1]

对此，县志则这样记载："昔有村人名普明者，王其姓，亦云姓郭，为人正直、和气、慈祥，又见义勇为，轻财好义。某年禾将熟，天骤寒，苗为霜杀，谷粒脱落，人皆争相收割，村民尽出，人少者大惑困难。普明化身数百人，服装面貌不稍差异，分往各家助人收割。事毕相谈，家家皆云有普明，于是人皆异之，远近流传。后坐化膳房堡，塑像祀之于普佛寺，至今香火不绝。其在膳房一带之事迹，亦多有类此者，以故人皆谓之罗汉降世云。"[2]

可以想见，普明"乃北鄙农人"出身，且家境贫寒，因此受雇于人，四处帮佣打工，属再自然不过的事。所不同的是在民间传说中，人们将普明早年受雇打工的经历，转化为散影分形、化身助人、遍行神迹的义举。

---

[1] 张进善：《左卫历史文化》，第59页。
[2] 路联逵、任守恭主修《万全县志》卷十，第14页。

图 2-15 锄禾显圣图-1　　　　　图 2-16 锄禾显圣图-2

"佛前恭敬"（见图 2-17）一幅，画中背景为一深宅大院，佛堂像设中，释迦结跏趺坐，阿难、迦叶两位尊者侍立两侧，佛前摆有香、烛、花、果、炉等供物，普明夫妇则跪拜于前，顶礼膜拜，一副虔诚模样。至今民间仍然相信，普明爷爷是修成的，是天上下来的神仙，只要人们做好事，都能修成。这幅礼佛图意在教化众生，勤修戒定慧，一心向佛，修善因，得善果，普明夫妇就是大众的榜样。而且在当地，传统上民间也的确有信佛奉佛的氛围，其中妇女更是虔诚，如县志云："本县妇女，表面上多不奉教；然无

图 2-17 佛前恭敬图

形中受佛教及儒家之学说，影响实深矣。极信因果轮回及听天由命之说，无论境遇若何痛苦，悉委之于命，卒能安然忍受，而无丝毫反抗精神……

至有患难疾病，每多焚香忏祷，或求神问卜，而对巫婆尤为信仰。"① 当然，作为佛弟子或在家居士，奉佛供佛则完全是一种自觉的行为。据载，直到近世，当地仍多有虔心修行，一辈子坚持跪香、敬佛、诵经的信士。而所谓跪香，则是佛弟子或在家居士的必修课之一，即一日四跪香，一次一炷香的时间。普明夫妇佛前恭敬的画面，无疑是在家居士乃至普通百姓日常信仰生活的生动写照。

"酬恩谢圣岁大有年"（见图2-18）一幅，画面清新自然，祥和宁静。田野里、古树下，普明头戴羊绒帽，颔下银须飘拂，偕众二人，跪拜顶礼，拱手谢恩，其中一女，衣着光鲜，红衣黄裙，盖为普光王氏。前方不远处，一簇簇红艳艳的高粱，颗粒饱满，随风摇曳，身后则拴着一匹马和一头上了鼻圈的家猪，从而营造出一种丰收在望、六畜兴旺的美好光景。据载，由于当地属于旱作农耕区，作物以高粱、玉米和谷子为主，因此自然灾害的形式主要表现为旱灾、蝗灾、水灾和雹灾。特别是在历史时期，由于生产力低下，农业活动往往因自然灾害的影响而蒙受巨大损失，因此靠天吃饭、乞求神灵的护佑也就成了一种基本的生存法则，如当地由来已久的

图 2-18　酬谢丰收图

---

① 景左纲修，张镜渊纂《察哈尔〈怀安县志〉》，第282页。

谢土仪式即其事例之一。谢土仪式每年须举行若干次，意图是通过祭祀天地神明，以求五谷丰登、六畜兴旺，并借此酬谢其护佑万民、利济众生的大恩大德，表达民众的感恩之心和崇敬之情，即所谓"春祈秋报"。可以想见，对于深信果报的普明夫妇等众而言，每遇丰年，这种感恩之心自然会更加强烈，于是乎才有了"酬恩谢圣"这一感人画面。

"偕众贤良申文谢圣"（见图2-19）一幅，表现的是普明率众贤良善友，焚香摆供，申文上表，酬谢圣恩的仪式活动。画面中，但见普明等五位善男，双膝跪于佛堂香案前，拱手礼拜，虔诚之至。香案上陈设香炉一座，供果三盘，香烟袅袅，烘托出一种神圣肃穆的氛围。此情此景，当为普明日常信仰活动的生动写照。

"修盖三天长生宝殿"（见图2-20）一幅，下半部缺损，残余部分虽漫漶，但大致可辨。画面中，只见一叉木架起巨大的梁柱，其旁，普明夫妇似做交谈商量状。修桥、铺路、盖庙，这在民间社会被视为莫大的善行和功德，修盖长生宝殿，无疑是普明夫妇众多善行中很重要的一项内容。

图 2-19 率众谢圣图　　图 2-20 修盖宝殿图

"李庄偕亮建铁佛寺"（见图2-21），画面气氛忙碌却轻松，即将完工的寺庙顶部，两位泥瓦匠正在进行最后的工序——铺瓦盖顶，下面，普明坐于庙前土坎小憩，做口讲指画状，身旁一人，应为名亮的男子，似趋前献茶。经查，李庄即今万全县宣平堡乡李家庄，又称南李庄，铁佛寺即坐落于该村，可惜今已无存。不过，根据当地文史资料可知，铁佛寺因三座铁佛而得名，有大殿五间，其中正殿三间为大佛殿，左为真武殿，右为观

音殿。大殿砖木结构，雕梁画栋，供有一大二小三尊铁佛，均为坐像。大佛为如来佛的高大铁铸像，座下铸有小佛像，人称"老仙爷"。大殿前，左为钟鼓楼，右立有大石碑，记有建庙时间、铁佛来历及庙事活动等内容，后因庙宇殿堂佛像被毁，石碑遗失，无从考究。

图 2-21 建造佛寺图

据传，铁佛寺由周边12个村庄共同筹资所建。因此，逢年农历四月初八的打醮日，周边12个村的善男信女，即在乡绅、社首带领下，前来铁佛寺进香朝佛，以求保佑四季平安，五谷丰登。该寺的庙事活动一直持续到1958年，直到铁佛被拉走炼钢为止。随之和尚远走，庙堂废弃。

铁佛寺从建庙立碑，究竟历经几代和尚已难考证。人们能记住的只有四代，即建明和尚、通化和尚、维妙和尚及来自蔚县的屈师傅。东红庙的二和尚、孔家庄的杜和尚，也曾来此主持过。该寺平素只有一位和尚主持，每代和尚很少收徒，至多只收一位。此外，还有一些不出家的信徒即居士，与和尚一起修行。铁佛寺的和尚一天四跪香，敬佛、诵经，分早、中、晚及深夜十二点四次课，一次一炷香时间，每顿饭则均为先供佛，后自己食用，可谓守戒极严，事佛甚恭。① 由于庙碑遗失，虽然现已无从考究铁佛寺的建造年代、建庙者等早期的历史情况，不过以民间传闻、壁画故事的可信程度而言，我们毫不怀疑"李庄偕亮建铁佛寺"这幅壁画的来历具有一定的事实依据。若此，铁佛寺当为普明创教前筹资建造或参与建造事宜的若干村庙之一，只是经过历代的修缮扩建，才有了后来的规模。

"通传皈戒不染瘟瘴"（见图2-22）一幅，画面中，普明额下银须飘拂，头戴羊绒帽，肩挑长杆，杆头挂一包袱，与三男子驻足而立，神情怡然。空中，一男子御龙俯视，祥云缭绕，龙口大张，喷云吐雾，雾气中似杂有颗粒状物，飘忽而下，笼罩四人。近处花木扶疏，生机盎然。这幅图像表现的是以"通传皈戒"即传授三皈五戒的方式使人免受瘟疫之害的故事，因此这既是一种祛除瘟疫的手段，更像是一种宗教的仪式。民间宗教的立教之本在于救世避劫，这幅壁画虽然没有直接点名通传皈戒者为普明，但画面中的乘龙者应该就是普明的"身外之身"，但这里之所以没有点破，原因在于此时的普明仍然是以寻常的善人形象示人，而非教主的身份。信受皈戒，一心向佛，善有善报，普明等众善信之所以能不染瘟疫，即在于此。这也是这幅壁画传达给民众的主要信息。

"千手眼佛降丹救难"（见图2-23）。画中，高崖石台上，红色火焰纹边饰、金色莲叶形大背光中，千手眼佛祖胸露腹、跣足、半跏趺坐莲台，居高临下，做俯视状。中央两手，左手屈肘平放胸部，右手抚膝，其余手臂，大致对称，自左右两侧，向上伸出。其下方，一男一女，站立于高墙下，仰视前方，做拱手礼拜状，神态敬虔。刻画了千手眼佛普散金丹，救苦救难，利益众生的慈悲心怀。千手眼佛是黄天道独创的佛祖之一，很显然，其造型特点是在未来佛弥勒形象的基础上，糅合了大慈大悲、千手千眼观音的标志性要素，而普明祖在教内则一向被认为是弥勒佛的化身之一。

---

① 王歧贤：《铁佛寺》，万全县政协《万全县文史资料》第六辑，2002。

图像与历史：华北民间宗教调查研究

图 2-22　传戒避疫图

图 2-23　佛祖救难图

另外，虽然壁画无存，但从李世瑜当年抄录的"创设雨坛广救世人""广昌救旱祈雨救民"等榜题来看，设坛祈雨也是普明善行乃至道行的具体体现。由此可以推测，后世关于普明坟墓祈雨辄有验乃至建庙的故事，很可能与这一历史有关，如方志载："膳房堡西有大寺，在先为碧天寺建置，年月不可考。……后寺宇为官家所毁，仅存佛像，该堡许姓迁佛像于其家。迨后旱魃为灾，乡民祷于普明坟墓，油然作云，沛然下雨，则苗勃然兴之。甘霖既降，信佛弥坚，于是鸠工庀材，建庙祀之，名曰普佛寺，时在光绪元年。"[1] 既然普明生前即发心祈雨救民，其身后成佛自然会一如既往，护佑百姓，这就是信仰的逻辑、民众的思维方式。而后世将普明作为乡贤纳入地方祭祀系统当基于同样理由。据载，阳原一带"有崇善祠，其性质既非祀神，亦非祀祖，乃祀一乡之善士者，曰崇善祠，在七马坊堡西北龙神庙内。初，该村绅民，以迩来人心不古，盗贼横行，社会扰攘，迄无宁日，乃倡善行，以维风化，盖仍儒家正心修身之道，特以村民愚昧，空谈无补，乃择一二模范人物，塑其像以为标准：一为普明，一为杨二善人（盖皆该村先民僧道之类，素为村民传闻敬仰者）。民国二十年春，乃建祠塑像，俾资钦仰"[2]。

---

[1]　路联逵、任守恭主修《万全县志》卷七，第49页。
[2]　李泰棻总纂，刘志鸿主修《阳原县志》，第55~56页。

综上所述，一幅幅壁画图像为我们大致还原出普明夫妇创教前的诸多善行，从而勾勒出一个乐施好善的民间形象。具体而言，普明夫妇首先表现为虔诚的善男信女形象，以茹素吃斋、诵经念佛、跪香修行、祭祀天地等为信仰生活的主要内容，且展现出一种三教并重的信仰特点，如既关心道教流派的长生宝殿的修盖，又热衷于佛教寺庙铁佛寺的建造，等等。其次，处处以大善人的形象示人，且兼具民间法师的性格特点，如扶困济贫、化身助人、建寺修庙、祈雨救旱、祛病消灾等，可谓众善奉行、神通变化、道行高深。这一形象影响深远，乃至外推，成为黄天道信徒留给民间社会最为深刻的一种整体印象，故迄今当地仍习惯称黄天道信徒为善人，认为黄天道是个好教门。可见黄天道教祖形象的塑造，对教门本身以及民间社会的影响、意义是何等的重要和深远。

第四节　布教图像与黄天道的创立

严格意义上而言，所谓布教，本质上是由传教者与受教者双方共同构成的一种行为活动，是传与被传、人传与传人、教与学、师度与自度的有机统一。因此，黄天道壁画中的有关图像实际上不仅包括了教祖布道行教的内容，也涉及教祖拜师、求道、学法的情节，从而大致勾勒出黄天道的形成、布教方式、入教特点等方面的一些基本情况。

"佛祖在天"（见图 2-24）一幅，画面背景为一深宅大院，厅堂香案前普明与一红衣僧对面而坐，旁一侍女，眉清目秀，手捧托盘，轻移莲步，做进茶状。丹墀下两男子，则似做张罗状。主题表现的应是普明当年延僧问道、学佛修法的故事。民间传闻，普明移居膳房堡后，即经常出入寺庙，求师学佛，后被大庙（即碧天寺）的住持"常阳"和尚收为弟子，从此普明就在大庙修行，不再给人打长工。当时普明和普明奶奶在一起，夫妇双修，悟道成真后，又去山西修行，最终了道。①

---

① 2009 年 6 月 2 日万全县新开口村某教派坛主张德年访谈记录。

"□巨□害"（见图 2-25）一幅，榜题缺两个字，画面中，普明提一笼状物，夫妇二人，踏着云光，腾空飘然而去。大门紧闭的住宅前，一队官兵杀到，幢幡宝盖下，一将骑白马，戴盔披甲，手执马鞭，做指挥状，前有二卒，奋力打门，一副杀气腾腾的架势，意在捉拿普明夫妇，所幸吉人天相，普明夫妇已远走他乡。宝卷中记有普明访道过程中曾在今山西广灵县遇害的经历，后被迫躲离了广灵往东而行，最终化险为夷。这幅壁画表现的内容，大概就是这一故事。

图 2-24 佛祖在天图　　　　　图 2-25 广灵避难图

"洋遇周祖亲传大道"（见图 2-26）一幅，下部残缺，所余画面及榜题依稀可辨。庭院树荫下，一红衣僧人，面相方圆，合掌施礼，背后是一册展开的大部经卷。因下部画面缺失，不见普明形容，依情景判断，普明当为跪拜于僧前状。关于周祖所传大道，《普明遗留周天火候金丹蜜指心印妙诀》讲得分明，"癸丑夏至，亲见周尊，化顶山前，传得分明，师傅指我，卯酉之功"①，或云"得遇玄云老祖传与卯酉之功"②。时在癸丑即嘉靖三十二年（1553）夏至，地点为化顶山。这年正是其得法之年。又"有周祖，来传法，宣阳宝地"，"周祖度群迷，少康祖又整齐。有李祖行伏治命，少

---

① 《普明遗留周天火候金丹蜜指心印妙诀》，民国抄本，张家口市万全区李凤云藏经。
② 《普光四维圆觉宝卷》，民国抄本，张家口市万全区李凤云藏经。

康祖破了消息，霍想天降世临凡，末后一着普明出世"。① 种种迹象表明，周祖玄云是普明早年寻师学道过程中所遇到的一位关键人物，普明教法大抵为周祖衣钵相传，尤其是内丹功法。不过这位周祖也不一定常住某一寺院，很可能游方各地，说法布道。

图 2-26　周祖传道图

据《虎眼禅师传留唱经》云，普明在参师访友过程中，"狮子村，遇明人，说与我修行，对天发愿舍凡身。虽然指与我无为相，闷闷昏昏。癸丑年，遇真传，说破玄关"。又云："访明师，数十年，却来到，顺圣川，蔚罗辛庄儿重相见。上告师傅慈悲我，指与先天并后天。采药苗，难分辨，自今日，说破了玄机妙理。问师傅，讨个地头得根源。"② 说明普明寻师访友历经了一个漫长而曲折的过程，数十年的不懈追求，有困惑，更有收获，先是在狮子口村遇"明人"，得真传，"说破玄关"，后又在顺圣川、蔚罗辛庄与"明师"重逢，得以说破"玄机妙理"，彻底开悟。至于这位明师姓甚名谁，虽然没有明示，但就所传功法修行而言，与周祖所传一脉相承。由此推测，这位明师很可能就是周玄云。普明拜师虽多，但明

---

① 《朝阳遗留三佛脚册唱经偈卷上》，王见川等编《明清民间宗教经卷文献续编》第一册，第393~395页。
② 《虎眼禅师传留唱经》，王见川等编《明清民间宗教经卷文献续编》第一册，第40页。

师可能仅此周祖一人。正如《普明遗留周天火候金丹蜜指心印妙诀》所云，普明九岁发愿出家，曾经投师三次，受伤退伍后，又在其岳父王达的劝说下投拜达达营的赵宗为师，因持斋三次不得明心，于是亲自拜见化顶的周祖，半载即悟道明心。可见，周祖就是普明参师访道过程中所遇到的明人。

"回心向道化顶求师"（见图2-27）一幅，榜题缺失，依内容判断，表现的应为普明访师问道的情景，与"洋遇周祖亲传大道"为同一故事，情节不同。山原旷野中，四下寂寥，唯一僧一俗，僧人着红衣，戴毗卢帽，盘腿席地而坐，面庞方圆，表情怡然。俗衣者即普明，相貌年轻，眉目清秀，左手握一手卷，右腋下挟一函经书，与僧相对而立，微微躬身俯首，低眉顺眼，极谦恭状。红衣僧头顶则发出一道白色光芒，呈弧形，自上而下，笼罩普明，盖以此表示加持灌顶、口传心授、以心印心的传承授受关系。依榜题判断，化顶应为当地某一座山寺的指称。华北民间习惯上以某某顶指称某一方位或某一山头的寺庙，如北京高碑店的东顶、西顶，即为以寺庙所在方位而形成的一种习惯上的称呼，当然，所谓化顶也不例外。

图2-27 问道访师图

第二章　图像中的历史镜像

至于化顶的具体位置，根据方志资料以及地望判断，今怀安县左卫镇的化皮岭村及其周边的化皮岭山脉则有很大的可能性。若此，所谓化顶，既有可能为化皮岭村某一村庙的习惯称呼，更可能是指化皮岭山脉中的某一座山寺。根据《普明遗留周天火候金丹蜜指心印妙诀》相关内容判断，化顶又名化顶山，而普明前往化顶所求见的师傅正是周祖、周尊。总之，普明早年求师问道的足迹遍及当地各处寺庙，其中一个最大的特点就是所拜访的人基本为佛门中僧人，这对于了解其创教活动中继承与开新、外佛与内道的关系问题无疑有所帮助。

"玉敕封镇北天教主"（见图2-28）一幅，画面中玉帝衮服冕冠，一轮头光，伏案而坐，威仪庄严。御前，普明双膝跪于尘埃，朝上礼拜谢恩，虔诚之至。案侧侍立一吏，展卷宣旨，盖为敕封普明为"镇北天教主"。场面虽不壮观，却也不失庄严。有学者认为，普明回到膳房堡后，28岁时与妻王氏开始吃素念佛，其间曾在万全县地藏寺拜周祖为师，一年后周祖去世，又到观音寺，一年半后观音寺的师傅又去世了，夫妇二人便来到北天寺（即碧天寺），创立了黄天教，并且编造了"玉敕封镇北天教主"的传说。[①] 且不说普明持斋把素其实早在28岁之前就已开始，至于榜题中的"北天"是否为"北天寺"？北天寺是否碧天寺？敕封北天教主到底意味着什么？凡此等等，都是需要认真探讨的问题。

众所周知，玉皇大帝是民间社会所崇信的道教至上神，统领天、地、人三界神灵，是天界的最高权威。道教认为，天有三十二层天，天外称为无极界，天内称为太极天，太极天又划分为东、南、西、北、中五天。中天为玉皇大帝所居，北天为紫微大帝所居，那么对于普明所封"镇北天教主"，理解为紫微大帝所居北天之教主当是合理的，即便从构词上而言，"镇北天教主"即镇守北天的教主，不仅享有崇高的地位，而且辖有一定的区域即北天。当然，教主毕竟不同于大帝，就像诸镇天元帅有别于天王一样，虽然同处一天，但因位格不同，职责也就有相当的差异。由此而言，

[①] 谭松林主编，连立昌、秦宝琦著《中国秘密社会》第二卷"元明教门"，第175页。

图2-28 敕封教主图

北天既然为一区域范围概念，并不是指所谓北天寺这一特定的寺庙，当然与碧天寺也就没有任何关联，更遑论与黄天道创立的因果关系了。实际上，碧天寺成为黄天道的祖庙，是在黄天道创立、发展过程中逐渐形成的，并不是在普明夫妇来到碧天寺之后才创立的黄天教。换言之，黄天教创立在先，碧天寺成为祖庙在后，而不是相反。不过，"镇北天教主"，作为玉皇大帝敕封李宾的尊号，虽然后世教内鲜有以此称呼普明者，但受此封赐，毕竟意味着普明身份、地位上的巨大变化，即从一名普通的学道者，变身为万众敬仰的教主，同时暗示，普明访师问道阶段的结束，创教布道时期的开始。当然，"镇北天教主"并不完全等同于黄天道教主，因为从打出教派的名号，称佛做祖，到正式开立宗派，以及相对稳定的信众群体的最终形成，其间是一个极其曲折复杂的过程。据康熙年间普明第五代后裔李蔚云："普祖乃北鄙农人，参师访友，明修暗炼，悟道成真，性入紫府，蒙玉清敕赐，号曰普明虎眼禅师，设立黄天圣道。"① 这可能是关于黄天道创立的最为可信的描述。尽管"普明虎眼禅师"这一法号同样由来于敕赐，但

---

① 《虎眼禅师传留唱经》，王见川等编《明清民间宗教经卷文献续编》第一册，第5页。

也唯有这一法号与黄天道的创立直接关联，并与黄天道相始终。而民间则习惯上称之为普明佛、普明爷爷、普明祖等。当然从另一个角度而言，无论是"玉敕封镇北天教主"，抑或玉清敕赐"普明虎眼禅师"，均反映出普明李宾创教过程中与道教的某种渊源关系。至于普明法号称名于何时，经云"皇极轴弥勒天元太保置立法门，今奉中天教主张公饬令，系大明嘉靖壬寅年孟春寅日，太乙普明圣号李宾十五日夜子时准定"①。由此推断，李宾以普明为法号当不会晚于嘉靖壬寅二十一年（1542），且当时与中天教主张公齐名。

关于李宾创立黄天道的具体时间问题，学界尚有不同看法，其原因在于对有关经卷内容的不同解读。概而言之，主要有以下三说。一是明嘉靖三十二年创教，即1553年，岁次癸丑。持此说者以马西沙等为代表，主要依据为《虎眼禅师传留唱经》所载："狮子村，遇明人，说与我修行，对天发愿舍凡身。虽然指与我无为相，闷闷昏昏。癸丑年，遇真传，说破玄关。"认为黄天道的创立，应从普明癸丑年遇到明师，得真传之日算起。② 二是明嘉靖三十三年创教，即1554年，岁次甲寅。持此说者以喻松青为代表，台湾学者王见川也支持此说。主要根据为《佛说利生了义宝卷》所载，"青虎年，古镜明"，"木虎年，古镜明"，"当阳佛，埋名千年无消耗，青虎年中古镜当空照"，又"普明如来东华主，青莲菩萨相伴你，道从此年出，黄天圣道有谁知，拜名师指与你先天理"云云，认为普明在遇到真传的次年，即甲寅年创立黄天道。③ 三是黄天道创立于明嘉靖三十七年，即1558年，岁次戊午。秦宝琦持此说，认为《佛说利生了义宝卷》所载"戊午年，开道场，普明佛，归本乡，身体舍弃在龙天上"，"戊午年，受尽苦，丹书来召。大门开，传妙法，说破玄空"云云，以及《普静如来钥匙通天宝卷》中"普明佛，戊午年，通传大道"，"普明佛，戊午年，开荒下种"的有关

---

① 《普明古佛遗留末后一着扣天真宝》，民国壬戌年（1922）抄本，张家口市万全区李风云藏经。
② 马西沙、韩秉方：《中国民间宗教史》，第415页。
③ 喻松青：《明清白莲教研究》，第121~122页。

记载，均"说明黄天道确实创立在戊午年即嘉靖三十七年（1558年）"。①

那么，该如何理解三种不同的见解呢？《周祖传普明指诀》明言"普明佛祖正德八年癸酉降生，嘉靖三十二年甲寅（按：应为癸丑）得法，三十七年戊午开道，四十一年壬戌回宫"。② 应该说这是经书中最为明确的一段记载，其中的关键点是对于所谓得法、开道的理解问题。一般而言，教派人物的创教过程，大都经历寻师访道修道、开悟了道或明道成道，开宗立派、布道行教四个基本阶段。不过，在具体的创教实践活动中，因社会环境、条件的不同，一个教派的创立实际上并不一定是按照逻辑上的四段论完成的，即：或先立名号而后参师访道，或问道学道过程中立其名号，或证道后而立其名号，当然也不乏在创教过程或创教后，根据需要不时改换名号的现象，凡此等等，不一而足。可以说，访道、得道、立教、布道，是一个密切相关、不可分割的有机统一过程。当然，黄天道的创立也不例外。因此，考虑到李宾创教过程中"访明师，数十年"，前后拜访过若干师傅的曲折性和艰辛性，以及普明在黄天道谱系中位列七祖的地位，可以推断，黄天道或黄天圣道这一名号的正式确立或公开打出，是在嘉靖三十三年，即1554年，岁次甲寅，当属无疑，故宝卷中称此年为"初开法"，或曰"甲寅岁，大法显，古佛传道"③。而黄天道的发端，则可以追溯到普明"遇真传，说破玄关"的嘉靖三十二年，即1553年，岁次癸丑。因为既然是所谓的真传，即"甲寅岁，大法显，古佛传道"之真传道法，自然也就意味着黄天道教法或黄天圣道与"真传"一脉相承，且渊源于此。所以从这种意义上而言，认为黄天道事实上发轫于嘉靖三十二年，甚至更早也不无道理。至于说黄天道创立于明嘉靖三十七年即1558年，则实属勉强。因为宝卷中诸如"普明佛，戊午年，通传大道"，"普明佛，戊午年，开荒下

---

① 谭松林主编，连立昌、秦宝琦著《中国秘密社会》第二卷"元明教门"，第179页。
② 《周祖传普明指诀》，民国二十年抄本，万全县王德山家藏经书。
③ 《朝阳遗留三佛脚册唱经偈卷上》，王见川等编《明清民间宗教经卷文献续编》第一册，第394页。

种"①，以及其他宝卷中所云"戊午年，才显出，大法流通"②，"戊午年，传大法，天下扬名"③，"普明无为理，戊巳大开法"④ 等种种类似的表达方式，其实是指普明佛创教后的说法布道活动。试想，若非黄天道创立在先，何来"开荒下种"的传教布道？又何来大范围的"通传大道"？实际上，戊午年以降，是黄天道创立后快速发展、渐次扩张、一统各派的时期，其流布、传播的范围不断扩大，影响力也达于鼎盛，一家独大的格局基本奠定，碧天寺始成为黄天教的祖庭和祇园宝地的核心。正因如此，才会有所谓的"通传大道""大法流通""天下扬名"之说。毕竟，从"初开法""大法显"，再到"大开法""大法流通""天下扬名"，从"古佛传道"到"通传大道"，是需要一个时间过程的。对此，《普明遗留周天火候金丹蜜指心印妙诀》中的表述已经足够明白："癸丑夏至，亲见周尊，化顶山前，传得分明，师传指我，卯酉之功，南岸来访，半载明心。甲寅正月，通天合同，三家相见，四至为真，祇园七百，枳儿龙门，野狐宁岭，四至分明，三家脚册，九死十生，悟道六载，大法开通，九年功满，壬戌回宫。黄天圣道，天下流通，久等黑虎，大道开通，九十二亿，尽赴银城"。其中"九年功满，壬戌回宫"，意指普明在创教满九个年头后去世。壬戌年即1562年，这样算来，创教年正好是癸丑年（1553），而非甲寅年（1554），否则就是八年功满了。再者，"悟道六载，大法开通"，也与上述所谓"戊午年，才显出，大法流通"等记载相吻合。在这里需要留意的只是表述上的一些细微差异，如"九年功满"中的九年，显然是指从创教之初到功满回宫，整整用了九年的时间最终达成，而"悟道六载"中的六载，则语意较为模糊，既可以理解为六年的时间，也可表示悟道后的第六个年头，其间相差一年，这样结合其他经卷的相关记载判断，所谓六载，当为悟道创教后的第六个

---

① 《普静如来钥匙宝卷上》"钥匙佛如来开悟道修行分第七"，张希舜等主编《宝卷初集》（5），山西人民出版社，1994，第69、100页。
② 《朝阳遗留三佛脚册唱经卷上》，王见川等编《明清民间宗教经卷文献续编》第一册，第394页。
③ 《黑虎宝赞》，宋军藏书。
④ 《清静无为妙道真经宝忏》，王见川等编《明清民间宗教经卷文献续编》第一册，第499页。

年头，即戊午年（1558）而非满六年的1559年。由此也可佐证普明创教于癸丑年（1553）而非甲寅年（1554），否则与经卷中的记载"戊午年，才显出，大法流通"不符。种种迹象表明，这一时期黄天道的真正影响恐怕仅限于所谓"祇园七百，枳儿龙门，野狐宁岭，四至分明"这样一个不大的范围，枳儿即枳儿岭，今怀安县枳儿岭村；龙门即龙门所，今赤城县龙门所镇；野狐即万全县的野狐岭；宁岭即怀安县的兴宁岭，大致相当于明宣府西路的范围，即今万全、怀安、赤城一带。图2-29至图2-36，即是有代表性的、可以反映黄天道创立后讲经布道场景的壁画图像。

"头百户屯法船大开"（见图2-29）一幅，描绘的是普明在怀安县头百户屯讲经说法的一个场景。画面中，普明上首端然而坐，头戴黄色羊绒帽，颔下无须，一轮头光，宛如满月，背后则为一幅水墨竹篁画屏。座前8位弟子，男左女右，分班而坐，衣着光鲜整洁，表情自然轻松。近处但见寒树低矮，平添些许野趣。应该说，男女信众，同处一堂，听经学法，是这幅壁画所反映出的黄天道布教活动的一个最大特点。

图2-29 普明说法图　　　　图2-30 化度善信图

"怀安化度善男信女"（见图2-30）一幅，画面中，普明伏案端坐上首，头戴黄色羊绒帽，颔下胡须飘拂，案上摆放手卷、经书，普明双手展卷，做宣讲状。背后为一水墨画屏，案侧两株古树，枝遒叶茂，疏影横斜。案前众弟子，均袖手分班而坐，左侧五人，右侧四人，衣着光鲜，个别似做交谈状，气氛肃静而不失活泼。

· 082 ·

"枳儿岭上说法利生"（见图 2-31）一幅，描绘的是普明在怀安县枳儿岭村说法的一个场景。古树下，普明伏案而坐，背后为一水墨画屏，案上摆放一部经书，其中一册呈打开状。案前左右两侧，各立有两位弟子，均手捧经书，做翻阅及交流状。场面气氛随意、轻松、自然，彼此互动的意味显然。

"马房说法喧演大乘"（见图 2-32）一幅，描绘的是普明在马房村讲经说法的故事。山坡上，古松下，四下空旷，远山隐现，普明席地而坐，双手展卷做开示状，旁有四人围坐，包括两位少年，均神态专注，听讲认真，身后则摆放几部打开的经卷，从而勾画出一幅以天地为讲坛，随缘而化的意象图。

图 2-31　普明说法图　　　　图 2-32　讲经说法图

"再诣化顶传度赵先"（见图 2-33）一幅，表现的是普明再次来到自己早年求师问道之地化顶，传度赵先为徒入教的故事，从情景上看也是一幅生动的拜师图像。画面中，一少年僧人，着红色袈裟，眉清目秀，双膝跪倒，俯身下拜，是为赵先，普明则趋前做欲搀起状，其平易近人、和蔼可亲之态顿显。环顾四野，则山峦点翠，远山近树，遥相呼应，一派初夏美景。

"蔚州开道救度皇胎"（见图 2-34）一幅，山野背景中，普明坐一板凳，双手抚膝，面容慈祥，面前为一对夫妇，带一小儿，均双膝跪地，做拱手揖拜状，其中小儿之态，显然是见样学样，懵懂可爱。此场景当为民间所谓"黄天道没老少",即一人入道、全家信教的生动再现。

图 2-33 传度弟子图　　　　图 2-34 蔚州说法图

"宣阳宝地说法谈玄"(见图 2-35)一幅,描绘的是普明在宣府一带讲经说法的场景。画面中,普明伏案端坐,案上摆有几部经卷,其中一部呈打开状,身后则是一张寒梅初放题材的画屏,案前左右两侧,为三女二男五位信徒,均袖手而立,或聚精会神,或顾盼而谈,气氛轻松而愉快。

"侯真赵越发誓领经"(见图 2-36)一幅,表现的是侯真、赵越两位弟子对师发誓,领经学法的场景。画面中,普明头戴羊绒帽,胡须飘拂,背依山坡,席地而坐,双手握一龙头拐杖,身边摆放一部厚厚的经书,不远处为两棵枝疏叶茂的大树,面前为一男一女,跪地揖拜。男女二人,至于谁是侯真,谁是赵越,两者又是什么关系,虽无交代,但从传世经书的有关记载判断,侯真无疑是普明得力且信赖的亲传弟子之一,如在辗转传抄的《普明遗留考甲文簿》与《普明遗留聚宝护命灵符真经》等经书中,即分别题有"嘉靖四十一年正月二十五日抄写,侯真、张天禄将我一十三件真宝,此事不可泄露,男女包含以后,同赴龙华三会,成证佛果"[1],以及"普明遗留聚宝真经于嘉靖四十一年正月初十日在于善(膳)房子村写手候(侯)真张天禄白成恩三人恳沐"[2]等语句。这说明侯真不仅热衷于经书的传抄,而且深得普明真传法脉,自然也是教中的骨干人物。而赵越,后来

---

[1] 《普明遗留考甲文簿》,王见川等编《明清民间宗教经卷文献续编》第一册,第127页。
[2] 《普明遗留聚宝护命灵符真经》,梁槐堂记,张家口市阳原县梁台和藏经。

则成为普明祖亲传的"二十四会"会主之一——窑子头会主,为早期黄天道的发展做出了突出贡献。

图 2-35　宣阳说法图　　　　图 2-36　弟子领经图

由上文可以看出,早期黄天道在行教布道方面具有以下几个非常突出的特点。首先是俗衣人说法,外相为俗里为僧。画面中,普明长衫、粗衣、布鞋,始终戴着那顶标志性的羊绒帽,衣着装束完全无异于常人,正如宝卷中所云:"僧不僧来道不道,头戴四两羊绒帽,修行不在寺院内,我掌弥勒圆顿教。"[①] 黄天道早期又被称为全真大道、混元教、圆顿教,倡导三教合一,上自教祖,下至普通信众,大多以家居火宅、在家修行为主要形式,即讲经说法,不拘场所,或家堂或山野,救度众生,随缘而化,日常生理,则不离俗务,故宝卷中有"俗衣说正法,染衣个个听"之论,标榜"僧不剃头俗衣相,相中包裹古佛心,心明悟解成佛祖"[②]。俗衣,意为在家之人,原本为世俗大众的称谓,但在这里,俗衣当专指黄天道信徒,染衣相对俗衣而言,则是指那些"赖教穿染衣"的出家之人。当然,黄天道强调俗衣人说法,并不是要将自己置于出家人的对立面,而是强调黄天道修行的大

---

① 《普静如来钥匙宝卷上》"钥匙佛宝卷序",张希舜等主编《宝卷初集》(5)。类似的形容也见诸民间流传的"谣谶问对":"不像僧,不像道,头戴四两羊绒帽。法法不在寺院内,他掌弥勒元顿教。"李世瑜:《三教应劫总观通书初探》之附录,《台湾宗教研究通讯》2003 年第 6 期。

② 《佛说大乘通玄法华真经》卷五,经折装刊本,一函五册,凡 10 卷。

众性和普适性，尤其是不拘泥于外相，专注于内修的性格，认为黄天道是唯一的真法门，只有在这一教门中，才出得真正的佛子。

其次是有教无类，广度人缘。普明祖身体力行，俗衣人说法，不拘在家出家、农商医工、老少妇孺，随缘而化，将各色人等统统纳入黄天道的门下。从画面中的人物不难看出，既有出家的僧人赵先，又有在家的侯真、赵越等众，可谓僧俗无别，体现出黄天道不拘一格的大众化传教风格。

最后是一人入道，全家信教。黄天道强调"生仙生佛不离人伦"，故家族整体入教可以说是黄天道信教行为的鲜明特点，例如在题为"蔚州开道救度皇胎"一幅中，所表现的即是一对夫妇携一孩童，一家三口同时皈依黄天道的情景。也正因如此，拖家带口、老幼无别、男女混杂，就成为当时黄天道法会的一道奇特风景。甚至迄今为止，在黄天道的发祥地张家口一带，尚流传有"黄天道没老少"的说法。当然，这也可以说是黄天道留给民间社会最突出、最为深刻的一种印象特点。

第五节　降妖图像与早期黄天道的发展

应该说，早期黄天道的布教活动，并非以寺庙为中心讲经说法，而是居无定所，游走各地，辗转而传，随缘而化，即宝卷所谓"普明佛化弥勒，愚痴子认不得，降在九州神仙地，云游各会传大道"[①]，普明祖俨然一副云游道人的形象。这也从侧面反映出黄天道立教之初，魔强法弱，人们对黄天道的认识和了解还十分有限，更谈不上它有多大的影响力。同时，意味着当时的传教环境异常严峻和复杂，不仅在教内没有形成绝对的权威，信众基础尚不稳固，而且在教外也面临着来自"邪师杂祖"、会头等谤教、打压、排挤的巨大压力。这样，普明祖在黄天道创立后的当务之急，一是扩大信众基础，迅速打开局面，加强黄天道的影响力，二是辟邪显正，降伏"邪师杂祖"，扫除旁门外道，最终统一各会。当然这是一个相辅相成、互

---

① 《虎眼禅师传留唱经》，王见川等编《明清民间宗教经卷文献续编》第一册，第53页。

第二章　图像中的历史镜像

为表里的艰辛过程。下面几幅壁画，如"演留经典降伏妖精"以及"亲传六候镇伏五魔"、"广度人缘二十四会"等，所表现的即是上述主题。那么以此为依据，加之宝卷中的相关记载，从中便可窥知早期黄天道形成、发展、分布以及群体结构状况之一斑。

关于"亲传六候镇伏五魔"和"广度人缘二十四会"两幅壁画，根据早期调查资料，仅知其榜题如此，而图像内容却早已不复存在，所以"演留经典降伏妖精"（见图2-37）就成为现存唯一一幅比较完整的图像资料。该壁画虽局部残损，但大致完好。画面中，普明头戴羊绒帽，面色红润，须发飘白，端坐围椅，右手执卷齐胸，左手抚椅，目视前方，神情庄重，形象高大，一轮头光，放大光明，云朵环列，由内而外，放射出三道五彩光芒，悠悠飘举，贯向天空。下首则为九名男子，形容卑微，双膝跪地，拱手作揖，罗拜于前，每人头顶皆透出一条白色光带，倏忽交错。远处但见群山连绵，林木簇生。从某种意义上而言，这幅壁画所展现的内容、情节，应该视为普明祖当年降伏"妖精"即"邪师杂祖"情形的历史再现。

图2-37　普明讲经图

据《普明遗留考甲文簿》可知，黄天道创立伊始，根基未牢，教内教外，或争教、谤教，或叛教、退道，局面复杂，形势严峻，各路"邪师杂

· 087 ·

祖",即所谓的"妖精",纷纷出笼,以邪法惑人,故普明祖苦口婆心,再三提醒大众贤人,一定要辨明邪正,切不可错认祖师,称:"古佛遗留各祖,都弄邪法,瞒哄贤人,广有八万四千四百四十妖魔鬼子,专混人间,不可认他。"①

显然,所谓"广有八万四千四百四十妖魔鬼子"不过夸大之词,但妖魔出世、鬼子横行却是客观事实。对此,普明祖了然于心,将这些"专混人间"的妖魔鬼子,一一记录在簿,以备后人查考,辟邪显正,明辨真假。其中指名道姓者有七十余人:

> 普明老爷言说:五十四邪师杂祖说法度人,混乱男女心地,至八马房、新庄儿出现朱臣,此是蜘蛛精转化,遗留白花卷一部,度人七十二会,不得成真,失悟好人,生死瞎眼,众生不着,眼看八十一劫永不翻身。
>
> 己亥年间,东洪州出现苏连,说法留经卷,他是在天虾蟆精下界。西洪州小庄儿张子洲五月出现,他是水精下界,不可认他。自称祖号,瞒哄贤人,双足无目限报苦形。东洪州官停里有王氏,她是上方黑风洞妖魔鬼女,自称祖号清净菩萨,堕于幽冥不得出期。田家窑赵氏,此是青梅山前猿猴精降凡,发皇天心应卷一部,度人十二会,自称祖号,说是普净,不要认她。黎园庄张伏云,他是树精下界,自称九祖普净,留经卷五部,不是正也。蔚州五岔村出张天库,他是上方西灵山司命神下界降凡,发留经卷,乃无真语,以普明祖度人成重四有一十三会,随佛赴会,不可认他。旧榆林李仲金,他是黑鱼神下界,男女不要认他。有一座平彦山后地名黎树窑,出刘天喜,发卷十三部,度人二十八会,他是东岳山杨树精转胎于幽冥,永不出期。
>
> 乙亥年,张口儿亡灵丘县北山陈家窑后甲子,显一人,川三为姓,亦乌为名,在圣称为达摩禅师,在凡自称普净,发留达本卷一本,心

---

① 《普明遗留考甲文簿》,王见川等编《明清民间宗教经卷文献续编》第一册,第127页。

花卷一部二分，又收元卷为后照，细辛卷一部，升阳透顶，捉日月所拜为上乘，摄光入体为道，久后旦赴四百里银城。设入者，人人化为脓血，度人二千七百二会，单葛（耽搁）了好人生死。他是天河里鲇鱼精下界，想水不遇，哄人为生，不许认他。浑源州西河庄出一人，名叫黄意真，发元明卷一部，度人八会，不得成真。她是北岳庙下泥女转胎，出泥凡卷一部，度人九会，假设天堂，人人化为泥，不要认她。本处方村丁丑年间出一妖女，故称祖气，假捏谣言，趁境而行，掇哄迷人，不许认她。本庄儿西满所出三人，刘真、王世英、座下高兴三人，故捏佛法，自称祖号，广度人缘，三十三天，一天一会，三人要占中天为首，不是真也。刘家庄李才，号自称善财童子，发慧光卷一部，度人五会，随佛也。他是三千徒众第九名，不许认他。蔚州东山十八塘悟道姓朱名彦昌，自称普胜，移设师言，差骗圣意，故掩其德，他是灵山苍仙下界，普度人缘，不是真也。蔚罗郡有五祖度人，不得收元，张郑孙王田，不为正也。

普明老祖，真正皇胎之子，三千徒众，七十二贤，尽生在浊河两岸，五百罗汉，八百余家，俱都在浊河以外。久后天法施现，涌水齐来，都到祇园。老祖一指摩顶受偈，土木李运留清净卷一部，度人五十二会，不要认他。云州李尚时，他是黑风洞拉杀妖精下界，发卷一部，度人二十四会，打在黑风地狱。李家庄赵氏女，她是破钱山孤虫精下界，说妙谈玄，度人四十余名，永堕铁城，不得翻身。辛丑年仓山出一石千，自称皇极老祖，瞒贤人，度人五十三会，他是鸡精下界，不要认他。

蔚州东有个天门塞，出一人名唤贾汝臣，信口开言，自称弥勒，他是上方佛殿琉璃兽下界，混世三次，度人五百七十三会，心生返意，遭风而起，限报苦形，壬寅年死在兵备手下。北路花园出一孟尚科，自称达摩祖，度人三十七会，他是三千徒众，一千二百第九名，末后认祖，不要认他。泡沙里副鸾，他是上方八宿的土星下界，张口说道，不要认他。宣府城内有四人随道开言，陈明升、米思泰、左世英、康有库，四人假捏西方，人人自现，原身亲去见佛，度人无数，尽堕幽冥期，四人原是本处黄羊山前青杨沟一家猢精转在人胎，自己通灵，瞒哄贤人，不要认他。杜家庄王讫化，自称祖气，出清净度人卷一十二部，度人五会，他是牛头山蛇精下界，甲子年人死会散。

洪州浊河南郑家庄八卦祖名武号称普净，共发卷一十二部，度人二十八会，戊辰回宫，他是三千徒众二百四十七名，会会零散，各皈正教，不许捏谤，不得成真也。西洪州城内出一人，名郝贵臣，发元礼卷一部，又发叹世皈家卷一部，度人十九会，他是恒山位下所用炉顶破坏不用，休要认他。西新庄有一马怀，称无为教会，乃是本城娘娘庙判官难庙转胎，说法度人，征东调取，不得皈家，度人一十八会，尽都堕幽冥，不是真也。东洪州三马房出一女子，自称石女，丁丑年二十八岁，说法度人，广招万人信受，发救苦经一本，又发降魔赞一本，又发收元卷二十四分，她是红盖山青石一块，炼月成真，转在人间，不要认她。

柴沟堡有张国真，他是猫儿精投胎转人说法，不要认他。有一李杨，他是祖坟石羊转，不要认他。有一刘枝，乃是山精出现，说法度人，不要认他。又有张龙、申荣二人，他是天河里二卜星下界，同捏谣言，随教而行，自称其德，移改师言，说是自己所发，引人入会，不是正也，他是正北天河虾蟆降凡，说是文殊，不要认他。有赵氏之妇乃是青头女精下界，自称普贤菩萨，发般若卷一部，续度缘人，不要认她。

广昌城内有一高谋，生二女银姐儿，她是微山中猢精人间转胎，专哄男女，尽吃人骨髓，假设天堂，吃人入进，化作灰尘。本处刘家庄刘三保所生一女，名叫豆姐，不从出，氏一十六岁，自称观音，发九莲卷一部，度人七百余名，尽都堕落幽冥。往北是圣地蔚罗郡北平界，老祖法下出三个魔人，是我返卷之子，不可称名姓，要通达。李梁兵巳卜月，三人度六百名，会是五十六，老爷亲笔内判，永不入会，只恐后伐贤人，移心忽乱，留在考甲簿上，杂祖未出，先知是真正皇胎，不胡思乱想，成证佛果，愿满平生，菩萨告言，广有八万四千四百四十妖魔，如何稳藏？佛言俱不是固何说他不真，佛言九名不可以说下，后人好辨真假。

西洪州有许多的妖怪，未留名姓与你说下，见者才知是实也。好字屯可景明，字字屯孙世荣，围李庄怀官，谷道场吴国宁，小庄儿裴世根，西山屯祁连新，花屯胡仲官，都不是正。怀安后所堡张维汗、刘科、吴氏、高氏四人，各弄邪法，假设西方，瞒哄贤人。柳树屯郑朝，他是五魔下界，不要认他。宋家堡贺鸾、杨武、唐栾，枳儿岭葛甫、温月、刘兵、李信屯周芝、钮氏，发白花卷一部，使神通，不要认他。杜口堡白王庄、魏千、冯科、白宾、王住，平远堡马良、张兴、蒋家屯田文、梁言、薛朝，人头山李孝、宋真、杨将，都不是正也，不要认他。不出宣府城，四十三名，假捏谣言，都是邪人，不信正法，自说自真，不得出期。菩萨言，还有外地邪魔。佛言，外地邪魔，此人不信枉费心，说菩萨言，问曰妖名鬼怪，已知后会，真人所出之处，从何而来？怎么了尾？佛言，不可说天机之事，岂敢轻泄露……说五台县西山出一人，名叫糜三，度多人缘，自称收元祖号，不许认他。①

顾名思义，《普明遗留考甲文簿》系普明祖遗留后人之物，现存者为嘉靖四十一年、咸丰三年、光绪十二年辗转誊写之抄本，虽然在传抄过程中难免存在一些错讹或增删，但其反映的基本信息应该说大致是可信的。若此，考甲文簿所谈论的人和事，则主要是关涉普明祖生前之事，同时又与其身后诸事存在一定的关联。那么为方便分析起见，根据上述史料，将"妖魔鬼子"的众生相列为表2-1。

---

① 《普明遗留考甲文簿》，王见川等编《明清民间宗教经卷文献续编》第一册，第127~131页。

表 2-1 "邪师杂祖"明细

序号	姓名	性别	住地	法号	本相	法会	发留经卷	出现时间
1	朱臣	男	西洪州八马房（今阳原县井儿沟乡八马房村）、新庄儿（应为辛庄儿，今蔚县涌泉庄乡辛庄村）		蜘蛛精转化	度人七十二会	遗留白花卷一部	
2	苏连	男	东洪州（今阳原县东城镇）		天虾蟆精下界		说法留经卷	己亥年间
3	张子洲	男	西洪州小庄儿（今阳原县要家庄乡小庄村）	自称祖号	水精下界			己亥年间五月
4	王氏	女	东洪州官停里（今阳原县某村）	自称祖号清净菩萨	上方黑风洞妖魔鬼女			
5	赵氏	女	田家窊（今山西省神池县贺职乡田家窊村）	自称祖号，说是普净	青梅山前猿猴精降凡	度人十二会	发皇天心应卷一部	
6	张伏云	男	黎园庄（应为黎元庄。今蔚县柏树乡黎元庄村）	自称九祖普净	树精下界		留经卷五部	
7	张天库	男	蔚州五岔村（今蔚县白草村乡五岔村）		上方西灵山司命神下界降凡	以普明祖度人成重四有一十三会	发留经卷	
8	李仲金	男	旧榆林（今怀来县东花园乡东榆林村）		黑鱼神下界			
9	刘天喜	男	黎树窊（今山西省神池县长畛乡梨树窊村）		东岳山杨树精转胎	度人二十八会	发卷十三部	

续表

序号	姓名	性别	住地	法号	本相	法会	发留经卷	出现时间
10	川三为姓，亦乌为名	男	张口儿亡灵丘县北山陈家窑后甲子（不详）	在圣称为达摩禅师，在凡自称普净	天河里鲇鱼精下界	度人二千七百二会	发留达本卷一本，心花卷一部二分，又收元卷为后照，细辛卷一部	乙亥年
11	黄意真	女	浑源州西河庄（今山西省浑源县某村）		北岳庙下泥女转胎	度人八会。度人九会，假设天堂	发元明卷一部，出泥凡卷一部	
12	一妖女	女	本处方村（不详）	故称祖气				丁丑年间
13	刘真、王世英、座下高兴三人	男3	本庄儿西满所（不详）	故捏佛法，自称祖号		广度人缘，三十三天，一天一会，三人要占中天为首		
14	李才	男	刘家庄（今张家口市下花园区段家堡乡刘家庄村）	号自称善财童子		度人五会	发慧光卷一部	
15	朱彦昌	男	蔚州东山十八塘（不详）	自称普胜	灵山苍仙下界	普度人缘		
16	张郑孙王田	男	蔚罗郡（今蔚县）			五祖度人		
17	李运	男	土木（今怀来县土木镇）			度人五十二会	留清净卷一部	
18	李尚时	男	云州（今赤城县）		黑风洞拉杀妖精下界	度人二十四会	发卷一部	

续表

序号	姓名	性别	住地	法号	本相	法会	发留经卷	出现时间
19	赵氏女	女	李家庄（今万全县宣平堡乡李家庄村）		破钱山孤虫精下界	度人四十余名		
20	石千	男	仓山（不详）	自称皇极老祖	鸡精下界	度人五十三会		辛丑年
21	贾汝臣	男	蔚州东天门塞（不详）	自称弥勒	上方佛殿琉璃兽下界	度人五百七十三会		壬寅年死在兵备手下
22	孟尚科	男	北路花园（不详）	自称达摩祖		度人三十七会		
23	副鸾	男	泡沙里（不详）		上方八宿的土星下界	张口说道		
24	陈明升、米思泰、左世英、康有库	男4	宣府城内（今宣化县）	四人假捏西方，人人自现，原身亲去见佛	四人原是本处黄羊山前青杨沟一家狐精转在人胎，自己通灵，瞒哄贤人	度人无数		
25	王讫化	男	杜家庄（今蔚县杨庄窠乡杜家庄村）	自称祖气	牛头山蛇精下界	度人五会	出清净度人卷一十二部	甲子年人死会散
26	八卦祖名武	男	洪州浊河南郑家庄（今蔚县宋家庄镇郑家庄村）	号称普净		度人二十八会。是三千徒众二百四十七名，会会零散，各皈正教	共发卷一十二部	戊辰回宫

第二章　图像中的历史镜像

续表

序号	姓名	性别	住地	法号	本相	法会	发留经卷	出现时间
27	郝贵臣	男	西洪州城内（今阳原县西城镇）		恒山位下所用炉顶	度人十九会	发元礼卷一部，又发叹世皈家卷一部	
28	马怀	男	西新庄（应为西辛庄。今蔚县暖泉镇西辛庄村或宣化县深井镇西辛庄村）	称无为教会（主）	本城娘娘庙判官难庙转胎	度人一十八会		
29	一女子	女	东洪州三马房（今阳原县三马坊乡三马坊村）	自称石女	红盖山青石一块，炼月成真，转在人间	说法度人，广招万人信受	发救苦经一本，又发降魔赞一本，又发收元卷二十四分	丁丑年二十八岁
30	张国真	男	柴沟堡（今怀安县柴沟堡镇）		猫儿精投胎转人说法			
31	李杨	男	柴沟堡（今怀安县柴沟堡镇）		祖坟石羊转			
32	刘枝	男	柴沟堡（今怀安县柴沟堡镇）		乃是山精出现	说法度人		
33	张龙、申荣	男2	柴沟堡（今怀安县柴沟堡镇）	说是文殊	天河里二卜星下界；正北天河虾蟆降凡	同捏谣言，引人入会	随教而行，自称其德，移改师言，说是自己所发	
34	赵氏之妇	女	柴沟堡（今怀安县柴沟堡镇）	自称普贤菩萨	乃是青头女精下界		发般若卷一部，续度缘人	

· 095 ·

续表

序号	姓名	性别	住地	法号	本相	法会	发留经卷	出现时间
35	银姐儿	女	广昌城内（今涞源县）		微山中獝精人间转胎	专哄男女，尽吃人骨髓，假设天堂		
36	豆姐	女	刘家庄（今张家口市下花园区段家堡乡刘家庄村）	自称观音		度人七百余名	发九莲卷一部	
37	老祖法下出三个魔人	男3	圣地蔚罗郡北平界（具体不详）			三人度六百名，会是五十六。老爷亲笔内判，永不入会		
38	可景明、孙世荣、怀官、吴国宁、裴世根、祁连新、胡仲官	男7	西洪州好字屯（不详）、字字屯（不详）、围李庄（不详）、谷道场（不详）、小庄儿（今阳原县要家庄乡小庄村）、西山屯（不详）、花屯（不详）					
39	张维汗、刘科、吴氏、高氏	男2女2	怀安后所堡（今怀安县头百户镇后所堡村）			各弄邪法，假设西方，瞒哄贤人		
40	郑朝	男	柳树屯（今张家口市桥东区老鸦庄镇柳树屯村）		五魔下界			

· 096 ·

续表

序号	姓名	性别	住地	法号	本相	法会	发留经卷	出现时间
41	贺鸾、杨武、唐栾、葛甫、温月、刘兵、周芝、钮氏	男7女1	怀安宋家堡（不详），枳儿岭（今怀安县王虎屯乡枳儿岭村），李信屯（今怀安县王虎屯乡李信屯村）			使神通	发白花卷一部	
42	白王庄、魏千、冯科、白宾、王住、马良、张兴、田文、梁言、薛朝、李孝、宋真、杨将	男13	怀安杜口堡（应为渡口堡。今怀安县渡口堡乡渡口堡村），平远堡（今山西省天镇县新平堡镇平远堡村），蒋家屯（应为江家屯。今宣化县江家屯乡江家屯村），人头山（今宣化县大仓盖镇人头山村）					
43	四十三名	不详	宣府城内（今宣化县）			假捏谣言，都是邪人		
44	糜三	男	五台县西山	外地邪魔，自称收元祖号		度多人缘		

从表2-1中出现的纪年可以看出，妖魔鬼子混世发生在己亥、乙亥、丁丑、辛丑、壬寅、甲子、戊辰等年间。据查，己亥年应为嘉靖十八年，乙亥为正德十年，丁丑为正德十二年，辛丑为嘉靖二十年，壬寅为嘉靖二十一年，甲子为嘉靖四十三年，戊辰为隆庆二年，时间跨度从1515年至1568年，长达54年，历经明正德、嘉靖和隆庆三朝。这说明，在普明祖创

立黄天道前后相当长的一段时期，特别是从1553年"遇真传，说破玄关"，到1562年即嘉靖四十一年去世这十年间，黄天道作为一支新兴的教派力量，显然面临着诸多"妖魔鬼怪"的强力竞争，同时说明黄天道还没有强大到足以一统各派、改变当时宗教版图的地步。故此，经书中"千变万化人难识，九龙刚（岗）上去谈玄。埋名十年无消耗，普明老祖道门贤"① 云云，可谓对当时状况的最好注解。

应该说，所谓"妖魔鬼怪""邪师杂祖"是一个杂多且良莠不齐的群体，表2-1中所列无疑只是其中的部分而已。粗略统计，男性为68人，女性为12人，另有43人性别不详，显然男性占有绝对多数。他们自称祖号，或观音、文殊、普贤、普净，或弥勒、达摩、皇极老祖，其本相则多为山精水怪、魑魅魍魉之属，或虾蟆、蛇精转世，或狲精、鸡精、猿猴、蜘蛛精投胎，凡此种种，不一而足。当然，"妖魔"之所以被斥为妖魔，无疑是教派间冲突、争斗的产物，其实所谓的"妖魔鬼子""邪师杂祖"，不过是形形色色、大大小小的会首、会头而已。从表2-1可以看出，妖魔鬼怪群体的一个基本特征，就是发留经卷，假设西方、天堂，捏造谣言，瞒哄男女，说法度人，引人入会。其中少者度人5会，多者达2702会，规模不一，彼此独立，互不统属，实力、影响力也存在很大差异。会下信众，少者或40余名，或700余名，多者则度人无数，乃至"广招万人信受"云云。不过，由于"邪师杂祖"在布教能力、人格魅力等方面的个体差异，其属下各会存续的时间也是长短不一，或昙花一现、自然解体，或苟延若干年、人亡会散，或最终"各归正教"。

从妖魔鬼怪、各会分布的范围而言，见诸表2-1的有怀安、柴沟堡、洪州、宣府城、云州、土木、旧榆林、五台县、灵丘、浑源州、蔚州、蔚罗郡、广昌等地。据考，明时的怀安为今怀安县怀安城镇，柴沟堡为今怀安县政府驻地柴沟堡镇，东、西洪州为今阳原县东城、西城两镇，宣府城为今宣化县，云州为赤城县的云州乡，土木为今怀来县土木镇，旧榆林为

---

① 《普明遗留考甲文簿》，王见川等编《明清民间宗教经卷文献续编》第一册，第139页。

第二章　图像中的历史镜像

今怀来县东榆林，五台、灵丘、浑源州则分别为今山西省五台县、灵丘县和浑源县，蔚州以蔚县为中心，包括周边山西、河北各县，蔚罗郡又称蔚萝川、萝川，即今蔚县，广昌为今涞源县，均属于明宣府、大同府的辖地，具体涉及方圆100多公里的近40个村落，其中除少数村落或因一村多名、改名、区划变迁、传抄错讹等因素难以查证外，大多数村落查有实据，可与现在的村落名称、分布情况相对应。

那么，面对群魔当道、互争长短的混乱局面，黄天道号称"普明老祖，真正皇胎之子，三千徒众，七十二贤，尽生在浊河两岸，五百罗汉，八百余家，俱都在浊河以外。久后天法施现，涌水齐来，都到祇园"，听起来，似乎徒众甚广，追随者云集。不过，换种角度而言，正是由于普明祖与黄天道的影响力尚未达到足以一统各会的态势，所以才特别需要借此以虚张声势。当然，这在当时也是各教门惯用的一种宣传手段。事实上，较之其他各会，当时普明祖创设的黄天道并没有什么特别的优势，真正属于自己亲手创立的法会即嫡传法会，应当就是后来成为黄天道核心的"二十四会"，具体为：

万全右卫（今万全县万全镇）会主左添成，吴家庄（今万全县万全镇吴家庄村）会主陈聚虎，洪庙儿（即红庙儿，今万全县孔家庄镇东红庙村）会主蔡岳，张贵屯（今万全县安家堡乡张贵屯村）会主陈田武，孔家庄（今万全县孔家庄镇孔家庄村）会主吕景清，杜家庄（今蔚县杨庄窠乡杜家庄村）会主杜时美，膳房堡（今万全县膳房堡乡膳房堡村）会主王世英，新开口（今万全县膳房堡乡新开口村）会主郭准，头百户（今怀安县头百户镇头百户村）会主郭子清，七马房（今阳原县东城镇七马房村）会主刘宝，岳家庄（今阳原县马圈堡乡岳家庄村）会主秦正，石岔沟（今阳原县浮图讲乡石岔沟村）会主牛胜，李怜庄（应为李邻庄，今蔚县蔚州镇李邻庄村）会主李朝，窑子头（今怀来县存瑞镇窑子头村或涿鹿县保岱镇窑子头村）会主赵越，胡家庄（今蔚县杨庄窠乡胡家庄村）会主杨的宽，蔚州城（今蔚州镇）会主杨瑷，潮洵里（今蔚县东潮洵村）会主田忠，孟积岭（应为孟津岭，今易县大龙华乡孟津岭村）会主周云，芦子沟（今山西省怀仁县何家堡乡芦子沟村）会主陈明，广灵县（今山西省广灵县）会主赵花，皂里宼（不详）会主彭景，辛庄儿（今蔚县涌泉庄乡辛庄村）会主席中朝，吉家庄（今蔚县吉家庄镇吉家庄村）会主张添库，宣府城会主（今宣化县）李汉英。二十四会紧相连，普明老祖亲口传。末后同赴龙华会，跳出三千及大千。①

"二十四会"不仅"紧相连"，且为"普明老祖亲口传"的教会组织，后来被预留于考甲簿为照，详细记有各会弟子的姓名、居住地等信息，堪称教内的核心机密，故普明祖提醒"大众诚心，不许泄露"，如有泄露，遂被打入无间地狱，万劫不复。如嘉靖十九年，有魔人"殷贵殷赛漏了天"，于是在后来的经书中便绘有二人因泄露天机，背叛教门，被牛头马面押解地府阎罗天子殿下，剜肉割舌，受尽酷刑的画面，且将这一图像，在教内广为刻板传留，以警后人。② 因为在黄天道看来，泄露天机即意味着背祖叛教，而叛教则无异于自投地狱。

某种程度上而言，"二十四会"会主的分布区域，标志着早期黄天道的活动边界，与普明祖的布教范围相一致。那么由上可知，"二十四会"主要分布于今河北省张家口市所辖万全、蔚县、阳原、怀安、宣化、怀来等区域，以及易县，山西省广灵、怀仁两县，大致限于当时宣府、大同府的辖地，但其核心区域的四至，当为宝卷所云"祇园七百，枳儿龙门，野狐宁岭"③。祇园即被称为祇园宝地的碧天寺，枳儿龙门即枳儿岭和龙门所，野狐宁岭即野狐岭与兴宁岭，均为以膳房堡碧天寺为中心，方圆七百里范围的名山大岭。这样，"二十四会"的分布范围与妖魔鬼怪的活动区域基本上

---

① 《普明遗留考甲文簿》，王见川等编《明清民间宗教经卷文献续编》第一册，第137~138页。
② 《朝阳遗留三佛脚册唱经偈卷上》卷首扉画，王见川等编《明清民间宗教经卷文献续编》第一册，第355页。《朝阳古佛遗留三佛脚册末劫了言唱经卷》扉画，张家口市万全区李风云藏经。
③ 《普明遗留周天火候金丹蜜指心印妙诀》，张家口市万全区李风云藏经。

就处于同一地带，两者多有交叉和重叠，从而形成一种你中有我、我中有你，彼此独立、错综复杂的互动格局。虽然此时的黄天道对于其他各会尚未形成压倒性的优势，但普明祖嫡传的"二十四会"的确在巩固普明祖教内的中心地位、张大教势、凝聚信众，以及后来最终统一各会方面发挥了重要作用。可以毫不夸张地说，"二十四会"不仅是普明祖赖以开宗立教的基石，而且是黄天道的中坚力量，没有"二十四会"也就没有黄天道。故康熙年间，普明祖第五代后裔、贡生李蔚在《虎眼禅师传留唱经》序言中写道："普祖乃北鄙农人，参师访友，明修暗炼，悟道成真，性入紫府，蒙玉清敕赐，号曰普明虎眼禅师，设立黄天圣道，顿起渡世婆心，燃慧灯于二十四处，驾宝筏于善地宣云。"[①] 无疑，"燃慧灯于二十四处，驾宝筏于善地宣云"，即指普明祖当年行教于宣府、大同府一带，广度人缘，亲传二十四会的标志性事件。"末后收元，普明降凡世。扫尽千门，妙法传流世，斩鬼除精，降伏邪魔惧，丹化灵符，脱骨超凡世"。"邪法一齐扫，万法归真，都入圆顿教。赴命归根，才得长生道。"

虽然现在尚不清楚普明祖到底收服了多少"妖精"，但从后来黄天道的发展态势来看，不外乎两条途径，即：一是以"二十四会"为基础的递相传播、渐次扩张，二是降伏"妖精"、兼并各会、收归本教。换言之，黄天道形成、发展的过程，其实是以"二十四会"为基础，不断收服、兼并、一统各会的过程。不过，黄天道的这种扩张模式，一方面可以乌合各会，快速地达成一种形式上的统一。另一方面，由于受降各会的"妖精"成分复杂，良莠不齐，常存二心，所以这种貌似强大的群体又有其内在的、难以克服的不稳定性和变异性，而且无时不威胁到教内的统一，成为黄天道发展道路上的一大隐患，特别是在普明祖去世之后，围绕着教权继承问题，隐患凸显为危机，危机导致内部力量的重组和分派，结果是外患退居其次，内忧成为当时所面临的最主要的问题。从教义层面而言，黄天道对所谓妖精的收服，在推及本派教义思想的同时，不可避免地吸纳外道的某些成分，

[①] 《虎眼禅师传留唱经》，王见川等编《明清民间宗教经卷文献续编》第一册，第5页。

因为降伏或收服不仅是一种权威的施加，而且意味着对其固有东西有限度地接纳和容忍，甚至不得不迁就某些另类的内容、经卷，等等。当然，"妖精"被降伏后，自身也会主动或被动地进行某种程度的改造和自我转化，以便更好地融入黄天道主流，并借助普明祖的权威、黄天道的名号，获得更大的生存空间。

从结构上而言，早期黄天道的群体形式具有松散、开放、简单的特点。以"二十四会"为例，会主或会头是各会的直接组织者和核心人物，会主、会头直接听命于普明祖，从而形成一种以普明祖为中心或共尊普明为教祖，下为各会会主、信众三级构造为特点的小群体形式。在乡土社会中，这种小群体通常表现为有关系无组织（或组织弱化、发育程度较低），有中心无边界的开放性的网络结构，即以师徒关系为纽带，包括亲缘、地缘、业缘等各种关系在内的复杂集合体，尽管组织化程度不高，但彼此关系亲密，虽然松散，但却持久。形象而言，假若普明祖为统合各会的核心力量，位于大网络结构之中心地位的话，那么大大小小、形形色色的各会会主、会头，就成为各分支网络结构或网络单元的骨干力量，即结点，而各网络单元所聚集和罗致的则为规模不一、人数不等的大众贤良，即弟子和信众。群体的规模、范围的大小、生命力的强弱，往往取决于会主的布教能力和人格魅力。当然，后来随着黄天道教势的渐次扩张，会主（又称会首、会头、头行、领袖等）的实际作用日益凸显，个别会主野心膨胀，甚至欲占"中天"为首，而开山教祖普明则终于走向神坛，越来越成为一种象征性、符号性的存在，一种可为教内各派势力所借用的凝聚广大信众的精神领袖，甚至不乏一些会首假托普明祖临凡转世而欺世盗名、蛊惑人心。

第三章 "五佛"群像与内修意象

第一节 诸祖图像与黄天道传承世系

黄天道在开山教祖普明去世之后，相继出现过多位接法教祖，而且在动荡和危机中，逐步确立了教权家族继承的传统，尽管这一过程异常艰难。虽说壁画图像本身不能反映全部的真实，更不等于历史的真实，但却为我们提供了观察和认识史实的更多视角。赵家梁普明庙壁画相关图像，可以说比较生动、清晰地再现了神圣家族的历史片段以及传承谱系的基本脉络。

"聚众悲泣秘授家书"（见图3-1）。画面左侧，普明祖头戴羊绒帽，颔下银须飘拂，右手执卷，端坐条凳，形容瘦削，神情凄然，身体微微前躬。其下首，红衣者二，青衣者一，三男子拱手跪拜于前，做听命状。四下雕栏曲折，高墙深壁，砖甃如面，室外则古树斜逸、绿草如茵。从榜题判断，当表现的是普明祖临终前交待后事的光景。虽然画面中只有三位弟子，但因事关教内大事，能成为"秘授家书"对象的自然是其少数亲信或心腹弟子。

经云"普明佛祖正德八年（1513）癸酉降生，嘉靖三十二年甲寅（'甲寅'当为嘉靖三十三年，即1554年）得法，三十七年（1558）戊午开道，四十一年（1562）壬戌回宫"[①]。又"老爷壬戌嘉靖四十一年（1562）辛亥月十月壬戌十一日寅时入圣回宫，老爷寿活五十岁"[②]。当然，所谓五十岁是指虚岁而言。这样，从普明祖40岁得法到49岁回宫，前后不过9年，而

---

① 《周祖传普明指诀》，民国抄本，张家口市万全区李风云藏经。
② 《古佛遗留原籍》，民国戊辰年抄本，张家口市万全区张德年藏经。

图 3-1 秘授家书图

其真正开道掌教的时间则只有四年。此时正值黄天道快速扩张的黄金时期，其影响渐及宣府、大同府全域及其周边一带，并显现出一种区域性独大的态势，应该说这与普明祖的苦心经营直接相关。

其主要行迹，经云"初分大道，戊午顿悟，明心见性，行无上之道，念无字真经，月六三参，行天真礼，留一部无为了义宝卷，清净无为妙道真经，教化三千徒众，普度二十四会贤良，至壬戌，功圆行满，性归圆终"①。这可以说是对普明祖生平行迹的概括性表述，其中"无为了义宝卷""清净无为妙道真经"是普明祖留给教内的最重要遗产之一，堪称普明祖访道、悟道心得经验的系统性总结，也是黄天道教义思想的集中体现。

"无为了义宝卷"即《普明如来无为了义宝卷》，又称"如来了义宝卷"；"清净无为妙道真经"又名"清净无为妙道莲花真经"。经云"造法清净无为妙道莲花真经一卷，内隐五千四十八卷，一揽大藏，续发如来了义宝卷，内按三佛乾坤劫数，一乘大法，戊午（1558）年中，普度贤良指透天，四句无为妙偈，传度皇胎之子，九十二亿"②。据此可知，先有"清净无为妙道真经"，续发"无为了义宝卷"，两卷当不晚于戊午年（1558），即普明祖开道之年成书。此外，普明祖尚"遗留聚宝真经于嘉靖四十一年

---

① 《佛说大乘通玄法华真经》卷十，经折装刊本，一函五册，凡 10 卷。
② 《普光四维圆觉宝卷》，民国丁卯抄本，张家口市万全区李风云藏经。

· 104 ·

(1562）正月初十日在于善房子村"，由"写手候（侯）真、张天禄、白成恩三人恳沐"记录。① 嘉靖四十一年是普明祖归空之年，此时离其归空之日尚有十个月，当普明祖预感来日不多时，对于后事的交代，最可靠的恐怕就是自己的弟子了。侯真是普明祖亲传弟子之一，深得普明祖信赖，张天禄、白成恩想必也非一般弟子。据此不妨推测，"聚众悲泣秘授家书"画面中的三位弟子原型，或许就是侯真、张天禄和白成恩。不言而喻，所谓家书，非寻常之家书家信，而是皈家认母之书信，修行还源之路径。自七祖普明回宫，"壬戌朝见无生"后，遂"把大法传氏光祖"②，从而开始了八祖普光开道掌教的时代。"老母开法整理传灯""水庄坐道周传九法""演三元偈并留四维"三幅，讲述的即是八祖普光接法传灯、讲经布道并留宝卷的故事。

"老母开法整理传灯"（见图3-2）。画面中心，红色帷幔开处，靠椅锦背，普光祖一轮头光，双掌合十，端然而坐，青衣黄裙绿袄，挽发平髻，如意额帕，神情庄重。其下首两侧，弟子大众，四大两小，男女分列，左右各三，均做拱手揖拜状，虔诚且怡然。红色基调的场景布设，则营造出一种华丽堂皇、神圣静穆的空间氛围。

图 3-2 普光说法图

---

① 《普明遗留聚宝护命灵符真经》，民国抄本，梁槐堂记，张家口市阳原县梁台和藏经。
② 《普明古佛遗留八宝云盘宝赞》，民国抄本，赵常善堂藏经。

经书透露，普光祖嘉靖二年（1523）生于万全左卫狮子口村，五岁丧母，不久随父移居膳房堡，一十四岁嫁于普明祖。嘉靖三十七年（1558）遇明师口传心印妙诀、卯酉之功，嘉靖四十二年（1563）行周天火候，天降大道。隆庆三年（1569）开道掌教，隆庆六年（1572）九月初九日夜，三更顿悟，性入都斗，朝拜圣母，亲领天轴法宝，普度人缘。万历四年（1576）七月，入圣回宫，寿活五十三岁①。又"四十五年（1566）丙寅得法"②。

由上可知，普光祖小普明九岁，与普明祖一样，同为五岁时随父移居膳房堡。普明祖嘉靖三十二年（1553）遇真传，次年得法，嘉靖三十七年（1558）开道，共掌教四年。普光祖遇真传之年，正是普明祖开道掌教之年，得法时，普明祖已归空两年，而普光祖正式掌教，已是隆庆三年（1569），此时普明祖归空已整整七个年头。至丙子（1576）回宫，普光祖共掌教七年。经云普光祖"己巳年（1569），开法门，整理传灯"③，画面所表达的正是这一主题。

"水庄坐道周传九法"（见图3-3）。画中人物有四，一女三男。右侧女子，挽发高髻，黄衫绿衣粉裙，双掌合十，正襟危坐，神态敬虔，做注目礼拜状，艳红的椅披似乎格外抢眼。其对面为佛堂陈设，帷幔开处，朱红立柱，大红香案，黄色桌围，上供牌位，莲花底座，如意云头翼盖，两侧灯烛各一。案前，一青衣男子做跪拜状，其右边站立一粉衣男子，做拱手施礼状，左边则是一位小个头男子，绿衣白裤，似为侍者，双手托盘，做趋前进茶状。室外，蓝天莽原，绿叶摇翠，如得一方天地，内神圣而外自然，勾画出了一幅清新野逸、明朗晴和的画面。

"演三元偈并留四维"（见图3-4）。画中人物七人，三女四男。华美精致的窑檐式家堂中，普光祖青衣黄裙，挽发平髻，如意额帕，伏案而坐，

---

① 《古佛遗留原籍》，民国戊辰年抄本，张家口市万全区张德年藏经。
② 《周祖传普明指诀》，民国抄本，张家口市万全区李风云藏经。
③ 《普明古佛遗留利生宝偈》，又名《佛说三月六候利生宝偈》，民国抄本，张家口市万全区李风云藏经。

手展经卷，旁坐一对男女，似为夫妻，前面摆放一册打开的经卷，又似助讲者。案前一女三男，微微躬身，做拱手施礼状，神情专注认真。应该说，画面较为生动地刻画了普光祖坐而论道、讲经说法的场景，气氛轻松愉悦，形式不拘一格，彼此互动，平易亲切。

图 3-3　普光传法图　　　　　　图 3-4　普光讲经图

经云，普明祖归空后，普光祖不仅完全继承了普明祖的教法，且发经留卷，广度人缘：

> 普光八祖承行，并无二样，一佛如事同躯，更无差别，八祖遗留神经三藏在于水庄堡内，发四维中册一十八分玲珑宝卷一部，又留六甲灵文一部，又留无名旨意刚经一藏，乃是未来经文。①
> "续度普光，己巳开法，教化七十二贤，普度七十二会"②，"度就人天百万，返还归圣，三周说法续度"③。

"四维卷，普光传，无缘难遇。"④ 普光祖发留诸经之一"四维中册一十八分玲珑宝卷"，即《普光四维圆觉宝卷》。如此而言，"水庄堡"既是普光

---

① 《朝阳老爷遗留九甲灵文》，《明清民间宗教经卷文献续编》第一册，第 441 页。
② 《佛说大乘通玄法华真经》卷十，经折装刊本，一函五册，凡 10 卷。
③ 《佛说大乘通玄法华真经》卷二，经折装刊本，一函五册，凡 10 卷。
④ 《普光四维圆觉宝卷》，民国丁卯抄本，张家口市万全区李风云藏经。

祖"坐道周传九法"的道场，也是其发留"四维"卷之地。进而推断，"水庄坐道周传九法""演三元偈并留四维"所表现的故事情节，当取材于水庄堡同一场所之不同场景。

普光祖又号"常白真人"。经云"常白真人降落凡中，彼岸度众生，号称普光"，"普光真人常白讲三乘，普传八祖，八祖承行"。又曰"丙寅年从磨古镜，天心普照，交附常白真人，领五盘四贵，玄妙消息，内发四维普光圆觉宝卷，内按三十六分，己巳年已传在世，了言一句普度缘人"①。据此可知，《普光四维圆觉宝卷》当作于丙寅年，即嘉靖四十五年（1566），即普光祖得法之年，而到己巳年（1569）普光祖开道掌教时，已是广为流传。因此，画面所展示的时间场应是普光祖得法之年。

水庄堡即现在万全区郭磊庄乡水庄屯。那么，水庄堡既为普光祖说法留经之地，说明该村与普明家族存在一定的渊源关系，而事实也的确如此。据调查，该村以李姓为多，但同姓不同宗，其中一支即属于普明家族的嫡传后裔，迄今已历20余代。根据李氏家谱记载，始祖为李昌，原籍山西太原府寿阳县北章经南里村（即今寿阳县平头镇北张芹村）人，于洪武二十五年（1392）抽军至万全左卫上牛角堡居住，身荣万全左卫百户之职，后至正德年间，将二世祖李志道兑捎至万全右卫膳房堡边上守墩。三世祖李运国，四世祖即普明祖李宾。②不过，据其后人李万孝先生介绍，过去曾建有家庙，定期祭祖，但本族没有吃素者，更没有听说过李宾和黄天道的关系。对李姓本族而言，李宾只是他们的远祖之一。个中缘由，或在于历史时期黄天道教案的影响，族人为求自保，避免牵连，而采取的一种生存策略。

"静祖掌船续亲大法"（见图3-5）。画中，晴空透碧，古树阴翳。"静祖"青衣素裙，挽发高髻，端然而坐，仪态优雅，神情凝重，一轮头光，祥云环绕，五彩霞光，悠悠飘举，化为三束。大众弟子，衣着光鲜，男女各五，均作虔诚之态，拱手施礼，拥护左右。此情此景，再现了"静祖"

---

① 《普光四维圆觉宝卷》，民国丁卯抄本，张家口市万全区李凤云藏经。
② 《族谱水庄屯李记》，张家口市万全区李万孝家藏。

接续传灯的教内事实。

画面中所谓"静祖",即大姑奶奶普净,为普明、普光二祖的长女。经云"大姑奶奶嘉靖二十一年(1542)壬寅降生,万历二十二年(1594)甲午得法,二十七年(1599)己亥开道,戊申(1608)回宫"[①],"大姑祖寿活六十七岁"[②]。据此可知,普净祖享年66周岁,52岁得法,57岁开道,此时普光祖归空业已23年。

"十经忏成立留钥匙"(见图3-6)。画中,雕栏方正白洁,围合处,普净祖黄衫青衣,挽发高髻,伏案而坐,目视远方,若有所思。圆形头光、身光,上下交合,祥云环绕,五彩霞光,悠悠飘举,化作三束。书案上则摆放笔墨、经卷,朱红的桌面分外鲜艳。座前右下首,一女子似为侍者,挽发高髻,粉衣蓝裙,双手托盘,做进茶状。四下碧草低树,空旷静谧,烘托出普净祖此时此刻的复杂心境。

图 3-5 普净说法图　　　　图 3-6 普净留经图

榜题所谓"十经忏成立留钥匙"之"钥匙",当指钥匙宝卷,即《普静如来钥匙宝卷》,"经忏"当为《普静如来钥匙真经宝忏》。不过,虽然画面表现的人物形象和主题为"静祖",即大姑奶奶普净及其行迹故事,但既有研究成果表明,普净非普静,普静另有其人,而《普静如来钥匙宝卷》与

---

① 《周祖传普明指诀》,民国抄本,张家口市万全区李凤云藏经。
② 《古佛遗留原籍》,民国戊辰年抄本,张家口市万全区张德年藏经。

《普静如来钥匙真经宝忏》实则为普静所留，与普净无涉。①

迄今，关于普静祖身世、行迹，学界已做过不少分析梳理，但在个别相关问题上，如普静祖籍贯、留经、道场、特别是与竹林寺以及梁氏家族的关系，有必要做进一步的讨论或补证。

经云"普静收元了道，留十册法华真经，按合一揽大藏，诸经之母，遗留普静宝卷三十六分，分分度生"②。可见，"十册法华真经"即《佛说大乘通玄法华真经》③和"普静宝卷三十六分"即《普静如来钥匙宝卷》，是普静所留最重要的两部经书。因此，这两部经书中有关其生平行迹的信息，较之后来其他诸经的记载，应当更接近于历史的真实。

关于普静祖身世。经云：

> 天女而为妖，乃子而为孕，邑奠而为郑。④

> 邑奠城中埋真性，顺圣县中有家门，蔚罗郡内吐下宝，凡胎留在箴子屯，地名叫做口山水，谷子里头埋真人。⑤

> 贫子自幼心慈向善，学好持斋，别开拔苦之门，父母早亡，耽误训教，半字半识，自守本等，不受非财，丝毫不染，幸遇普明、普光老祖，天法施现，顺度在俗，贫子受三皈，持五戒。⑥

> 钥匙佛出在蔚罗郡中，北直隶有他家门，邑奠城中为姓，生下兄弟三个，父母早亡先归天，自幼吃斋向善拜师真，普明老祖传心印，

---

① 马西沙、韩秉方：《中国民间宗教史》，第 425 页。
② 《佛说大乘通玄法华真经》卷二，经折装刊本，一函五册，凡 10 卷。
③ 据卷五所云"虑过经卷降凡世，壬辰年终发真经"推测，该经或为普静弟子辑录并于壬辰年（万历二十年，1592）初刊。
④ 《佛说大乘通玄法华真经》卷七，经折装刊本，一函五册，凡 10 卷。
⑤ 《佛说大乘通玄法华真经》卷八，经折装刊本，一函五册，凡 10 卷。
⑥ 《普静如来钥匙宝卷上》"钥匙佛宝卷序"，张希舜等主编《宝卷初集》(5)，第 37 页。

第三章 "五佛"群像与内修意象

九年功满性归空。……发经发卷讲三乘,钥匙宝卷通开天门,在家为俗务庄农,一灵真性走雷音,外相为俗里为僧。①

以上传达的信息十分明了。其中"邑奠"为郑之拆字法表达,顺圣县即今阳原县,箴子屯即今水峪口村。根据实地调查,该村以前曾有一方石碑,刻有成化二年(1466)建箴子屯堡等字样。而所谓"地名叫做口山水,谷子里头埋真人",其实也暗含了水峪口之意,即"口山水"之"山"中埋"谷"而成"峪","口峪水"反读则为水峪口。归纳之,可以概述为:普静祖俗姓郑,家住顺圣县箴子屯,即今阳原县东城镇水峪口村,自幼持斋向善,兄弟三人,父母早亡,识字不多,务农为生,后遇普明、普光老祖传授心印口诀,受持三皈五戒,在家出家,九年功行圆满,留经发卷。经云"僧不僧来道不道,头戴四两羊绒帽,修行不在寺院内,我掌弥勒圆顿教"②,即其民间形象和修行、布教理念的生动写照。

关于普静祖名字、法号,经云"挪(郑)公发经卷,接续古佛精"③,"发经之祖是静僧"④,"邑奠才是名,圣号是普字,真是普静僧,表字摘光祖,号是一明钟"⑤。又"普静如来,字是云僧,表字光祖,道号明镜"⑥。据此可知,普静名号不一,时常以"静僧""普静僧""普静如来"称之,道号为"明镜"或"明钟"。以其姓郑,故又尊称之为"郑公"。因其"表字"为"摘光祖"、"光祖"以及"字是云僧",由此推断,普静祖俗家姓名当为郑光或郑云,"光祖""云僧"或为尊称。"郑"与"摘""挪"发音相近,故经书中所谓"摘光祖"或为郑光祖之音讹。

关于普静祖教内地位、行迹,经书中多有强调,兹择其要举例如下:

---

① 《普静如来钥匙宝卷下》"钥匙佛如来开地涌金莲分第二十一",张希舜等主编《宝卷初集》(5),第123页。
② 《普静如来钥匙宝卷上》"匙佛宝卷序",张希舜等主编《宝卷初集》(5),第33~34页。
③ 《佛说大乘通玄法华真经》卷三,经折装刊本,一函五册,凡10卷。
④ 《佛说大乘通玄法华真经》卷五,经折装刊本,一函五册,凡10卷。
⑤ 《佛说大乘通玄法华真经》卷十,经折装刊本,一函五册,凡10卷。
⑥ 《普静如来钥匙宝卷上》"钥匙佛宝卷序",张希舜等主编《宝卷初集》(5),第40页。

普明续普光，普光续静僧，三周才续度，返还几人明，三家同相见，表上立合同，明祖旋陀螺，光祖旋假空，静祖十旋定，三家旋一心，有空不能进，三才是一根。

明祖戊午（嘉靖三十七年，1558）开，光祖己巳（隆庆三年，1569）成，静祖戊寅（1578）现。

普明丘乙己，普光佳作仁，普静可知礼，返作上大人。①

戊寅（1578）降静僧，僧传普明法，法师普光尊，尊佛三倒手，手卷共灵文。②

普明在戌土，普光己土生，普静寅土发，三祖接续根。③

六祖是惠能，普明为七祖，普光八祖兄，普静为九祖。④

八十一了普明祖，川三又说普光尊，邑奠元来普静祖。⑤

李普明、王普光、邑奠静僧。普静僧，戊寅年（1578），临凡降世，至丙戌（1586），九年满，钥匙开通⑥。

皈依佛法礼僧三宝，普明普光普静僧。普静佛，戊寅年（1578），临凡降世。丙戌年（1586），九年满，转化三清。⑦

钥匙佛，传宝卷，亲临降世。丙戌年，九月内，性下天宫。转在了，邑奠城，埋没真性。吃五谷，养佛性，随类化生。久等着，鸡王叫，天时催动。有春雷，就地响，震动乾坤。张先生，他与俺，为媒

---

① 《佛说大乘通玄法华真经》卷三，经折装刊本，一函五册，凡10卷。
② 《佛说大乘通玄法华真经》卷五，经折装刊本，一函五册，凡10卷。
③ 《佛说大乘通玄法华真经》卷六，经折装刊本，一函五册，凡10卷。
④ 《佛说大乘通玄法华真经》卷七，经折装刊本，一函五册，凡10卷。
⑤ 《佛说大乘通玄法华真经》卷八，经折装刊本，一函五册，凡10卷。
⑥ 《普静如来钥匙宝卷上》"钥匙佛如来开悟道修行分第七"，张希舜等主编《宝卷初集》（5），第69页。
⑦ 《普静如来钥匙宝卷上》"钥匙佛如来开蕴空妙法分第十六"，张希舜等主编《宝卷初集》（5），第100页。

作证。展宝卷，逼邪魔，通精三乘。

岁次丙戌（1586），宝卷开通，古佛下天宫。鸡王大叫，弓长为盟。天时催动，春雷一声，普天下，念佛经文。①

晚后刊出的几部经卷，如据称为普静"云僧留传""大明万历丙辰年（1616）御制党小庵刊版留行"之《古佛当来下生弥勒出西宝卷》，以及清道光年间刊行之《众喜粗言宝卷》，对普静祖名号、地位等均有大致相同的记述，某种程度上反映出当时教内的一种基本认知。

出西宝卷云僧留传，法王当来度良缘，弥勒佛收圆，连泥带水一齐赴云盘。②

普明古佛宝卷开，普光妙法劝众贤，普静云僧化人善，普善法王度皇胎。③

普静佛，顺天昌平州，顺义县人，号明钟，字光祖，于万历六年戊寅显圣，十二年甲申吐经，五千四十八卷，十四年丙戌十一月冬至回宫。又性光重化钥匙佛，是北直隶宣化，蔚州人，兄弟三人，父母早亡。

....

第七光化李普明，广度人缘续人伦。

第八光化王普光，隆庆三年法说明。

第九光化郑普静，万历十二吐经文。④

---

① 《普静如来钥匙宝卷上》"钥匙如来开七宝妙诀分第十二"，张希舜等主编《宝卷初集》(5)，第 86~87 页。
② 《古佛当来下生弥勒出西宝卷》，马西沙主编《中华珍本宝卷》第三辑第二十八册，社会科学文献出版社，2015，第 644 页。
③ 《古佛当来下生弥勒出西宝卷》，马西沙主编《中华珍本宝卷》第三辑第二十八册，第 647 页。
④ 《众喜粗言宝卷》，马西沙主编《中华珍本宝卷》第一辑第十册，社会科学文献出版社，2013，第 746 页。

综上所举，说明一个基本事实，那就是普静作为黄天道继七祖普明、八祖普光之后第九祖的教内地位。"三周才续度""三家旋一心""三才是一根""三祖接续根"的反复强调，诚然有强化教内凝聚力的功能价值，但更主要的在于凸显普明、普光、普静"三普一体"信仰下普静祖的教主地位。既有研究表明，普光祖归空后，黄天道的发展分为两系，一支为普光祖女儿普净、普照神圣家族掌教体系，另一支即普静祖派系。经书记载显示，普静祖于"戊寅"（万历六年，1578）即普光祖归空两年后开道，至"丙戌"（万历十四年，1586）回宫，共掌教九年。其中特别提到"弓长为盟""张先生，他与俺，为媒作证"。虽然现有资料尚不足以窥知这位张先生的庐山真面目，但无疑是一位举足轻重的人物。经云"皇极轴弥勒天元太保置立法门，今奉中天教主张公饬令，系大明嘉靖壬寅年（嘉靖二十一年，1542）孟春寅日太乙普明圣号李宾十五日夜子时准定"，又"二十五，扣张公，证道明人"①。那么，张先生与"证道明人""中天教主"张公是否同指一人？果如是，则弓长、张先生不仅是普静祖的证道明人，而且是位元老级的教派人物。或许普静地位、权威和影响力的形成，与这位张先生的助力不无关系。

可以说，普静作为普明、普光的嫡传弟子，他所掌教的九年，正是黄天道历史上承前启后的关键时期，对于维护教内的稳定、神圣家族的权威起到了重要作用，因此其九祖的地位毋庸置疑。特别是普静时期，随着黄天道影响的不断扩大，普静声望日隆，以至于世间但闻普静黄天道而不知其前身，普静俨然成了黄天道的创教始祖："黄天教度下头续，普静祖挂号标名"②，"黄天教，设宗门，度下儿女，普静祖，领皇胎，皈依佛门"③。不过，正是由于普静祖接法掌教，才避免了黄天道内部可能出现的分化，并继承和延续了普明祖的道统法脉，甚至为后来李宾家族之普净、普照乃

---

① 《普明古佛遗留末后一着扣天真宝》，民国壬戌年抄本，张家口市万全区李风云藏经。
② 《销释接续莲宗宝卷》"红梅六枝品第二十四"，马西沙主编《中华珍本宝卷》第一辑第九册，第185页。
③ 《古佛天真考证龙华宝经》，马西沙主编《中华珍本宝卷》第三辑第二十九册，第305页。

至普贤三位教主的接续传灯奠定了更加丰厚的思想基础,《普静如来钥匙宝卷》《九祖遗留罗凭收元宝偈》《大乘通玄法华真经》等普静祖发留经卷,自此成为黄天道重要的精神财富,特别是其全真内丹教法更是为普贤全面继承:"一卷般若转天涯,了义经中妙采玄。虎口夺食全真道,普贤菩萨传法华。"①

"说三普者,普明普光普静。"② 九祖普静为"三普"之一,经卷中常"三普"并称。众所周知,普明、普光二祖的传教中心在膳房堡碧天寺,碧天寺为黄天道祖庭,故普明、普光归空后,塔葬该寺,曰明光塔。但对于普静祖的说法道场或传教中心,经书鲜有透露,关键信息阙如。

《佛说遗留脚册后事》为黄天道传教世家传留经书之一,民国抄本,卷末落款"崇祯拾年正月二十八日吉时抄誊完",可证其成书年代当早于崇祯十年(1637)。该经云:"普明佛姓李乃是七祖,普光佛姓王乃是八祖,说九祖住处,青元山前姓梁,显称普静佛,手掌九甲灵文。"③ 九祖称普静佛无疑,那么为什么又说"九祖住处,青元山前姓梁"呢?

普静祖家住顺圣县篾子屯,该屯因靠近水峪之出口,故又名水峪口村。水峪,则因山谷中有水流出故名,流出之水,又因之名曰水峪水。县志载,水峪水"出怀安县黄土岭,南入县境,经青元山,山谷中水悉会之"④。而青元山"在水峪中,西南去县治八十里,地当观山之背,千峰环向,若揖若拱。南望倒剌代园,连山隐隐;桑干壶流,细才盈带,有竹林寺,寺中铜像以千计"⑤。可见,青元山、竹林寺、水峪、水峪水,范围上基本属于今水峪口村地界。如果依此而论,"说九祖住处,青元山前"也未尝不可。

青元山因竹林寺而鸣,竹林寺以青元山而伟。县志云"竹林寺在青元

---

① 《普明遗留周天火候金丹蜜指心印妙诀一卷》,民国抄本,张家口市万全区李凤云藏经。
② 《太阳开天立极亿化诸佛归一宝卷》"太阳化三普如来归一品第三十五",张希舜等编《宝卷初集》(7),山西人民出版社,1994,第485页。
③ 《佛说遗留脚册后事》,民国抄本,梁槐堂记,张家口市阳原县梁台和藏经。
④ 李泰棻总纂,刘志鸿主修《阳原县志》,第37页。
⑤ 李泰棻总纂,刘志鸿主修《阳原县志》,第32页。

山，明万历四年（1576）建"①。民国元年（1912）立《竹林寺碑记》曰："竹林寺建于明万历年间，宽平庄梁氏出资最多，故梁氏世有一人主持寺事，谓之法主"。嘉庆五年（1800）立竹林寺施地碑则记："青元寺曰竹林，此寺创自梁祖，历有年所盖稀有之寺。"以上可证竹林寺始建于万历四年（1576），历经多年而成，由于宽平庄梁氏出资最多，且发起人和组织者为梁氏家族之梁祖，故竹林寺历任"法主"即实际上的管理者，均出自梁氏一族。由此可见竹林寺与宽平庄梁氏、梁祖之间的渊源关系。实际上这位梁祖，就是竹林寺功德碑中屡屡提及的"发心建立功德"者梁尚文：

  大明万历十九年岁次辛卯孟夏月勒石之竹林碑记 今以南瞻大明直隶顺圣青元山竹林寺，自万历辛卯岁次季春，众等功德勒造碑文佛像塑画……发心建立功德梁尚文、郭添福……舍地功德梁善……守寺僧人 能真……兴善寺住持宗福、申道……梁继元撰文……

  青元山竹林寺碑记 大明一统万历己亥岁次以集青元山竹林寺真武立殿碑文……潞城府辅国将军翠山、钦差分守宣府南路顺圣两城并蔚州广昌等处参将都指挥佥事王问（正四品）。旨大明万历二十七年岁次己亥季夏月辛未朔日立 守寺道人郭登、发心建立功德梁尚文、郭添福，舍地功德梁善、梁魁、梁科、梁尚武、梁尚臣

  青元山竹林寺碑记 夫入庙见正殿三间，砖甓如面，问道，道者曰：致仕梁公造也。观三教殿二间，塑体端严，画笔清巧，砖甓亦如面，问道，道者曰：亦致仕梁公造也。再阅别殿十余间，洞若星墟，恍如云宇，铸像塑像参半焉。道者恐再问，剿之曰：俱梁公成之也。建立功德梁尚文……旨万历二十七年岁次己亥中秋吉日立

---

① 李泰棻总纂，刘志鸿主修《阳原县志》，第53页。

碑铭所记为万历十九年（1591）与万历二十七年（1599）事。由此可知，在众善信、守寺僧道乃至地方军政官员的广泛参与和支持下，竹林寺自万历四年（1576）始建，经过二十多年持续扩建修造，至万历二十七年（1599）终成规模。其中梁氏家族特别是梁尚文功不可没。

民间相传，梁尚文为"明嘉靖到万历年间，箴子屯堡（即今水峪口村）"人，武职军人出身，官居总兵，后辞官回乡，以俸银三斗六升，合七万二千两，发心建寺。共同督公监造的还有梁尚文的牛表兄、郑子明和一位魏姓人氏。故为了感念梁、牛、郑、魏四人建寺功德，均称其为爷，并在寺东边建庙塑像，以人间烟火供奉。[①] 那么，牛表兄、郑子明及魏姓人氏又是何许人？文献无考，据梁尚文二十一世孙梁台和（1937~2011）生前介绍："梁氏家族原来居住在青元山下的宽平庄，民国时开始陆续搬迁到水峪口等周边村庄，宽平庄从此逐渐废弃。家里原先有族谱，如今只剩一张残缺不全的谱单。竹林寺的总管叫法主，下面有会头。爷爷梁凤全是竹林寺最后一位法主。村里从前有位郑爷，去世后埋在水峪口村旁，这里后被称作郑家坟。郑爷和梁尚文、普明爷还有牛爷是表兄弟，都在竹林寺修行。梁尚文后来发愿向他们三位学道，最终成为黄天道修行者。普明出在七马房，传说锄地时显出无数化身，结果现了原形，只好离开本地前往膳房堡修行。"

梁尚文与郑爷、牛爷、普明爷一样，都被称为爷，与他们一同修道，且为表兄弟关系。笔者认为，上述资料说明四位爷过从甚密，亦师亦友，地位相当，但不一定是表兄弟关系。四位爷中，牛爷来历不详，普明爷原籍怀安县牛家堡，梁尚文梁爷世居宽平庄，而郑爷在水峪口村居住，物故后被埋在该村旁，这里后被称作郑家坟。如此而言，牛爷、普明爷二位属于外来客，而郑爷、梁爷则属于坐地户，那么很有可能，这位郑爷就是民间相传的郑子明，也即经书中所谓的郑光祖、郑普静。郑爷与梁爷，一位家住箴子屯，潜心修行办道，一位家住宽平庄，散财发心建寺，两者相互

---

① 陈贵主编《张家口历史文化丛书·张家口各异的古寺庙》，第137页。

配合，打造出了青元山竹林寺一方丛林，成为堪比膳房堡碧天寺的黄天道又一祖庭。令人称奇的是，在乾隆二十八年（1763）黄天道事件中，竹林寺、梁氏家族竟然未受任何牵连和影响，香火鼎盛，梵音不绝，一如既往。事实上，碧天寺遭毁后，竹林寺便成了华北地区黄天道最为重要的布道中心，更加重要地发挥着祖庭的作用和影响，直至近世。

梁尚文大致生活于明嘉靖至万历年间，生卒年不详。万历二十七年"青元山竹林寺碑记"中刻有"建立功德梁尚文"字样，说明其卒年在万历二十七年（1599）之后。传闻其为武职军人，辞官回乡后以俸银建寺。按明代一般惯例，辞官时当在45岁上下，而建寺始于万历四年（1576），以此上推，其生年大致在嘉靖初年即16世纪20年代，与普明祖生年相当。不过，梁爷建寺时，普明祖已归空12年，普光祖也在这年去世，因此民间所谓普明与郑爷、梁爷在竹林寺共修一说，并不确切，但与普明黄天道存在某种机缘或联系则是肯定的，这位媒介人物就是郑爷普静。普静作为普明、普光的嫡传弟子，其修为高深，精通教法，行事低调，应该说普静才是梁爷皈依黄天道并发心建寺的真正推动者。

可能的事实是：普静与梁爷同乡，相交甚厚，万历四年（1576）普光祖归空后，或许为避免陷入碧天寺祖庭普明家族的教权纷争，于是回归家乡，借助于梁爷及其家族的财力和人脉，重开一方丛林，并于万历六年（1578）正式开道，使竹林寺成为普静说法布教的新道场，直至万历十四年（1586）回宫，共掌教九年。此后，梁尚文及其"梁氏世有一人主持寺事，谓之法主"，竹林寺事实上成为"梁家庙"，由梁氏一族成员世袭掌管，代代相因，未曾旁落，但日常事务特别是法事活动基本交由"守寺道人"、"守寺僧人"或"住持"打理。总之，梁爷建寺立功，郑爷留经立言，郑爷先亡，梁爷寿高，故后人多不辨郑爷、梁爷与普静名号之间的关联，而误以为九祖普静姓梁。当然，也不排除梁氏家族后人为抬高自己而有意为之。

应该说，从万历四年（1576）至万历二十七年（1599）是郑爷、梁尚文合力打造青元山竹林寺黄天道新道场的基础阶段，不仅大大拓展了黄天道的布教空间，客观上也填补了普光祖回宫后一时出现的教主真空，避免了"有教而无主"的尴尬局面，同时为普净祖在万历二十七年接法掌教赢得了时间。由于普静与普净，在接法时段上的交接、传承谱系上的同辈、名号上的同音，常使后人混而论之，难辨彼此。即便知其内情者，也似天机般不愿道破："七祖普明姓李住在牛角堡，八祖普光姓王住在狮子村，九祖不可细言语。"① 这大概就是上述画面中人物形象与主题不符的背景原因。

"经成了义救度原根"（见图3-7）。画中雕栏迂回，绿草如茵，高树茂叶下，红桌黄围，一女子绿衣红裙，挽发高髻，伏案而坐，桌上摆放几册经书，或展或合。桌旁立一老妇，青衣黄裙，平髻额帕，面容慈祥，口说指画，似做教导或解说状，女子则神态专注，静心倾听，关系亲密。从人物形象及榜题判断，刻画的应是普光、普照母女二人亲切交谈的画面。

图3-7 普照留经图

普照为普明、普光的二女儿。经云"二姑母降生丁未年（1547）癸丑月壬戌日辛丑时降生，到丁巳年（1617）甲辰月初九日甲子时回宫"，"二姑祖寿活七十一岁"。② 又"二姑奶奶嘉靖二十六年（1547）丁未降生于十

---

① 《普明老祖遗留悟道篇》，民国抄本，张家口市万全区李凤云藏经。
② 《古佛遗留原籍》，民国戊辰年抄本，张家口市万全区张德年藏经。

二月十五日，万历二十三年（1595）乙未得法，二十八年（1600）庚子开道，四十五年（1617）甲辰回宫"①。由上可知，普照享年70周岁，生于嘉靖二十六年（1547），卒于万历四十五年（1617），48岁得法，53岁开道，其得法、开道之年，大致与普净相当，稍晚一年。也就是说从万历二十七年（1599）至万历四十五年（1617），这18年是大姑祖普净、二姑祖普照姊妹正式开道、接法掌教的时期，其中普净独掌一年，共同掌教约八年，普净归空后，普照又掌教约九年回宫。

关于普照行迹，经卷所载甚少。学界一般认为，普明、普光的"两个女儿，都嫁给康家"，其中"二女儿佛号普照即小康李氏，曾著《太阴生光普照了义宝卷》。普照与其姐普净因为都嫁给当地康家，又是黄天道的宗教领袖，被教内称作"二康"，"'二康'即指大康李氏及小康李氏——普净和普照"②。据此可知，《太阴生光普照了义宝卷》当为普照所留教内遗产。

该经云"说太阴生光普照了义者，从无始以来光明照耀。太阴者，阴光之首，群星领袖，万圣班头，诸佛菩萨罗汉圣僧洞府群仙，仗光明而成道。生光者，日日生光，盗夺天精，亦派生阳，光明增长，众生难识。普照者，光明宝（饱）满，普复（覆）乾坤，诸贤借光而成圣。了义者，万人成真，亦无高下，贫富不分，了其义也。宝卷者，内有超生了死之路，升仙成佛之径，细参细悟"③。虽然该经意在凸显"阴光之首"——"太阴"的地位和作用，借太阴以"了义"而救度原根。但通篇所论，实则为阐述无为法、金丹大道之奥义，讲论阴阳坎离、火候要领、功程次第、吞吐存守开闭、内景之功夫，强调辨邪正、识真假、访明师、早寻出路之紧要。

如强调访明师、阴阳性命之双修：

访明师，问真方，借取天边日月光。日月光，其实难，不遇明师

---

① 《周祖传普明指诀》，民国二十年抄本，张家口市万全区李风云藏经。
② 马西沙、韩秉方：《中国民间宗教史》，第418页。
③ 《太阴生光普照了义宝卷》，马西沙主编《中华珍本宝卷》第一辑第四册，第384~385页。

第三章 "五佛"群像与内修意象

隔千山。孤阴寡阳不成丹。①

昼则阳光而射,夜则阴光而运,阴阳相合,结籽成实。……有智男女,早访明人,说破西来大意,锻炼日月,金丹可成,万劫不朽之道也。两朵金花通天地,遍地群真万圣门。②

讲论坎离火候、养羊(阳)为本:

养先天,在丹炉,运火候,知时度,不知根本烧空炉。真阳动,速下手,三昧真火长相守,炼成一颗夜明珠,出三关,驾云都,瑶池会上见王母。③

固本原来精神气,寻根出在西南村。有凡无圣难成道,有圣无凡落场空。先取北方壬癸水,次采南方魄与魂。送入丹田常温养,玉炉金顶一处烹。不是老祖真传授,谁知方寸有真空。④

丹田聚宝三千日,径撞三关上须弥。……炼气又还虚,虚无大道,取坎填离。⑤

说纯阳一体者,众羊(阳)而聚也。先天真阳,随类所化,世人

---

① 《太阴生光普照了义宝卷》"无中生有莲西域发芽分第一",马西沙主编《中华珍本宝卷》第一辑第四册,第404页。
② 《太阴生光普照了义宝卷》"真精正撞阳光一体分第四",马西沙主编《中华珍本宝卷》第一辑第四册,第410页。
③ 《太阴生光普照了义宝卷》"无中生有莲西域发芽分第一",马西沙主编《中华珍本宝卷》第一辑第四册,第404~405页。
④ 《太阴生光普照了义宝卷》"固本寻根分第九",马西沙主编《中华珍本宝卷》第一辑第四册,第440页。
⑤ 《太阴生光普照了义宝卷》"成道捷径分第十",马西沙主编《中华珍本宝卷》第一辑第四册,第447页。

不知养羊为本，后人不解其意，养羊成真，世间男女，迷失大道，不得成真，羊望（旺）而生，羊缺而死。①

人生在世不养羊，百病临身各人当。年少君子身黄瘦，走了丹田跑了羊。②

解说邪正之辨：

说劈邪显正者，劈邪是一切不正之言谈，说国家兴废、刀兵马乱、几时换帝、几时安立银城、自称祖师、祸乱人心，谓之邪也。

有等炼汞烧茅、说哄财物，谓之邪也。有等采阴补阳，少女为炉，采战成道，邪之更邪。有等摇身闭目，口称无生老母，有人恭敬，为之邪也。有等起盖神堂，画些神像，引人烧香上供，口称斗母娘娘，专哄财物，为之邪也。

显正者，邪言不出入口，谈论性命根源，日月光明，周转乾坤，调理呼吸，为之正也。③

《太阴生光普照无为了义宝卷》如果确为普照吐经，那么其成书年代当如马西沙等所断，估计在万历中叶以前，"而且是当世之作"④。按一般规律，吐经造卷即便为早，也应在得法之后方为可能，普照得法于万历二十三年（1595），而此时普光祖归空已近20年。因此，画面中母女二人交谈的情景，所展现的虽为一种虚构的时空场域，但更主要的恐怕在于通过这

---

① 《太阴生光普照了义宝卷》"纯阳一体分第十一"，马西沙主编《中华珍本宝卷》第一辑第四册，第449页。
② 《太阴生光普照了义宝卷》"纯阳一体分第十一"，马西沙主编《中华珍本宝卷》第一辑第四册，第451页。
③ 《太阴生光普照了义宝卷》"劈邪显正分第十二"，马西沙主编《中华珍本宝卷》第一辑第四册，第456~457页。
④ 马西沙、韩秉方：《中国民间宗教史》，第434页。

种法脉相传的亲情表达，来强化普照留经发卷、救度原根这一主题。

"贤祖接法演留混沌"（见图3-8）。画面中，天地寥廓，碧空如洗，古树生姿。贤祖青衣绿衫黄裙，挽发高髻，目视远方，正襟危坐，神态端严。圆形头光，宛若一轮红日，与身光上下交合，祥云环绕。五彩霞光，悠悠飘举，化作三束，指向天际。座前，男众五人，形象渺小，装束一般，仿佛化身，拱手下跪，做罗拜状，极尽虔诚之态，描绘出中兴教主普贤接法掌教、演留经典、收服妖魔的雄心。

图3-8 普贤说法图

普贤为二姑祖普照之女，成年后嫁与当地米家，故又称米康氏，是继普净、普照之后，黄天道普明家族的第五位教主。虽然普贤是位教内颇有威望和影响力的接法者，但关于其生平、行迹，经卷中所述甚少，且语焉不详：

> 第九凡，传普贤，为之师范。六旬头，寿满足，一性回宫。移下把，无缝锁，乾坤不漏。闷葫芦，闪多人，指杀众生。世间人，愚痴汉，不知道气。[①]

[①] 《普明古佛遗留利生宝偈》，又名《佛说三月六候利生宝偈》，张家口市万全区李风云藏经。

我普贤，经卷内，说得分明。世间人，无好心，称溷打伙。各头行，各散众，无有真心。我本是，等你们，同皈家去。见世间，无好人，老母忧心。把仙女，在世间，熬心费意。差仙童，请普贤，了意回宫。

吾如今，六旬头，花甲以尽。西王母，蟠桃会，去兑合同。……吾如今，不违愿，失乡度起。寿数满，不敢阻，急赴银城。

三佛轮流掌教二万七千余年，一祖一换一枝船，普度众生上岸。普明开荒种子，普光接法相连，普贤立法在中央。①

普明佛，他降生，朝阳化现。普光佛，发经文，接法相连。七真佛，暗九祖，收元了道。普贤佛，他掌着，三教合同。②

由上判断，虽然普贤"立法在中央"，在教内始终拥有绝对的权威，"掌着三教合同"，声望、地位盛极一时，甚至超越普净、普照二祖，直追普光，堪比普静，与普明、普光二祖相提并论。不过，普贤接法掌教期间，正值明代末叶，内忧外患、社会动荡、人心不安，在教内同样面临着严峻的信任危机和权力挑战，特别是从各会的"头行"到散众，既无敬虔之心，又多执迷不悟，更不肯回心向道、皈家认祖。应该说，普贤是"三普"即七祖普明、八祖普光、九祖普静之后最有抱负的一位教主，其毕生致力于弘法布道，在"邪师杂祖"兴风作浪、假托普明转世的混乱状态下，贤祖通过刊经留卷与教义阐发，破邪显正，识真辨假，统合各会，收服异端，最终克服时艰，迎来了黄天道的复兴，同时成就了贤祖作为一代中兴教主的地位，并且继九祖普静之后，被教内尊为十祖："十祖本来木子根，谷心为夫谷皮父。"③ "木子根"即出自普明李氏家族，"谷心"为米，即夫家姓

---

① 《朝阳遗留三佛脚册通诰唱经》，王见川等编《明清民间宗教经卷文献续编》第一册，第430页。
② 《朝阳遗留三佛脚册唱经偈卷上》，王见川等编《明清民间宗教经卷文献续编》第一册，第376页。
③ 《古佛遗留三极九甲天盘偈》，民国抄本，张家口市万全区李风云藏经。

米，谷皮为糠（康），即父家姓康，合之为米康氏，即普贤。

贤祖享年60岁，即"六旬头，花甲以尽""寿满足，一性回宫"，但生卒年不详。其母普照生活于嘉靖二十六年（1547）至万历四十五年（1617）之间，享年70岁。又据经书云，其丈夫，即"米姑父降生癸酉年癸亥月丙辰日丙申时降生"①，癸酉即万历元年（1573），普照时26岁，普贤当已出生，其年龄与米姑父不会相差太大。那么以此推测，普贤60岁回宫之年当在崇祯初，即1630年前后，实际掌教大抵十余年。这一时期，正是黄天道在危机中艰难扩张的时期，普贤作为神圣家族的世袭接法教主，成为聚合黄天道各派的中心人物，但也是最后的一位教主。此后，黄天道神圣家族的五位成员——七祖普明、八祖普光、大姑祖普净、二姑祖普照、普贤祖便成为一种象征性的存在而永久地走向神坛。可以说，"三普"与"五祖"，共同构成了黄天道教主崇拜体系的核心。如果说"三普"为师徒衣钵相传的话，那么"五祖"则是典型的家族世袭传承。

第二节 行功图像与内丹修炼

金丹大道又称明天大道、无为法、西来意，是黄天道修行的不二法门，因此内丹修炼就成为黄天道超凡入圣的"归家路径"和基本手段。壁画中的行功图像，虽说只是普明祖修行实践的意象表现，但传达出的意义显然已超出画面本身，更为主要的是宣示了内丹修行这一主题。

"入山修心"（见图3-9）。该图为怀安县狮子口村普明庙现存壁画之一。画中，古松傲立，山崖嶙峋，龛形洞窟中，普明祖皓发苍髯，头戴小帽，红衣蓝裤，盘坐蒲团，双掌合十，目光如炬，遥观远方，表现了普明祖山中隐修、参悟大道的情景。

"参禅入定运出阳神"（见图3-10）。画中，旷野稀树，红花点点，春意盎然。普明祖头戴羊绒帽，蓝衣白裤，黄色腰围，手捧经卷，半跏盘坐，

---

① 《古佛遗留原籍》，民国抄本，张家口市万全区张德年藏经。

做展阅沉思状，头顶则发出一缕白色毫光，光中化作一僧，红衣红帽，半跏趺坐于莲台之上，法相方圆，神态安详，目视远方，金色头光，圆如日轮，与身光上下交合，祥云环绕，五彩霞光，悠悠飘举，化作三束，指向天际。描绘出了一幅空灵寂静、元神出壳的神奇画面。

图 3-9　入山修心图　　　　图 3-10　参禅入定图

三教合一是民间宗教教义思想的基本特点：尊儒家之礼，存心养性，安身立命；重道家之术，修心炼性，达本还元；崇佛家之戒，明心见性，超生了死。显然，三家所修，不离心性二字。对于"外佛内道"之黄天道而言，自然是奉道之修心炼性为圭臬，而修心炼性，则必以知性命双修为大要。

普明祖心性修炼之法主要传自周祖玄云。经云"癸丑夏至，亲见周尊，化顶山前，传得分明，师传指我，卯酉之功，南岸来访，半载明心。甲寅正月，通天合同，三家相见"①。甲寅为嘉靖三十三年（1554），即普明祖得法之年。也就是说，癸丑即嘉靖三十二年（1553）夏至，普明祖在化顶山得周祖亲授卯酉之功，潜心修炼半年，至甲寅正月终于明心。

所谓卯酉之功，即内丹修炼之法，又称四时香火功程，即经书所云"至于香火誓愿礼貌功程，四时跟天周转，六候按时周行，静悟无为大道，

---

① 《普明遗留周天火候金丹蜜指心印妙诀一卷》，民国抄本，张家口市万全区李凤云藏经。

水火下降上升，坎离时时颠倒，明珠滚上昆仑，径过重楼，降雪一点，落在黄庭，九转功成丹就，那时跨鹤飞升"①。

第一，为四时采炼。

>祖师曰：每日四时，采取日用（月）之功。风不采，雨不采，云雾不采，可用天晴地静，每清早日出一杆时候，面朝太阳递布施一重，拜念前半礼玉帝吊挂，意举礼毕，念密诀诗四句，奉在佛前，随即下手，吞采先天密诀诗四句：
>
>三阳开泰最崇高，性命相交颠倒浇。渴虎能饮龙泉水，饿牛能吞寄生身。
>
>念毕，随取精花神水三口咽在腹中，必要东采西朝，金风亮目，撒火收光，空性一圆，现在目前，内外引同，采毕缴礼，金银二桥四句。
>
>午时，老母倒坐玄机说法，正在横岩岭下，垂光下降，甘露洒心，面朝南递布施一重，礼毕，檐前接法水三口，咽在腹中，毫光摄象，转回身收在目前，面北谢礼，观真空性一圆，现在目前，内外相引相同。
>
>酉时日落一杆时候，面朝太阳递布施一重，意举礼毕，倒夺先天真气三口，咽在腹中，必要西采东朝，青风亮目，撒火收光，空性一圆，现在目前，内外相引相同。
>
>子时上香以毕，院心行功，紫薇正坐斗口，先天真气正坐斗口，面朝正北，在天心斗口取太阳真精甘露三口，咽在腹中，甘露下降，妙法齐生，土内种子，方寸见明，佛前参拜全礼一分，入净室，上蒲团，守心定意，静坐一时，与天心对镜，放开慧目，定心守道，内炼中黄丹田，结宝土釜，运功西南坤地，无中生有，锻炼一段金光，常要采四相，合五行，察火候，久而行之，呼吸二气，运功，呼者念佛，

---

① 《周祖传普明指诀》，民国二十年抄本，张家口市万全区李风云藏经。

吸者念陀，乃为意转无字真经，炼吞日月精华，夺天地之造化，日无脱欠者，寸地中一窍开通，必有心空月朗之功也。

身居一圆地，独守一蒲团，运起三昧火，谷神自传言。
真阳子午觑，卯酉现金莲，吞精咂玉蕊，决定大罗仙。①

该功法的特点是按子、午、卯、酉四时行功，若四时香火之礼，并配合秘诀诗句，依时采取日精月华、先天真气，送入丹田温养，久久为功，贵在采炼，"道无真采炼，入山枉修持"②。其所谓"入净室，上蒲团，守心定意，静坐一时，与天心对镜，放开慧目，定心守道"之规范，或即如普明祖"入山修心"之所图示。

第二，明呼吸存守、性命双修之道。

诀曰：凡行此功，要盘膝端坐，后背宜直。不得依靠，何也？五脏之丝系于背，背若依物则真气不行。坐定要开天门。鼻为天门，以鼻微微呼吸是也。闭地户。口为地户，以舌顶上牙门牙根，口不开，可唇吻紧合。留人门。眼为人门，不可闭，闭则机死，不可开，开则神散，半垂帘是也。塞鬼路。大便为鬼路，虽有坐垫，仍要不时轻轻缩谷道是也。

四法皆如法起一念，从涌泉想如玉连环，两圈相套，一对一对，从足心默默画至大腿根至尾闾而止，左右各六七次不一，候心清神定，降念头入于气穴，日守中。气穴心之下三寸六分，脐之上三寸六分，中虚一穴，虚灵不昧，纵横一寸二分，念从此起，息从此住，名曰谷神不死，是谓玄牝之门，凡物皆有生有死，惟山之谷神无时不有，何尝见其死乎？人能抱真守一，使精化气，气化神，亦犹谷神不死矣。

凡遇白日行功要守脐，曰修命，即是用意守丹田是也。丹田不在脐下一寸三分，在脐内一寸三分，方是丹田。名曰金胎神室，乃是修

---

① 《普明遗留周天火候金丹蜜指心印妙诀一卷》，民国抄本，张家口市万全区李凤云藏经。
② 《佛说大乘通玄法华真经》卷二，经折装刊本，一函五册，凡10卷。

真之炉，气穴是鼎，故曰炉中添炭，鼎内养丹。夜间行功要守眉间。眉间即眉中，名曰明堂，又曰十字街前为活计，双目林下觅来踪，乃修性之真口诀。诗云：性在泥丸命在脐，天魂地魄坎交离，脐前肾后虚化有，多少修行人不知。昼守丹田夜守眉间，曰性命双修也。①

第三，识阴阳之理。经云"寡阴孤阳道不成，成佛菩萨阴阳配"，"采取先天气，炼就古佛身，一身阴阳配，不用凡世情，炼得龟头无，与圣配婚姻，性命重相见，炼定古佛心"。② 阴阳与性命，可谓一物两体，其理为一，诚所谓"大道不分男女，性命便是阴阳"③。若不识阴阳之理，不明诀点，盲修瞎练，则"阳多伤身损目，阴多坏体为癫，倾陷他人性命，差行错路，如刀杀人"④。

> 太阴登殿日时秘诀：正月立春后寅日亥时面向壬方，二月惊蛰后卯日戌时面向乾方，三月清明后辰日酉时面向辛方，四月立夏后巳日申时面向庚方，五月芒种后午日未时面向坤方，六月小暑后未日午时面向丁方，七月立秋后申日巳时面向丙方，八月白露后酉日辰时面向巽方，九月寒露后戌日卯时面向乙方，十月立冬后亥日寅时面向甲方，十一月大雪后子日丑时面向艮方，十二月小寒后丑日子时面向癸方。
>
> 太阳星君登殿日时默诀：正月雨水后亥日寅时面向壬方，二月春分后戌日卯时面向乾方，三月谷雨后酉日辰时面向辛方，四月小满后申日巳时面向庚方，五月夏至后未日午时面向坤方，六月大暑后午日未时面向丁方，七月处暑后巳日申时面向丙方，八月秋分后辰日酉时面向巽方，九月霜降后卯日戌时面向乙方，十月小雪后寅日亥时面向甲方，十一月冬至后丑日子时面向艮方，十二月大寒后子日丑时面向

---

① 《佛说玉液还丹捷径真传口诀》，民国抄本，张家口市万全区李风云藏经。
② 《佛说大乘通玄法华真经》卷五，经折装刊本，一函五册，凡10卷。
③ 《普明如来无为了义宝卷》"水天如来分第十七"，张希舜等主编《宝卷初集》（4），第475页。
④ 《乘舟得路证道了心宝卷下》，民国抄本，张家口市万全区李风云藏经。

癸方。

　　此阴阳登殿时，行功人才知炼太成阳至宝，脱壳归空，又三支箭是三柱〔炷〕香，香者是意真香，太阳者当阳佛，在选佛场内考选原人，每一人用三支箭，各人用意加功。登殿时是阴阳交媾时，阳合阴是虎吸龙精，阴合阳是龙吞虎髓，是精华，为日精月华，为龙虎交媾也。你要炼太阳，只（这）才是炼太阳成至宝，只（这）才是虎口夺精、龙口夺宝，面向太阳取宝，取将来上团团六门紧闭，低头且看娘生面，用心印拴意马，三回九转无间断，卷竹帘搅海底，三关九窍尽开通，海底龟蛇才翻动，龙吟虎啸有谁知，九层铁鼓一齐透，泥牛翻身上昆仑。

　　直指阴阳登殿，才知大道根源，为人不知登殿者，不知大道秘诀，人说龙吞虎髓，虎吸龙精，阴阳交媾，日精月华，龙吟虎啸，不知登殿者，都是邪说也。诗曰：学道不知悟道难，多少善人相外看。有人识透阴阳理，方寸打破生死关。①

　　第四，论修行之次第。经云"普明细开十步行功，金炉灌顶上天梯"②。即"头一步，守佛法，归戒严楞"；"第二步，如意香，四时洁诚"；"第三步，调水火，凡圣均匀"；"第四步，四句偈，立命安身"；"第五步，炼元阳，息虑忘情"；"第六步，常清净，采取行功"；"第七步，出入功，三迪阳空"；"第八步，丹炉内，锻炼光明"；"第九步，放阳身，性走雷音"；"第十步，谒圣母，参见原身"。③ 十步行功堪称普明法之总括纲要，坎离水火、阴阳性命、火候功夫、守闭开放等要领一一点明，为内修之基本指导，其中最后两步"放阳身""参见原身"，可谓修行之至境。"阳身"即所谓身外之身，又称阳神或元神，"放阳身"即所谓开关展窍、元神出壳。"性

---

① 《太阳登殿日时默诀》，民国抄本，张家口市万全区李风云藏经。
② 《普明如来无为了义宝卷》"清净如来分第十四"，张希舜等主编《宝卷初集》（4），第460页。
③ 《乘舟得路证道了心宝卷下》，民国抄本，张家口市万全区李风云藏经。

走雷音""谒圣母",也即宝卷所谓"婴儿见娘""母子团圆"。"原身"即本相、真身,又称元身,普明祖被认为是唐僧的转世化身,逆炼归元,则若参见己之原身,故"参禅入定运出阳神"所示即此意境,足可证普明祖修为已达于至境。

"飞符显圣日月光明"(见图3-11)。该幅有残。画中,莽原稀树,红日初升,霞光万道,祥云飘飘。一张朱红香案,陈设于天宇旷野间,案上摆放鼎炉一座,香烟袅袅。案前,男众三人,身体微微前躬,均做拱手礼拜状。中间老者,头戴羊绒帽,银须飘拂,目视前方,神态敬虔。从人物形态、场景判断,画面表现的应是普明祖携弟子礼拜太阳的情景。

图3-11 飞符显圣图

"黄为中,天为日,道是普明"①,对日月特别是太阳的崇拜,是黄天道信仰的核心之一,日月在黄天道中具有特殊的内涵和象征意义,是内丹修行中采取先天之气、日精月华的本原性存在。本质而言,采取之法,不过内炼与外用两种。"飞符显圣"则无疑属于外用之法,即经书载之"扣天真宝"或"扣天礼"之类。

所谓扣天,《古佛遗留下叩天宝赞》② 云:"达摩传巧一转湾,留下三十

---

① 《云外青霄显明直指宝卷》,民国抄本,张家口市万全区李风云藏经。
② 《古佛遗留下叩天宝赞》,咸丰十一年抄本,赵常善堂记藏。

六扣天。""普明如来是吾姓也,带领二十四祖,末后降与坎中,所生癸水淹于南方,在于雪山洞里得一把降魔大杵,谨带一颗大圆印,将前天扣语念动,把太阳用印扣定,此为扣天之也。"其法,曰"祖留扣天宝,一月扣三遭","普祖差一大将甲乙大王,用扣天符印画在白纸,用朱砂书符印,持授七遍,用口吹在空中,日光不明,一切大地人缘无处投奔,尽皈有为老祖"。调查发现,教内的确传留有摘光、扣天之类飞符印信,如水峪口村梁台和家藏符印圣号即此(见图3-12、图3-13)。其中图3-12,书有"昏暗不明"、"差祖摘光"以及"锁封"、"扣了魔王"等字样。图3-13,呈阶梯状,上下共三层。下层书有"黄卷会主某某"字样;第二层为一赤足童子,手托日月,脚踩鸡兔,法阴阳象水火;第三层呈山字形,边饰花草如意纹样,中心书有一"佛"字,顶部则绘有圆珠符押,并书有"朝阳圣号"四字。

图3-12　八卦符印　　　　图3-13　朝阳圣号

三十六扣天,可谓无所不能,既能扣定太阳,令其日光不明,又可符摘日月,移星换斗,满天光明:"解劫冤愁普明语,扣天符印谨授持,末后

用符摘日月,九曜星官各换星,满天光明尽无生"。又"天扣日月见才明,三乘大法五公成,二篆扣天双丹落,有福缘人谨随身"。

扣天宝又写作叩天宝,扣即叩,又作寇,含有叩拜、罩定、锁定、守牢之意。其所扣对象,上至玉帝诸天、日月星宿、诸佛诸祖,下至圣地洞府,乃至经卷香功,既是修行的法宝,又是久后径入银城,朝见吾当、无生老母的通关凭信:"佛说扣天真宝降于凡间,传留在世,后背(辈)人等专倚扣天修行,久后径入银城,四门大将不敢拦挡,无人敢侵,你将扣天真宝举起,诸魔不侵,你若无有扣天真宝,恶神拦定,不信者男女,你将扣天真宝报过四恩,才是修行之人,若还有吾九甲灵文十二宝赞,件件俱全,九阳关上才然放你过去,入银城去见无生老母","径入银城,朝见吾当"。因此,拥有扣天宝,也就等同于授持"皈元礼":"单等上乘有宝人,无缘难见扣天宝,临尾天催落顽空,有人得宝皈元礼,无生圣母喜重重。"不过,扣天宝、皈元礼之所谓扣天,其实有着更深一层的寓意:

> 阴返阳生了不成,石女带帽人无路,抒开两只摘光手,日月将来钹底叩,当地乾坤黑暗了,口中念出翻天咒,改唤(换)乾坤布鼓鸣,母子同上西方路,唤起玉兔做先天,南北周行谁能匀,北朝掌教做中华,江南返做山北后,这个消息细参详,八九合十道成就。①

看起来谈论的似乎是自然、人事活动,其实是借用譬法阐释内丹修炼阴阳返还、呼吸消息之秘,特别是"抒开两只摘光手,日月将来钹底叩"一句,实则在暗示摘取先天、丹田采炼、存闭温养、牢守紧固之意,也即经书"把日月,活灵丹,吞在腹内"之所谓。② 因此,只要把"这个消息细参详,八九合十道成就"。

黄天道虽然强调内丹修炼,但并不排斥符箓,相反却极其通行,如化符、吞符、带符、供符、拜符等,不一而足,与印信、文凭、令牌、圣号

---

① 《古佛遗留三极九甲天盘偈》,民国抄本,张家口市万全区李风云藏经。
② 《普明古佛遗留利生宝偈》,民国抄本,张家口市万全区李风云藏经。

等组合，用之于消灾祛病、助功采炼、通关入圣，从而成为黄天道修行的一大特色。同时，飞符之用，在以内修为主导的原则下，实际上也具有了服务于内丹的基本功能和目的，即谈符箓而喻金丹，外扣日月以成皈元之礼，内扣阴阳而为金丹大法，仪式与丹法并重，内外兼修，天人合一。可以说，"飞符显圣日月光明"画幅，再现了黄天道三十六扣天中，用飞符之法，扣定日月，摘取光明的仪式场景，从而使黄天道的内丹修炼具有了鲜明仪式化的特点。

"青文像吾当老祖"（见图3-14）。该幅为竹林寺壁画图像之一，绘制于明代末叶，局部有损，是迄今所见唯一一幅吾当老祖壁画图像。画中，莲台状团石上，吾当老祖一轮头光，披发裸身，结跏盘坐，手捧宫殿，丹田处，两道白毫光，出其左右，化作日月二轮，旁则星斗拥护，法相原始古野，描绘出了一幅云天万里、星汉灿烂、日月同辉、禅定行功的奇异画面。

吾当老祖是黄天道神灵谱系中的至尊之一，被认为是太阳的人格化象征，又被称为开天老祖、当阳佛等，在黄天道信仰体系中占有特殊的地位。对此，成书于明末清初的《太阳开天立极亿化诸佛归一宝卷》述之最详。

图3-14 "吾当老祖"

经云："太阳乃天之阳魂，太阴为地之阴魄也。天地为鸡卵，乾坤日月乃玄黄大道。"① 首先将太阳、太阴置于与天地平齐的地位，共同构成玄黄大道之本体，其性"说太阳圣翁，外阳而内阴，太阴圣母，外阴而内阳，乃阳不独立，阴不单行，阴阳交泰，暗藏中和之气，乃天地位焉"②。阐述

---

① 《太阳开天立极亿化诸佛归一宝卷》，张希舜等主编《宝卷初集》（7），第9页。
② 《太阳开天立极亿化诸佛归一宝卷》，张希舜等主编《宝卷初集》（7），第13~14页。

了太阳、太阴之阴阳属性及其辩证关系。进而曰"虚无混沌唤吾当,鸿蒙初出号当阳,亿化九极三元祖,辟地开天大道场"①。由此推出吾当、当阳名号,并确立其本体性至尊地位,从而将天地宇宙神圣化为大道场,这一大道场的主宰就是太阳老祖:"说太阳老祖,已往之年为过去佛,当空普照为现在佛,末后一着为未来佛"②,即所谓"太阳化三身,乃为过现未来"③。

因"诸佛当不起,惟是我吾当"④,"说无当者,只是无人敢当,吾当者,惟太阳老祖直下承当"⑤;"说吾当谁敢当,除是吾当,辟地开天大法王,日行十万八千里,我敢承当"⑥;故太阳老祖号吾当。"说起吾当吾不当时,谁敢当,当不起常劫不坏,普放毫光,千年无改空王相,亮亮堂堂,圣体当阳,乾坤无二,这才是吾当本相。"⑦ 吾当本相,圣体当阳,故吾当老祖又称当阳佛。

吾当老祖是太阳的人格化,但又是一种超越性的存在,故又称"老太阳"。对于黄天道信众而言,吾当老祖不仅是崇拜的对象,而且在内修实践中具有象征性意义。

经云:"若能修炼三宝,功满之时,脱胎换体,冲举太阳宫内,与佛同转法轮,普照十方世界,待天数圆满之时,先收后天元气,次收星宿元精,似琥珀拾芥,同赴太阳光中,精气神合,乃为龙华三会,如鸟归巢,一撞昆仑,返阳天虚无之境,享不灭之寿,才为无生之果。"⑧ 又"说收元者,天收三光,地收三气,人收三宝。天收三光者,太阳为元神,太阴为元气,

---

① 《太阳开天立极亿化诸佛归一宝卷》,张希舜等主编《宝卷初集》(7),第 9~10 页。
② 《太阳开天立极亿化诸佛归一宝卷》,张希舜等主编《宝卷初集》(7),第 27 页。
③ 《太阳开天立极亿化诸佛归一宝卷》,张希舜等主编《宝卷初集》(7),第 401 页。
④ 《太阳开天立极亿化诸佛归一宝卷》,张希舜等主编《宝卷初集》(7),第 33 页。
⑤ 《太阳开天立极亿化诸佛归一宝卷》"太阳化无当吾当归一品第二",张希舜等主编《宝卷初集》(7),山西人民出版社,1994,第 83 页。
⑥ 《太阳开天立极亿化诸佛归一宝卷》"太阳化无当吾当归一品第二",张希舜等主编《宝卷初集》(7),第 93 页。
⑦ 《太阳开天立极亿化诸佛归一宝卷》,张希舜等主编《宝卷初集》(7),第 46~47 页。
⑧ 《太阳开天立极亿化诸佛归一宝卷》"太阳化无生无相归一品第一",张希舜等主编《宝卷初集》(7),第 64~66 页。

星宿为元精，收元之时，精归于气，气皈于神，神乃为三光一性，人身三宝与天地亦然"①，即"男子灵光属太阳，女人经信月中光，日月本是圣父母，忘恩背祖不还乡"②。太阳光、日光月光、三光，均为老太阳一性所化，所谓收元，即天收三光，地收三气，人收三宝，天地人三才一理。日月若人之圣父母，先天采取之源，修炼三宝，功成圆满，脱胎换体，与太阳同光齐寿，是为收元还乡，皈家认母。吾当老祖禅定画面，集日月、星宿、宫殿等象征元素于一体，无疑是基于经卷教义而着意渲染内丹修行这一主题。

"李景清家入圣回宫"（见图3-15）。画中，古树旷野，云淡风静。双林下，李氏结跏趺坐莲台，红衣绿裙，挽发高髻，目视前方，神态娴静。金色头光、身光，上下交合，祥云环绕，五彩霞光，悠悠飘举，化作三束，伸向远空。霞光中，李氏阳身，化作一缕白色云气，自顶门起在云端。接引玉女，粉衣粉裙，手执宝盖，紧随其后，乘云而行。描绘了李景清家内，功行圆满，丹书来诏，入圣回宫的情景。

图3-15　入圣回宫图　　　　　图3-16　五佛果成图

"五佛果成入圣回宫"（见图3-16）。画中，普明居左，普光在右，手持经卷，目视前方。其下首，普净、普照、普贤分列左右，相向而坐，微

---

① 《太阳开天立极亿化诸佛归一宝卷》"太阳化收元还元归一品第六"，张希舜等主编《宝卷初集》(7)，第129~130页。
② 《太阳开天立极亿化诸佛归一宝卷》，张希舜等主编《宝卷初集》(7)，第403~404页。

第三章 "五佛"群像与内修意象

微仰视，或捧莲花，或执如意。五位佛祖，锦衣华服，跌坐莲台，法相端严，神情坚毅，金色头光、身光，上下交合，祥云环绕，五彩霞光，化作三束，悠悠飘举，光明与佛同，气氛神圣庄严。描绘了普明家族五位教主，修行了道、证果朝元、入圣回宫、团圆美满的画面。

"入圣回宫"，对于世俗而言是生命的终结，诀别凡尘的痛苦，自此生死殊途，阴阳两隔。但对于信众而言，则是一种修为果报，是达于彼岸世界、天宫家乡的一种终极追求，也是所谓皈家认祖、母子团圆、婴儿见娘、回归本来的一种自然归宿。因此在经书中，"入圣回宫"通常被描绘成一种充满异象和法喜的奇妙光景：

> 借假修真，得无上之道，返本还源，同见无生圣母。乾坤两朵海中莲，昼夜常明照大千。忽一时，有仙童，亲来接引。幢幡盖，仙乐响，喜笑盈盈。朝元洞，见无生，亲身下拜。子母们，团圆会，永不投东。①

> 熬炼五行并八卦，九转还丹出阳神。离凡脱壳归家去，不动不摇坐莲心。真空境界人难到，古佛亲来化贤人。仙乐频频连天响，万道毫光罩真人。男女才得长生道，个个都要一样行。②

> 忽一时，九转丹，功圆行满。有仙童，前引路，起在虚空。那应时，才显出，修行了道。大地人，得知识，同去归宫。③

> 大限至，前有他，伽蓝引路。金童接，玉女迎，幢幡重重。浑身

---

① 《普明如来无为了义宝卷》"宝月如来分第十"，张希舜等编《宝卷初集》（4），第439、440页。
② 《普明如来无为了义宝卷》"清净如来分第十四"，张希舜等编《宝卷初集》（4），第460页。
③ 《普明如来无为了义宝卷》"坚德如来分第十八"，张希舜等编《宝卷初集》（4），第482、483页。

上，五色光，遍体围绕。明晃晃，霞光罩，雾气腾腾。进天宫，两边排，诸佛接引。俸香花，受佛果，歌舞吹笙。霞光万道，五色祥云，金童玉女，歌舞吹笙。①

以上描述了修行人功圆行满、修行了道、金童玉女接引、入圣回宫的盛大场景，种种奇景，般般异象，可谓美好奇妙。无疑，这对于信众而言具有极大的吸引力和感召力，而壁画图像中五位佛祖以及李景清家的入圣故事，则更是强化了这种效应。

表 3-1 "五祖"生卒、得法、开道年表

名号	生年	得法	开道	卒年	享年
普明祖李宾	癸酉正德八年（1513）	甲寅嘉靖三十三年（1554）	戊午嘉靖三十七年（1558）	壬戌嘉靖四十一年（1562）	50岁
普光祖王氏	癸未嘉靖二年（1523）	丙寅嘉靖四十五年（1566）	己巳隆庆三年（1569）	丙子万历四年（1576）	54岁
普净祖大康李氏	壬寅嘉靖二十一年（1542）	甲午万历二十二年（1594）	己亥万历二十七年（1599）	戊申万历三十六年（1608）	67岁
普照祖小康李氏	丁未嘉靖二十六年（1547）	乙未万历二十三年（1595）	庚子万历二十八年（1600）	丁巳万历四十五年（1617）	71岁
普贤祖米康氏	不详	不详	不详	不详	60岁

---

① 《普静如来钥匙宝卷下》"钥匙佛如来开神仙分第二十四"，张希舜等编《宝卷初集》(5)，第135页。

第四章　手卷绘图与信仰再现

手卷或长卷体，作为中国传统的一种书画装帧形式，以其便携、易于保管、适合舒卷展阅等特点，故后来也多用于经书，特别是图文经书的装裱而成为一种别致的经书体式。最近几年，在田野调查中即发现多种稀见的黄天道经书手卷，尺幅不一，内容丰富，保存完好。下面拟以其中较有代表性的一幅经书手卷"古佛遗留先天文榜"为例，结合其他相关经卷资料，重点就其中两幅彩绘插画图像的内涵、意义及其相关问题加以分析解读，从而深化对民间社会信仰生活与民众精神世界的认识与了解。

第一节　三佛图与教祖崇拜

"古佛遗留先天文榜"手卷初识于2012年，为张家口市万全区暖店堡村李风云家传经卷之一。李风云老人，1929年生，因祖辈好佛，虔信黄天道教，家传经书颇丰，但"文革"时大多焚毁，只有少量幸免。所藏"古佛遗留先天文榜"经书手卷，属清代抄本，横幅长卷，绢质，纵38厘米，横514厘米，全卷1500余言，墨书楷体，字迹工整，卷中彩绘插图2幅，兼工带写，色彩饱满，线条流畅，天地留白，画面几占全卷大半，可谓图文并茂，象显而意深。

自右而左，按其结构顺序，首幅绘图（见图4-1），纵33厘米，横82厘米，主体为三位佛祖图像，故名之为三佛图。图首，即图的右侧，则为朱红符印组图，包括金牌、半印、圣号等，色泽鲜艳夺目，与画面整体对比强烈，别具一格。

图像与历史：华北民间宗教调查研究

图 4-1 三佛图

画面中央为弥勒佛祖，祥云拥护，圆形头光、身光，身披袈裟，赤足，莲花宝座，半跏趺坐，袒胸露腹，左手布袋，右手佛珠，双耳垂肩，面相丰圆，喜笑颜开。其身后左右，女众各二，俗衣装束，袖手而立，或低眉，或垂目，神情闲适自得。下首两侧，则男众各一，肃然而立，仪态儒雅，戴巾长袍，胡须长垂，做拱手施礼状。

画面右边当为燃灯佛祖，祥云拥护，圆形头光、身光，螺发高肉髻，身披袈裟，赤足，莲华宝座，结跏趺坐，双手托钵，结禅定印，法相静穆安详。其身后左右，弟子各一，圆形头光，冠簪长袍，袖手恭立于两侧，其中左侧者胡须长垂。下首，则为两弟子捧笏分列左右。其左侧者，簪发戴冠，长须；右侧者，纯阳巾，浓眉大睛，高颧骨，多须髯，粗黑茂密，修饰齐整。众弟子虽形容各异，却也仙道风骨，似道中人物。

画面左边则为释迦佛祖，祥云拥护，圆形头光、身光，螺发高肉髻，身披袈裟，赤足，莲华宝座，结跏趺坐，左手托钵，右手结说法印，法相端然肃穆。其身后左右及下首两侧，分别侍立护法弟子各一，二老二少，项有圆光，或拱手施礼，或合掌，皆披剃僧人形象，显然佛门中人。

整个画面，三佛一体同观，左右均衡对称，低视点仰视角，凸显出佛祖形象的崇高神圣，却无疏离遥远之感。按佛教大乘学说，燃灯佛、释迦佛和弥勒佛，分别是过去、现在和未来三世的代表者，故称之为三世佛，又竖三世佛或纵三世佛。一般而言，其位次，自左而右，为燃灯佛、释迦

·140·

佛和弥勒佛，释迦佛居中。因此形式上而言，三佛图无疑是三世佛的翻版，大同而小异，唯座次有变，弥勒佛居中位。此其一。其二，三佛图直观而言，较之其左右主尊佛，弥勒佛形象比例稍大，且构成画面的中心和焦点，应该说三佛中弥勒为尊的意味十分明了。换言之，虽然三佛共同构成画面的主体，但突出的重点显然是弥勒佛尊者。这是三佛图构图上有别于传统的一大特点，也是三佛图意象表达的主旨和主题——三佛应劫思想之所在。

三佛应劫思想，或三教应劫、三阳劫变、三期三佛说，其渊源于佛教大乘救世思想，"由于佛、道两教在南北朝时代以融合、特别是道教汲取了佛教应劫救世思想，故开了后世民间教派'三阳劫变'说之先河"①。关于后世民间教派，即明清以来民间宗教的三阳劫变说，诚如马西沙等所言："现存经书较早明确地记录了三教应劫思想的，应推黄天教《普明如来无为了义宝卷》。"② 该卷成书于明嘉靖三十七年（1558），为黄天道始祖李宾即普明祖所造，其在教义思想方面的贡献之一，就是清晰地提出了三佛三教等概念体系，而所谓"过去佛度了二亿此是道尼，见在佛度了二亿乃是僧尼，释子后留九十二亿，皇极古佛本是圣人转化"云云③，其道尼、僧尼、圣人与三世佛之间的对应关系，也同样投射在三佛图中，或者说三佛图中圣众弟子差异化的扮相特点，实则为指代儒释道三教的一种身份符号。由此而言，三佛图内含了三世与三教的双重意义。

虽然与《普明如来无为了义宝卷》差不多同期成书的其他宝卷，如《普明古佛三期普渡》《太阳开天立极亿化诸佛归一宝卷》等，对三佛应劫说也有不同程度的阐释和解读，但最终使之体系化的，则是黄天道后出的两部重要经典，即《普静如来钥匙宝卷》和《佛说大乘通玄法华真经》。

《普静如来钥匙宝卷》为黄天道普静祖所吐，全卷共三十六分，其中关于三佛应劫说的阐述主要集中在第十八分和第二十三分。

---

① 马西沙、韩秉方：《中国民间宗教史》，第65页。
② 马西沙、韩秉方：《中国民间宗教史》，第622页。
③ 《普明如来无为了义宝卷》"普明无为了义分第三十六"，张希舜等主编《宝卷初集》（4），第590页。

佛说钥匙佛如来开开三乘宝藏库，取一部三乘宝卷，先说佛法僧三宝。三乘者，分上乘，中乘，下乘，乃合过去现在未来。过去无极化燃灯，一无文字为佛也，乃为悟而知之。现在太极化释迦，遗留有文字为之法也，乃为学而知之。未来皇极化弥勒，遗留九经八书，为之僧也，乃为生而知之。燃灯佛，九劫立世无相劫。释迦佛，十八劫立世庄严劫。弥勒佛，八十一劫立世星宿劫。过去燃灯，三气受相。现在释迦，五气受死。未来弥勒，十气受返。燃灯佛子，兽面佛心。释迦佛子，人面兽心。弥勒佛子，佛面佛心。过去人寿活三甲，现在人寿活六甲，未来人寿活九甲。三甲者，寿活千岁，六甲者，七十者稀，九甲者，寿活八百一十岁，乃是三返七转九还之数也。

过去九劫是燃灯，一十八劫释迦尊，未来九九八十一，八十一劫立三空。三世佛，轮流转，掌立乾坤。无极化燃灯佛，九劫立世，三叶莲，四字经，丈二金身。太极化释迦佛，一十八劫立世，五叶莲，六子经，丈六金身。皇极化弥勒佛，八十一劫，九叶莲，十字经，丈八金身。过三甲，人受相，寿活千岁。无字经，是一乘，兽面人心。现六甲，人受死，六十余岁。有文字，是二乘，人面兽心。未九甲，人受返，八百一岁。留九经，并八书，佛面佛心。三乘法，是弥勒，古佛掌教。钥匙佛，开天地，诸人知闻。燃灯佛，掌教是，青阳宝会。释迦佛，掌红阳，发现乾坤。弥勒佛，掌白阳，安天立地。三极佛，化三世，佛法而僧。三世佛，掌乾坤，轮流转换。天有老，地有破，人有转生。燃灯佛，掌教满，风刮天地。普天下，也无有，一个人行。释迦佛，教相满，水浊天地。普天下，黑暗了，混沌乾坤。弥勒佛，天教满，移山倒海。①

混沌初分无天地，也无日月共人伦，红白二气分两道，无长无短上下升，不是无极能变化，无生老母生老君。东西南北分明暗，安立

---

① 《普静如来钥匙宝卷上》"钥匙佛如来开三乘分第十八"，张希舜等主编《宝卷初集》(5)，第107~109页。

第四章　手卷绘图与信仰再现

日月定乾坤。九宫八卦团团转，三极周转立人伦。无极立下青阳会，化显掌教是燃灯，太极立下红阳会，转化释迦掌教尊，皇极立下白阳会，八十一劫弥勒尊。三佛轮流有改变，一劫本是立百春，九劫燃灯他过去，一十八劫现在行，未来九九八十一，一百八十定三空。①

该经全面继承、丰富和发展了黄天道既有的教义思想，不仅提出了诸多极富创意性的概念范畴，且对三佛应劫说给予了系统阐发和表述，建构了一套关于过去、现在、未来，涵盖创世、治世、救世，三分宇宙大千世界与时空结构的宏大体系，堪称集大成之说。

《佛说大乘通玄法华真经》成书于明万历年间，也为普静祖一派弟子辑录撰著，由于传世版本较少，其重要性特别是与黄天道之间的关系，尚未引起学界足够关注。考其主旨大要，与《普静如来钥匙宝卷》可谓一脉相承。

三佛掌教，五祖承行，燃灯释迦，弥勒转轮。皇极古佛，白头老翁，千变万化，最上一乘，演教说法，三性元明，儒释道教，一气而生，俗衣说法，染衣而听，龙华三会，恁意纵横，走马传道，转诵真经，千日已满，同赴天宫，云盘都斗，亲见无生，从分宗派，诸佛听名，透玲碑上，行行标名，诸佛万祖，万圣朝宗，恒沙一体，道气长存。②

三佛轮流，弥陀治世，释迦送饭，弥勒修功，乾坤以定，改换星辰，八十一劫，南北定针。③

---

① 《普静如来钥匙宝卷下》"钥匙佛如来开人根分第二十三"，张希舜等主编《宝卷初集》（5），第130页。
② 《佛说大乘通玄法华真经》卷二，经折装刊本，一函五册，凡10卷。
③ 《佛说大乘通玄法华真经》卷四，经折装刊本，一函五册，凡10卷。

过去现在未来，过去燃灯，四字佛号，阿弥陀佛，现在释迦，六字真言，南无阿弥陀佛，未来弥勒，十字佛号，南无天圆太宝阿弥陀佛，三叶金莲，五叶金莲，九叶金莲，三极教化，无极生太极，太极产皇极，无极燃灯青阳会，太极释迦红阳会，皇极弥勒白阳会，青阳会二十四天，红阳会三十二天，白阳会三十六天，二十四天，六个月，六时，四卦，五宫……现在三十二天，三百六十日，十二月，十二时，二十四气……八卦九宫……未来三十六天，八百一十日，十八月，十八时……十二卦。三角天，四方天，圆天，丈二金身，丈六金身，丈八金身，三佛续度，掌教为尊……现在牟尼宝珠，过去九曲琉珠，未来黍米玄珠。①

以上可以视为对三佛应劫说的系统性总结，言简而意赅，特别是对"三佛轮流""三极教化""三佛续度，掌教为尊"理念的强调，其深层背景恐怕还在于"三佛掌教，弥勒为尊"的末劫救世说。弥勒佛作为未来佛、八十一劫之末劫教主，无疑是"三佛续度"的最后一位掌教尊者，负有救度九六之九二亿原人收元还乡的最终使命。因此，义理上而言，三佛一性，一体同观，但实际上未来佛弥勒在三佛中的特殊地位不言自明。弥勒佛既是三佛应劫说之三大教主之一，也是三佛应劫说之核心——末劫救世论的主导者，即现世救世主，这是弥勒佛作为未来佛、总收元者的性质和使命之使然。而在教派实践中，"三佛掌教，弥勒为尊"，则事实上演绎且转化为对教祖本身——作为弥勒佛转世化身的教祖的崇拜。这样，三佛应劫说终归落到实处，成为教祖崇拜堂而皇之的神学依据和思想来源。而宝卷作为教义思想的载体，神化本派教祖，尊之为弥勒佛"倒桩换相""投胎入窍"的转世化身，自然也是其题中应有之义。

《普明如来无为了义宝卷》即明言"皇极古佛即是普明如来"②，直接

---

① 《佛说大乘通玄法华真经》卷五，经折装刊本，一函五册，凡10卷。
② 《普明如来无为了义宝卷》"普明无为了义分第三十六"，张希舜等主编《宝卷初集》（4），第581页。

将皇极古佛弥勒与普明祖李宾视同一体，且语气坚定，言之凿凿，不容置疑。

《太阳开天立极亿化诸佛归一宝卷》也云：

> 昔燃灯，按天地，行功果，为无极，称过去教主。梵王太子，九修十炼，果证现在释迦。普明禅师在膳房村烧丹炼药，九连池脱胎换体，化未来皇极之位。①

> 过现未来一气通，末后拈花是普明。②

> 过去时，化燃灯，号称无极。化释迦，为现在，普照当空。第三回，化普明，未来掌教，总收元，众诸佛，同去皈宫。③

该经毫不隐晦，将普明直比弥勒，与过去燃灯佛、现在释迦佛相提并论，甚至全然以普明指代弥勒，普明成了弥勒的同义语。

《佛说大乘通玄法华真经》虽然出自黄天道普静祖一派，非普明祖或其弟子所撰，但同样直言"皇极化现，弥勒尊者，普明佛也"④。弥勒化普明，普明弥勒化，凡圣同根，人神一致，可以说是贯穿上述经卷的一条主线。

要而言之，三佛应劫说，无疑是三佛图意象表达的主旨要义，三佛图中弥勒形象的凸显，隐含末劫救世说的奥义，是三佛掌教、弥勒为尊理念的直观体现。在教派实践中，弥勒信仰则转化为现实版的教祖崇拜，教祖崇拜在赋予三佛图以新的内涵和教派特性的同时，也获得了一种较为含蓄的间接表达方式。某种意义而言，三佛图以其形象生动的图示和解经阐教功能，而秉有变相或经变画的性质，此言或不为过。

---

① 《太阳开天立极亿化诸佛归一宝卷》，张希舜等主编《宝卷初集》(7)，第 11~12 页。
② 《太阳开天立极亿化诸佛归一宝卷》，张希舜等主编《宝卷初集》(7)，第 491~492 页。
③ 《太阳开天立极亿化诸佛归一宝卷》，张希舜等主编《宝卷初集》(7)，第 494~495 页。
④ 《佛说大乘通玄法华真经》卷十，经折装刊本，一函五册，凡 10 卷。

第二节　九阳关图与银城信仰

第二幅绘图，即卷尾绘图（见图4-2），纵33厘米，横220厘米。画面以城楼、过桥为场景，以人物活动为主线，以情节为自然过渡，徐徐展开。但见城楼三重，品字排列，雄伟壮观，门楼华丽，飞檐翘角，垛口齐整，城门铁色，乳丁六排，半开半合。虽受限于手卷体式，门楼半绘，不见全貌，却难掩其巍峨高耸之势。城楼前为大道坦途，有过桥两座，右边者为双孔拱桥，拱形桥面，左边者为四孔联拱桥，梯形桥面，均雕栏石砌，莲花柱头，玲珑精致。

图 4-2　九阳关图

画面中绘有 22 位人物，身份不一，神情各异，彼此呼应。自右而左，按其时空结构关系，以拱桥为间隔，大致可分为三组人群。

首组11人，均为男性，位于右边拱桥右侧。其中一位尊者，锦背椅披，正襟危坐，头戴道巾，脚蹬云鞋，身着黄袍，背剑束带，长须美髯，手持文簿，做勘合查验状，道貌岸然，官气十足。其对面十位，皆袍服云履，戴巾束带，髭须长垂，仪态庄重。其中近前五位，做执牒跪拜状，稍后五位则执牒而立，做恭候状。

第二组4人，二男二女，行至两桥之间。男众者，一老一少，其老者髭须长垂，做袖手沉思状，少者合掌，做顾盼状，均长袍云履，戴巾束带。女众，均短衫长裙，圆领大袖，家眷模样，或袖手做趋步状，或捧牒做审视状。

第四章　手卷绘图与信仰再现

　　第三组6人，三两结伴，始过左边拱桥。其中桥面五人，两男两女一幼童，均合掌躬身，做礼拜状。男众走在最前，戴巾束带，袍服长须，满面春风，神情和悦。女众随后，家眷模样，短衫长裙，大袖圆领，娴静怡然。幼童则走在女众之间，面似满月，头戴笠形小圆帽，赭袍束带，稚气未脱，憨态可掬。另外一人，亦长袍云履，戴巾束带，长须，挑一经担，做踏步上桥状，似孤身而行。

　　值得注意的是，在这位荷担而行者身后，有一男子虽低调却很特别：其戴巾束带，短衣长裤，粉底皂靴，长须，弯腰挥帚，做扫除状，且神态专注，似乎对过往行人熟视无睹，或者是早已习以为常。观其装束形象，明显与众不同，或为仆役、杂役之类。换言之，他的存在与现场人物活动似无关涉，甚至完全局外人一般，虽说属场景中人，但只是点缀者。不过，这一角色的存在，对于衬托现场气氛、提示场景的性质，也是不可或缺的画面要素之一。

　　该幅绘图采用传统散点透视法，长天、雄关、祥云、拱桥、行人，构成了一幅宽广、连续不断、全景式的动态画面。古树阴翳，晴空万里，小桥流水，云气涌动，随众来往，宛如置身云端圣景。画意中，营造出一种祥和、清朗、宁静、神圣的氛围。末后的留白，则赋予了画面以无限的延伸感，从而给人以更多想象的空间。画面主体无疑是各色人等，而作为中心的焦点人物，显然是那位黄袍椅座、背剑持簿者，所有人物活动的展开似乎都与之相关。因此，从画面背景、人物关系等方面综合观察，可以推断，卷尾绘图应为经书中所说九阳关之意象图，即九阳关图。

　　九阳关是民间宗教中比较重要的概念之一，在经书宝卷中每每提及，唯说法不一，或详或略，亦虚亦实，故虽知其大概，却难明其究竟。其相关性内容，撮其要，可梳理如下：

　　　　若无主公一件宝，张公铁面不容情。答上查来对上号，放心大胆进玄门。

　　　　只要你，功程久远。宝贝全真，灵符相对，文引不缺，一十二件真宝不少。有七家,掌天盘,七颗大印。有朝阳,得罗凭圣号,金筹七十二根,八卦龙文,三佛金牌,天轴青单,太皇图,九天玄答,金字灵符,勘合玄文,扣天真宝,关票印信,瑚璋紧跟。葫芦花瓶,钵盂禅杖,天地败坏,俱要用着。还要三家佛像,正果牌号,此是当紧,用得真宝,十步香火表文,四十八愿,五十三参。三会牌,紧紧跟,九关门内要全真。各会头行领袖,若有此宝,大胆放心,各人仔细,休要传人,四帅见了,打碎尸灵。五公絮着真敕令,九座门上细点名,有功有宝扬常进,有功无宝后边行。守戒无功还由可,只怕无功破戒人。①

老祖遗留九阳关上各宝,查对明白扬常径赴银城,五公问你云盘何事,汝答西方进奉宝来。②

灵符手卷出红尘,九阳关上对合同,九赞名七颗大印随身用,五公对,查看一件入银城。……一颗真宝护万人,张公路口不容情。

九阳难过只凭功,答查兑号是二公。张公拿着万样宝,吕公铁面不容情。错答一字难过去,七颗印上要全真。③

五公祖斩妖魔,九阳关上查功科。有功有行参见祖。九阳关聚善人,五公兑号不同情,若是真正皇胎子,九莲宫内见无生。④

九阳关,查对号,诸般宝贝,若无我,过关来,怎入银城。将宝收贮,亲对合同,九阳关上不拦有宝人。⑤

----

① 《古佛遗留先天文榜》,清写本长卷,张家口市万全区李风云藏经。
② 《灵符手卷》,清乾隆三十二年抄本,张家口市万全区李风云藏经。
③ 《普明遗留七家手卷合同》,清抄本,张家口市万全区李风云藏经。
④ 《普明古佛遗留收元宝赞》,民国抄本,张家口市万全区李风云藏经。
⑤ 《普明古佛遗留八宝云盘宝赞》,清末抄本。

第四章 手卷绘图与信仰再现

　　九阳关，各祖家，都要所过。那应时，显真假，对号查名。有古佛，真香表，金牌印号。一个个，常行走，径过云关。这关口，专查好，邪宗外道。他无有，真牌号，赶出云城。①

　　花押手字对合同，不拦有宝运功人。玉篆灵符合同文，手卷勘合对真名。普明合同半印信，善性如来真对正。差错一字落凡尘，真宝半印随身用。答查对号过关人，香名善姓入银城。
　　玉皇圣令敕旨行，普吊皇胎赴银城。九阳关上答查号，张公老祖对合同。文花四宝莲宗达，合同印信要分明。放过关去功不少，有宝先进九阳门。②

　　以上是关于九阳关较为具体的表述，据此可初步归纳为以下几点。一是九阳关是"径赴"银城的关隘和门户，又名"云关"。其设有"玄门"或"九关门"、"九阳门"、"九座门"等门关体制，具有较为典型的关城风格和特点。故九阳关，实为关城之九阳关③，以城为关，一关九门，而非九关、九座关防之统称。二是守关人、关主，即奉敕守关，负责答查对号、勘证照验的所谓"五公"。其中"二公"，指名为张公和吕公，均铁面无私、法不容情者。张公则屡有提及，频频出现，似五公中代表性人物，至于具体所指，尚难断定。以黄天道其他经卷及相关绘图推测，吕公似指纯阳祖吕洞宾④。三是答查对号的"过关人"大致包括两类：首先是各会的"头行

---

① 《朝阳遗留三佛脚册唱经偈卷上》，清道光五年抄本，王见川等编《明清民间宗教经卷文献续编》第一册，第378页。
② 《普明遗留灵符文花手卷》，清写本长卷，张家口市万全区李凤云藏经。又题《弥勒飞符印图》《弥勒尊手卷文华灵符》，民国七年抄本，张家口市万全区张德年藏书。
③ 九阳关之谓，又见于《九阳关游记》（台中重生堂1982年乩笔），是所谓磨真关、化气关、寒池关、暑池关、了凡关、固容关、诚敬关、练性关、成圣关之称称，被视为对修行人逐关考证、接受磨炼，最终使其脱胎换骨、入圣成真之所。
④ 《朝阳古佛遗留三佛脚册末劫了言唱经卷中》扉画绘有吕纯阳查考大众善信图像，傍题有"纯阳考查男女叫一排整十个定九品是大会"字样。民国抄本，张家口市万全区李凤云藏经。

领袖",即会主、会首;其次是所谓善人、皇胎子,即善信、大众善人,这是最为广大的群体。四是过关人须通报"香名善姓",出示灵符印信、合同文凭、关票牌号等真宝(见图4-3),主动接受关主勘合照验,以便识真假、辨正邪,一切查对明白,方可放行,"径赴银城",入圣回宫。五是过关人所持各样真宝为"老祖遗留"。所谓老祖,即黄天道普明祖。

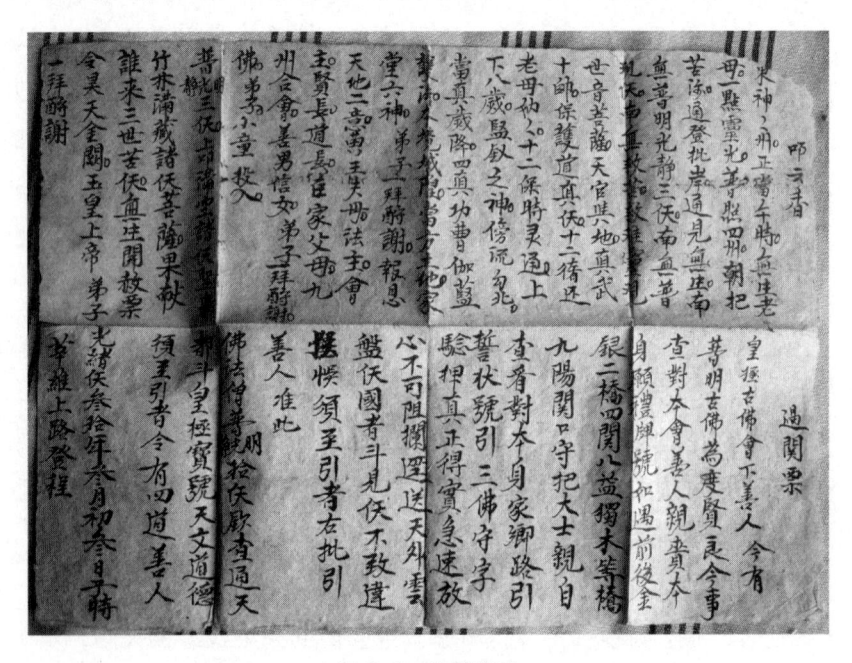

图4-3 关票路引

由此而言,画面所展现的,应是张公坐镇九阳关,手持勘合文簿,对各会领袖头行和大众善人,依序查对照验的情景。关城、关主、过关人,共同构成了画面的主体要素。某种意义而言,九阳关图的创作,虽属虚构,但部分取材于北方边塞生活的现实背景,特别是其关城布局风貌、过关查对方式,与明代卫所制度下关城的规制、关防半印勘合制等,均存在不同程度的内在关联与摹写、借鉴关系。

正如现实版关城的地位功能一样,九阳关作为银城的关防要塞,可谓天堂路上的漫道雄关,既是信众通向彼岸世界、天宫家乡的门户,也是凡

第四章　手卷绘图与信仰再现

圣之分界，从而成为银城最具象征性的一种"地标"符号，凝聚和寄托着人们对银城的无限向往和虔信。

银城又称云城、云盘佛国、家乡都斗宫等，是民间宗教所信仰的天国世界。据经书描绘，银城方圆七百余里，"入银城，天宫景界，延寿长八万余春"，"兜率内院听仙乐，塞满银城，饮琼浆，蟠桃筵，玉锡仙衣，体挂身形，头顶金冠，玲珑剔透，叮当裙走，斗穿宫，三界外，无人辖管，朝玉帝，礼拜明君"。① 比较而言，经书扉画中关于银城圣景的勾画，如天宫景致、天盘宫院、日月天河、诸佛诸祖、各会圣众、纯阳查考等，虽带有示意图性质，却也情景丰富、生动形象，甚至将未来十八层地狱的光景也一同搬上画面（见图4-4）。

图 4-4　银城法会图

如果说九阳关是凡圣之分界，那么通关过卡、进入银城的"大众善人"，即意味着超凡入圣、功完行满，故经书云"说诸佛者，指大众善人也"。不过，虽然大众善人入银城之始，即成佛作祖、证道成真之时，但并不意味着自然排定果位，须经银城"选佛场""逐名考选"之后，方可"拨极定果"，排定三乘九品，"人人都是皇极号"，"永证金身不下凡"。对此，《佛说利生了义宝卷》述之最详：

---

① 《朝阳老爷遗留九甲灵文》，王见川等编《明清民间宗教经卷文献续编》第一册，第442页。

· 151 ·

说当阳古佛在于狮子宫中正座，观见学道之人内中，差礼差行，有香火不周，有五戒不清，有口业不净，有去而又来，来而复去者，不可一例与果位，忙传金令，连叫各会头领师范，进至佛前，合掌听佛耳提面命，各将该会原人，逐名查考，去其旁门，逐其退步，查照修行品级及来申报以定坐位，请入斗宫。①

众师范，一行行头领，一个个进前来听，听我言令，分付你，众师范，领金牌，传金令，替佛传法，考选原人，你休私情，定要你，真香真火真牌令真疏真表真正牒文真印真号誓状，真九品三乘，你还要，答查对号，仔细详论，作恶的，不在其中，邪宗外道，休与他同行，把那退步得，急发回去，进步得，收入他莲城，与咱那，众原人，收入皇极，无拘束，遥上昆仑，龙凤阁标名，穿云殿升文，俺只到，七宝池中沐浴身体，宝藏库，挂仙衣绶带灵文，玉路铺金沙，一个个，宝盖幢幡，尽入在都斗宫中，你休要分心，你休通情，你休不分真假，胡斯混杂，为我佛法不严，使后人不好尽心，古佛差下金牌令，答查对号要真诚，一字无差都入在太极宫。②

说诸佛者，指大众善人也。当阳古佛又分付各会师范，你把大众诸佛摅在选佛场通道左边丹墀站立齐整，不许喧哗错乱，听我逐名唱点，考选平昔功能。有修有功如如意，懒惰行功心内惊，五盘四贵谁要了，自作三乘九品人。③

三乘九品都选尽，四生六道也要安，古佛正坐无为殿，诸佛站立

---

① 《佛说利生了义宝卷》"当阳佛传令考选原人分第十八"，马西沙主编《中华珍本宝卷》第三辑第二十二册，第306～307页。
② 《佛说利生了义宝卷》"当阳佛传令考选原人分第十八"，马西沙主编《中华珍本宝卷》第三辑第二十二册，第311～313页。
③ 《佛说利生了义宝卷》"把诸佛摅在选佛场内考选分第二十"，马西沙主编《中华珍本宝卷》第三辑第二十二册，第321页。

在左边，师范领定听名字，不许喧哗嚷闹间，人人都是皇极号，未知功次谁在先，答上查来兑上号，功行香火要周全，步步功夫无间断，九品莲台第一仙，那时才赴龙华会，永证金身不下凡。①

《普明遗留灵符文花手卷》也云：

灵符一道圣玄文，手卷腰悬谁敢侵，过关票字书名画，手本脚册举上神，诸佛万祖收将去，查点正信问前因，字字行行不差错，分功定果续莲宗。

勘合领了封宫位，挂了通天领牌文，龙华会上赴瑶宴，玉酒三钟（盅）奉手中，仙花头上插两朵，古佛圣语送九重，都斗宫中逍遥客，不动不摇自在形。②

银城非城。银城考选，描绘了一幅"失乡原人"功完行满、各归其位、自在逍遥的美妙图景，也是民间宗教银城信仰、"收元还乡"理念的集中体现。银城成为大众善人的终极归宿和天宫家乡的代名词，这是其彼岸性与超世性的一面。同时，银城又是一种现世性的存在，即所谓劫化银城。

劫化银城，顾名思义，即应劫化现，在人世间立起的银城，又被称为九州银城、汉地银城，或曰祇园宝地、中元圣景银城之地。对此，经书中多有披露。如《朝阳古佛老爷遗留末后文华手卷》云"末后一着"，"在塞北设立银城"，大众善人持"末后护身文"，得入银城，避劫躲灾。③《普明遗留灵符文花手卷》则云在"九州汉地立银城"，"末劫对号合同文，大水

---

① 《佛说利生了义宝卷》"把诸佛摁在选佛场内考选分第二十"，马西沙主编《中华珍本宝卷》第三辑第二十二册，第 322~323 页。
② 《普明遗留灵符文花手卷》，清抄本，张家口市万全区李凤云藏经。
③ 《朝阳古佛老爷遗留末后文华手卷》，清抄本，张家口市万全区李凤云藏经。

不侵赴银城"。① 其规模,《普明遗留七家手卷合同》云:"七百里,九州银城。"②《九祖流传罗凭收元宝偈》则曰"劫化银城八百里",并绘有九州汉地银城图样式(见图4-5)。③ 其四至范围,《朝阳古佛遗留三佛脚册末劫了言唱经》称,"七百云城八百里大,塞北沙陀要立世界","东至东海四龙泉,南至燕地五台山,西至立虎白牛地,北至野狐兴和川,这是九州十八县,白阳宝地在中心"。④《普明遗留周天火候金丹蜜指心印妙诀》云:"祇园七百,枳儿龙门,野狐宁岭。"⑤ 枳儿龙门即枳儿岭和龙门所,野狐宁岭即野狐岭与兴宁岭,属当时塞北明宣府、大同府范围。《普明古佛遗留八宝云盘宝赞》也云,"古佛立银城,祇园要显形,休说在天上,凡间换乾坤",并解释:"古佛立银城,只在祇园宝地,要立他七百里之数,东至火炎山,南至蔚罗城,西至邦同地,北至野虎岭,中至中央戊己土宣府城里。"⑥ 公开宣称宣府城即七百里银城、祇园之中心所在。宣府城又称宣阳宝地,《普明古佛遗留白华玉篆之图》直言,"宣阳宝地立银城","宣阳宝地大道场","祇园宝地归普明","久后祇园大聚会,万物合来归普明,若人肯信黄天道,个个都是上乘人"。⑦ 可见,祇园宝地、宣阳宝地具有明确的地理属性和区域范围,不仅是劫化银城之所在,而且是弥勒显化说法的大道场。作为地上银城,即天宫家乡在尘世的化现,末劫之年,它成为信众避劫躲灾的人间天堂、"神仙太平之地"(见图4-6)。作为大道场,又是弥勒化身普明祖及其接法者救世度人、三行龙华的宗教圣地(见图4-7)。应该说,银城的实在化、人间化取向,对于拉近天人之间的距离、更加广泛地吸引和凝聚大众、张大教势,无疑是一种十分有效的方式。

---

① 《普明遗留灵符文花手卷》,清抄本,张家口市万全区李凤云藏经。
② 《普明遗留七家手卷合同》,清抄本,张家口市万全区李凤云藏经。
③ 《九祖流传罗凭收元宝偈》,民国抄本,张家口市万全区张德年藏经。
④ 《朝阳古佛遗留三佛脚册末劫了言唱经卷中》,民国抄本,张家口市万全区李凤云藏经。
⑤ 《普明遗留周天火候金丹蜜指心印妙诀》,清刊本,张家口市万全区李凤云藏经。
⑥ 《普明古佛遗留八宝云盘宝赞》,清末抄本。
⑦ 《普明古佛遗留白华玉篆之图》,清抄本,张家口市万全区李凤云藏经。

第四章　手卷绘图与信仰再现

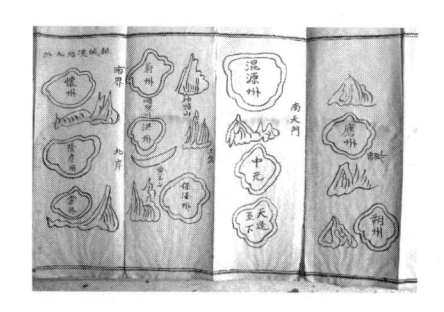

图 4-5　汉地九州图

图 4-6　洞府圣地图

若细加揣测，所谓银城，或许还蕴含有另外一层意义，即人身之银城。严格而言，人身银城属内修概念之一。内丹修炼崇信天人合一、人身宇宙之说，强调九转还丹之理，追求所谓三花聚顶、五气朝元，认为行功中体内真气运行，则如通关过卡，紧要处，须小心意守，把握火候，若临大敌，如履薄冰。九阳关即人身内关窍要穴之喻指。同理，都斗宫、龙凤阁、穿云殿、七宝池、昆仑等也可做此理解。其主要特点是人身天地化、内修术语形象化，借助于银城天宫等景观物象，以譬法，对主观性的内景体验与行功要领，做象

图 4-7　地上银城图

征性、隐喻性的表述和阐发。经云"丹成就是上天梯""收源结果赴云城"①，所谓丹成之日，即入圣朝元，径赴云城都斗宫，答本还源，皈家认祖之时。当然，这与黄天道一贯强调内丹修炼，将内修作为一种打破凡圣、天人阻隔，最终超凡入圣、了道成真的终极追求是完全一致的。

这样，在民间宗教的语境中，银城至少有三重含义，即天上银城、地上银城和人身银城，从而跨越现世与来世、人间与天堂，集其宗教性、地

---

① 《销释穿肠山赏善罚恶宝卷》"字母相逢上昆仑品第二十二"，马西沙主编《中华珍本宝卷》第三辑第二十七册，第230页。

理性和内在性三者为一，共同构成了银城信仰最基本的命题。

民间信仰的世界是一个异常复杂、丰富而纷纭的世界。经书手卷绘图，作为一种图像资料，对于阐发和解读文本内容有着其独特的优长。因此，图文相互参照、互证、互释就成为一种值得尝试的路径和手段。《古佛遗留先天文榜》手卷属目前存世孤本经书资料之一，所绘三佛图与九阳关图，尺幅巨大，信息蕴含丰富，教祖崇拜、银城信仰是其最基本的主题，但并非全部。

第五章　砖碑由来与罗教余脉

罗教始称无为教，又称罗祖教、罗道教，是明代成化至正德年间发祥于今华北地区的新兴教派，其流布广泛，影响深远，前后传承达几个世纪之久。但由于种种原因，除五部六册等经卷以外，其寺庙、碑刻等历史遗迹、遗物所留甚少。因此，近年调查中新发现的罗教砖碑，不仅为研究罗教历史提供了一份重要的实物资料，也是迄今为止少见的最为完整的罗教碑刻之一。

第一节　砖碑与罗教

砖碑或砖刻，实为一方刻铭方砖，为笔者2014年5月田野调查时发现的。现存于河北省阳原县揣骨疃镇双塔村金山寺，故权可称之为金山寺砖碑。据该庙管理者，也是砖碑的第一发现人邓素文居士介绍，该砖刻是2006年在整修金山寺观音殿配殿时从铺地砖中偶然发现的。据现场观察，该砖碑质地较为粗松，通体呈青灰色，30厘米见方，厚约4厘米，一侧边缘略残，碑阴为素面，碑阳则四周刻有边框或边栏，框内楷书阴刻文字13行，每行约17字，共175余字。刻工稚拙，字体大小不一。刻铭除末后个别字句残缺漫漶、难以辨识外，余则清晰可辨（见图5-1）。现据砖碑照片，校点录文如下：

大明有感，中国出一在家居士罗（空一格），籍贯山东涞（莱）州府牢山居住，自稚访道，昼夜行功，忘食废寝，遭磨抱业，共乃一十三春，心彻大悟，欲待口传心印，恐后信受不急，所集五部真言传留与（于）世，普度善男信女，脱尘寰而至乐邦，超生死而登彼岸。此法令诸学者无不明矣。后绪门徒郑敖赵氏，累因善行深厚，向诸方参访，幸闻罗祖会内有一明师冯公，道行得厚，发愿归依投师，印证道理，指出一点灵明，自发洁斋精进之志，功行深广，涅槃而回矣。遗墨有部小外□□□且真……

图 5-1 罗教砖碑

从刻铭的行文布局推断，该砖碑很可能原有落款，只可惜末后有残，已无从得知其刻制者、刻制年代等相关信息。但就其内容而言，该砖碑显然与罗教存在重大关系。

整体而言，砖碑在结构上可以大别为两项主要内容：其一为在家居士罗某的参道行迹，其二为后绪门徒郑敖、赵氏投师皈依、功行圆满的事例。

那么，问题的关键是这位罗某的真实身份。砖碑云"大明有感，中国出一在家居士罗，籍贯山东涞（莱）州府牢山居住，自稚访道，昼夜行功，忘寝废食，遭磨抱业，共乃一十三春，心彻大悟，欲待口传心印，恐后信受不急，所集五部真言传留与（于）世，普度善男信女，脱尘寰而至乐邦，超生死而登彼岸。此法令诸学者无不明矣"。或许出于避讳，尽管刻铭中并未直接点明这位罗某的大名，但以其生平行迹而言，这位罗某，除罗梦鸿外，再无所指。

罗梦鸿（1442~1527），祖籍山东莱州府，无为教开山鼻祖，或称罗孟洪，道号无为居士，有史料称之为罗清或罗因，后世门徒则称之为罗祖，故其教又俗称为罗教、罗道教、罗祖教等。[1] 其参道行迹，罗教经典"五部六册"之《苦功悟道卷》述之最详，称"夫苦行悟道卷者乃十三年参道行脚也"[2]。又云"这部行脚十三年，昼夜下苦不放闲。苦中下苦不放舍，忽然参透天外天"[3]。对其参道过程中所遭受的种种煎熬、苦恼、磨难，乃至开悟时的欣喜，多有真切的具体表述：

下苦功，十三年，才得醒悟。下苦功，十三年，昼夜不住。[4]

无人处，眼中泪，悑惶不住。有人处，呵呵笑，强打精神。[5]

念弥陀，无昼夜，八年光景。朝不眠，夜不睡，猛进功程。[6]

白日看，夜打坐，不得消停。检科仪，整看了，三年光景。参不透，不得省，眼泪纷纷。饭不饭，茶不茶，忧愁不住。[7]

---

[1] 马西沙、韩秉方：《中国民间宗教史》，第166页。
[2] 张希舜等主编《宝卷初集》（1），山西人民出版社，1994，第84页。
[3] 张希舜等主编《宝卷初集》（1），第88页。
[4] 张希舜等主编《宝卷初集》（1），第168、169页。
[5] 张希舜等主编《宝卷初集》（1），第108页。
[6] 张希舜等主编《宝卷初集》（1），第113页。
[7] 张希舜等主编《宝卷初集》（1），第126页。

> 这杂法，到临危，都无用处。说破了，不是宝，无处投奔。愁得我，每日家，烦恼不住。①
>
> 昼夜烦恼，梦中哭痛，惊动虚空老真空，发大慈悲，从西南放道白光摄照我身。梦中摄省，省过来烦恼不止。朝西南端然坐定，忽然间心花发朗，心地开通，洞明本地风光，才得纵横自在。②
>
> 东西南北，四维上下，一体同观，十三年苦功才得明彻，才得醒悟。③

《苦功悟道卷》是罗祖"十三年参道行脚"的口授记录，可谓甘苦自知。在其去世86年后的万历四十一年（1613），赐进士及第、前翰林院纂修、国子监祭酒、山东即墨人氏周如砥在《北檀州罗祖部卷追思记》中，以崇敬之心写道：

> 因辄发一勇猛精进长远等力，循访师友，历块十方数载而后倦，游北如燕，适爱檀州人风山水，随隐迹桃花洞中，苦行一十三年如一日，心正意诚，从因得果，藉有佛氏威灵，得遇临济宗旨，一念而超亿万尘劫，六门放光，五蕴无碍，真慈默运，慧性常明，集为五部经偈，文俗相兼，贤愚并济，南赡部洲一切善信夷塞闻之者悦。④

其中谈到"随隐迹桃花洞中，苦行一十三年如一日"，将所悟"集为五部经偈"云云。可见，周如砥虽非罗教信徒，但对罗祖悟道经历的描述与《苦功悟道卷》可谓一脉相承，同时也说明这样一个基本事实，即罗祖十三

---

① 张希舜等主编《宝卷初集》（1），第135页。
② 张希舜等主编《宝卷初集》（1），第153~154页。
③ 张希舜等主编《宝卷初集》（1），第159页。
④ 张希舜等主编《宝卷初集》（1），第40~42页。

年苦功悟道的事迹已是朝野皆知,"苦行一十三年"已成为罗祖悟道生涯的典型写照和人生符号。

稍后在清初由罗教后世传人所撰写的《三祖行脚因由宝卷》及其序文中,对罗祖毅然退掉军丁、修行办道、顿悟真经的经历也有具体交代:

> 有老母,照寻常,接祖传灯。五部经,行天下,人人得道。①

> 正德年间,罗祖初度山东隐迹桃花洞中苦悟一十三载,身卧荆笆,楞木作枕,参透本来面目,洞明不动真空,悲重慈深,亲检大藏题纲,挑成五部六册经文,显证万法千宗奥旨,教敷四众,道合三才。②

> 罗祖家,在山东,莱州人氏,我住在,即墨县,一里离城,有亲娘,生下我,兄弟两个,我俗名,爹娘唤,叫作罗因,我祖上,止留下,军丁一户,在北京,锦衣卫,我去当军,一撇下,有老母,谁人看顾,到如今,在军中,胆战心惊,思量起,阳世间,人身难得,好光明,不得从,眼泪纷纷,我如今,把军丁,尽皆退了,无昼夜,念弥陀,不肯放松。

> 我今名下军丁退了,子孙顶当,一心修行办道,顿悟真经,忽然悟出无为真人,心花发现,心地开通。③

以上是宝卷文献中较有代表性的记述,可见罗祖的悟道之路充满艰辛和曲折。砖碑所云"自稚访道,昼夜行功,忘寝废食,遭磨抱业,共乃一十三春,心彻大悟","所集五部真言传留与世"云云,异曲同工,堪称对罗祖十三年苦功悟道行脚的经典说明和高度概括,虽寥寥数语,十三年悟道之苦却尽含其中。

---

① 张希舜等主编《宝卷初集》(4),第186页。
② 张希舜等主编《宝卷初集》(4),第132页。
③ 张希舜等主编《宝卷初集》(4),第138~140页。

当然，囿于正统之见，在个别高僧笔下，罗祖的得道过程则有一番另类的描述：

> 正德间山东即墨县有运粮军人姓罗名静者，蚤年持斋，一日遇邪师授以法门口诀，静坐十三年，忽见东南一光，遂以为得道，妄引诸经语作证，说卷五部，其破邪卷有上下二册，故曰六册。时有僧大宁者，亲承而师事之，而兰风又私淑而羽翼之，俾其教至今猖炽宇内，无从扑灭。曰无为曰大乘曰无念等，皆其教之名也。①

尽管立场不同，看法有异，但有一个最基本的共同点，就是对罗祖十三年悟道行脚以及编著五部经这一事实的普遍认可。至此，基于宝卷文献以及其他相关资料，可以明确判定砖碑所记罗某及其悟道经历，非罗清、罗梦鸿莫属。而砖碑所记郑敖、赵氏夫妇皈依罗祖会内明师冯公的史实②，也侧面反映出罗教信徒皆可娶妻生子、家居火宅、与平民无异的教派特点，同时也道出了"罗祖会"这一罗教最基层的组织形式。据此，可以进一步推断，砖碑为罗祖身后当地罗教信徒所为，属罗教碑刻当无疑问。

第二节　砖碑来源与年代

已知砖碑为罗教碑刻，且偶然发现于金山寺观音殿配殿的铺地砖中，这意味着金山寺并非砖碑的最初来源或第一现场。那么其最早出自何处？刻制于何时？要回答这些问题，首先得明了砖碑与金山寺、罗公塔之间的

---

① （明）密藏道开编《藏逸经书标目》"五部六册条"，蓝吉富主编《大藏经补编》第十四册，台北，华宇出版公司，1986，第85页。
② 据对当地历史和文化多有关注的双塔村居士邓素文介绍：双塔村原称塔街村，立村者为宋代赵姓将领，所以至今赵姓仍是村中大户。郑姓和冯姓，虽属村中小姓，只有几户人家，但由来也早。周边村庄则马姓较多。过去各姓家族均有族谱，后被焚毁无存，其家族源流世系已无从查考。尽管如此，可以推测砖碑中所记郑敖、赵氏夫妇及其依止的明师即依止师冯公很可能同属双塔村。

第五章 砖碑由来与罗教余脉

关系。

据民国县志记载，金山寺"在双塔村。建于何年不知，仅有古碑存在。现寺虽大，乃清光绪至今屡年所建，旧址无存者焉"①。又云：

> 忠信和尚：和尚者，创修金山寺之始祖也。俗姓宁，泥泉堡人，幼而好佛。年三十，善心感动，立意作大功德。路经双塔村，因倦坐息，见有石碑，文曰："大明正德七年重修金山寺。"今已废坠为平原荒野矣，即发善志，并以复兴为己任，四方捐募，责无旁贷。自清光绪十年二月开工创建，十余年而三殿、三院、东西配殿、钟鼓二楼，即悉告成。年七旬有五，偶患腿疾，既已不能行走，而善意弥坚，复建修罗状元砖塔。塔在双塔村西南一里罗状元坟旁。昔其募化地点，为外蒙古恰克图、库伦、多伦，山西大同以及津保各县。四方徒走，无所不经，腿疾之原如此。法名忠信，诚符厥实也。县人颂为宁大善人。年七十七而圆寂。后有山东刘家砦刘某，生一男，夜梦金山寺僧人忠信和尚转生。刘遣人询寺所在，后知址在阳原县桑干河南双塔村，派人至寺调查，刘某子生年月日时与忠信死时适符。后委槽村封某寄一银人至寺，以为替身。今犹在庙，轮回生死之说，岂其然耶？②

这是迄今关于金山寺兴废历史的最为完整的记录，且涉及一关键人物忠信和尚。其中可以明确的几点如下。第一，金山寺为清光绪至民国"屡年所建"，"现寺虽大"，旧址无存。第二，忠信和尚即宁大善人被尊为创修金山寺之始祖，费工十余年告成，时在光绪二十年代初。第三，金山寺曾于大明正德七年（1512）重修，后来不知从何时，因何而渐次废弃，沦为荒野，直到光绪年间再次重建。第四，金山寺重建后不久，忠信和尚复在罗状元坟旁"建修"罗状元砖塔。说明罗状元坟与罗状元塔应为一体化建筑，只是到光绪年间坟或犹存，塔已毁弃。第五，忠信和尚圆寂后，转生

---

① 李泰棻总纂，刘志鸿主修《阳原县志》，第54页。
② 李泰棻总纂，刘志鸿主修《阳原县志》，第301~302页。

· 163 ·

山东刘某家。综上可知，忠信和尚不仅是有清一代创修金山寺之始祖，更是复原罗状元坟与罗状元塔旧迹，特别是重建罗公塔的第一人者。

另据实地调查，了解到双塔村原来的确有一座砖塔，当地称之为罗状元塔，又叫罗公塔，塔下即罗状元坟或罗公坟，"文革"期间坟与塔一并被毁，塔下小地宫发现有保存完好的经书、衣物和一方石碑，石碑置于石匣内，碑文内容不详，现仍埋于原地。又据邓素文居士介绍："金山寺相传为唐代所建，原在村北河滩一带，规模较小，曾因洪水几经搬迁，最后于明正德七年移至现址。但现存的金山寺为光绪年间忠信和尚所建，迄今已有百余年历史。传说双塔村是以双塔而得名，据说明代正德年间已有双塔，但也有人认为天启年间始更名为双塔村，此前叫做塔街村，罗状元塔应是其中的一座塔。不过，关于到底是双塔抑或单塔，已无从查考。在老辈人的记忆中，其实并无双塔的印象，只有一座罗公塔。砖碑是忠信和尚重修罗状元塔时留下的刻铭。"（2009年6月10日于双塔村）

民国时期，李泰棻在编纂《阳原县志》时曾来这里考察过，也肯定见过这方砖刻。因为他在县志中引用了砖刻的有关内容。

由此可知，光绪年间由忠信和尚发愿修建的罗公塔以及罗公坟直到"文革"期间始遭破坏，其中罗公塔存续了近七十年。双塔村得名与罗公塔存在一定的因果关系，虽然尚无法判明罗公塔最初的建造年代，但却指示了两个大致的时间段，即正德年间（1506~1521）与天启年间（1621~1627），同时以其与罗公坟之间的关联，初步判定两者始建于明代当无疑问。最重要的一点是，砖碑的原始出处很可能与罗公塔存在直接关联，但未必是后来忠信和尚重修罗公塔或罗公坟时所留。其一，金山寺自光绪年间创修后格局已定，建筑组群状态良好，"文革"伊始，虽日渐破败，却从无修葺。而忠信和尚光绪年间重建之罗公塔、罗公坟直到"文革"期间始被毁弃，因此也就不存在所谓忠信和尚当年建塔时所留砖碑在塔毁后，作为地砖被铺入金山寺观音殿配殿的可能性。其二，"文革"期间罗公塔、罗公坟遭毁时，塔下地宫发现有保存完好的经书、衣物和石碑等物，这应是忠信和尚当年所留，否则经书、衣物很难历久而不腐。假如忠信和尚当年

第五章　砖碑由来与罗教余脉

建修塔坟时尚刻有砖碑，则很难想象会马虎到错铺入观音殿而不察的地步，更何况忠信和尚既然刻有石碑，砖碑显然多余。那么，既然砖碑并非忠信和尚建塔时所刻，而事实上砖碑又是发现于忠信和尚当年创修的金山寺观音殿配殿的铺地砖中，说明砖碑应在金山寺重修前即已存在，同时考虑到罗公塔在忠信和尚重修时业已毁弃，而罗公坟尚存，以此推测，砖碑出自罗公塔废墟的可能性最大，或许忠信和尚在重修金山寺同时在清理罗公塔废墟的过程中，不经意间将原罗公塔的砖碑铺入了观音殿配殿。或者如邓素文居士所言："这方砖碑是忠信和尚最初发现，依照此碑复刻一方新碑后，将原碑带回寺庙保存。因'文革'时期金山寺一度作为生产队的粮库，于是在改造整修时被群众作为地砖铺入了观音殿配殿。"若此，砖碑的刻制年代当与罗公塔的初建相一致，即大致刻制于明代正德年间与天启年间两个时间段。不过罗祖的生卒年为1442年至1527年，即正统七年至嘉靖六年，因此不存在生前树碑立传的可能性，这样砖碑刻制于天启年间就成为唯一的选项，或者说大致相当于明代晚期，应该是比较合理的推论。

当年李泰棻为编纂县志，经实地考察，认为"此次新查县境之塔，多系清代僧尼圆寂之墓塔，与史毫无关系。其比较可纪者，仅有双塔"，即"县城东南三十里，双塔村西南一里许，罗状元坟，有塔一座，形迹已乱，砖石犹存。系明天启六年建，清宣统二年忠信和尚重修"①。这是迄今关于罗状元塔建造年代的明确记录。但对于这一纪年，究竟采自墓塔"砖石"碑刻，抑或钩沉于史籍，李泰棻并未做具体交代，但想必有所依据，故此说尤为可信。

第三节　罗状元、忠信和尚与罗教

接下来的问题是：既然罗教的砖碑出自明末始建的罗公塔，那么罗公、罗状元到底是何方神圣？忠信和尚为何以金山寺的"复兴为己任"？为何

---

① 李泰棻总纂，刘志鸿主修《阳原县志》，第74页。

"善意弥坚"重修罗公塔？特别是忠信和尚圆寂后，为何转世到千里之遥的山东刘家砦刘某家，且刘某又为何委托槽村的封某寄一银人至金山寺以为其子替身？凡此等等，恐怕得首先弄清罗状元、忠信和尚的身份和背景方可有解。

据邓素文居士介绍："当地传说罗积贵传教访道，常常助人行善，学识广博，有问必答，有求必应，故世人尊称其为罗状元、罗公，其实没功名，只是一位传教者。也有人说罗状元就是罗清，姓罗名清，字积贵。明代天启年间山东莱州人，和明教或佛教有关。李泰棻在编纂县志时采纳了民间的这种说法。"①

传说具有一定的真实性，往往以史实为基础。当地民间传说中的罗状元看来与罗祖、罗梦鸿多有契合之处，或者说两者实则为一人。

第一，罗状元与罗祖均为传教者，与明教或佛教结缘颇深。而且两者同为明朝山东莱州人氏，所不同的只是具体的生活时期有异，即罗状元为天启年间，罗祖则生活于正德至嘉靖年间。但天启朝只有七年光景，独以天启代表其生活的时代似乎极不寻常，因此结合罗公塔始建于天启年间的推论，很可能在民间传说的过程中，将罗公塔的始建年代讹传为罗状元的生活年代了。甚至李泰棻也误将罗状元塔的建造时间与罗状元的卒年相关联，视同为一个时期：罗状元"忘食废寝，一十三年而卒，故建此塔"②。

第二，关于罗祖的称谓，往往因彼此所处关系、立场、时代的不同而略显差异。如宝卷文献一般写作罗梦鸿或罗孟洪，又称罗清、罗因，后世门徒则称之为罗祖，自称罗道，道号无为居士。"北京众士"在"赞祖塔之文"中则称之为"罗公""罗公善贤士""善士罗公""老祖""祖师""善士"等。③ 可见罗公这一称号，是社会各界对罗梦鸿去世后的若干尊称之一，后来随着时光的流逝，除教内以外，世人往往只知罗祖、罗公而不知

---

① 李泰棻总纂，刘志鸿主修《阳原县志》，第74页。
② "罗系明代一在家居士，名积贵，山东涞（莱）州府罕（牢）山人。日惟访道，昼夜行功，忘食废寝，一十三年而卒，故建此塔。至罗是否曾第一甲一名，亦无文字可考，仅相传如此耳。"李泰棻总纂，刘志鸿主修《阳原县志》，第74页。
③ 张希舜等主编《宝卷初集》（1），第245~247页。

其本来名姓。即便稍近者如明末高僧密藏道开也误将罗清认为罗静,莲池袾宏则干脆以"罗姓人"指称罗梦鸿①,说明直到明末,即便圈内人也并不十分清楚罗祖的底细,更何况是普通百姓。因此,罗状元、罗积贵、罗公等应为民间对罗祖口耳相传的一种习惯称呼,相沿日久,虽然难免杂有讹传或想象的成分,但仍脱不出基本的史实范畴。

第三,罗教的法脉世系可分为家族血缘传承与师徒衣钵传承两种方式。现有的研究表明,罗祖以后,曾有七位祖师活跃于河北、山东、山西等广大地区,不仅传教授徒,还编写了多种宝卷,进一步发展了罗教的教义,如三祖秦洞山、五祖孙真空、八祖明空以及罗祖的嫡传弟子大宁和尚等。②其中八祖明空,自幼持斋,万历三十九年(1611)移居石匣城,受罗氏家族影响及七祖徐玄空指点,悟道明心,并被玄空指定为自己的衣钵传人,至崇祯元年、二年吐卷二部,从此确立明空作为罗教第八代祖师的神圣地位。③ 显然,从万历末年经天启至崇祯年间,罗教中最活跃的人物应该是七祖徐玄空与八祖明空,罗氏家族中除早期的罗祖之子罗正(佛正)、女罗广(佛广)以外,这一时期并无代表性的罗氏传教人或祖师级的人物产生,特别是自罗祖之后,教内再无罗姓人堪称罗公者。若此,民间传说中的所谓天启朝罗状元、罗公,也唯有罗祖负此盛名。

假若罗状元、罗公即为罗祖、罗梦鸿,那么忠信和尚恐与罗教难脱干系。研究表明,罗教创立伊始,即建立了以密云卫石匣城为核心的传教中枢,通过罗氏家族及异姓弟子的布道活动,特别是由于得到宫中权势太监和王公大臣的皈依和庇护而教势大张,于是"在明代后期,罗教在河北、山东、山西、河南等省迅速传布开来,并沿着纵贯南北的大运河,传播到江苏、浙江、福建和江西等东南沿海一带。由于该教简便易行,又无出家绝嗣之虞,受到广大农民的狂热信奉。在不少地方(如山东)甚至视罗教

---

① (明)云栖袾宏撰,明学主编《莲池大师全集》第三册"正讹集·无为卷",上海古籍出版社,2011,第1534页。
② 马西沙、韩秉方:《中国民间宗教史》,第224页。
③ 马西沙、韩秉方:《中国民间宗教史》,第232~233页。

为佛教，到了但知有五部六册而不知有佛教经藏的地步，教势显然已超过了正统的佛教和道教"[1]；而罗教也"公然以独体佛祖本意的正宗佛教自居"[2]，"罗梦鸿在五部六册中则是以革新佛教的面目出现，以禅宗的继承者自命"。[3] 从某种意义上而言，"罗教的广泛传播，同时也是佛教禅宗的大普及，以至有相当数量的下层僧侣（甚至有高僧和居士）和佛教信徒，追随信奉。更有甚者，象兰风、王源静这些少数高僧居士，也径直把五部六册宝卷，当成临济正宗的经典"[4]。罗教俨然成为临济宗的嫡传法脉。

嘉庆六年（1527），罗祖坐化。时有"杨都司，总兵官，助板九块。请匠人，搁棺木，入殓金身。埋葬在，镇东北，一里之地。砌一座，无缝塔，晃耀乾坤"[5]。并立有"北京众士赞祖塔之文"石碑若干，以"使众闻而嘉信"，其中包括万历四十一年（1613）"邑人"周如砥拜书之《北檀州罗祖部卷追思记》。[6] 值得注意的是，无缝塔被认为是一种典型的禅宗塔，因塔体无棱、无缝、无层级，故称之为无缝塔或卵塔，以象征佛祖三十二相好之顶上肉髻。或许，罗祖墓地所砌无缝塔的象征意义正在于此。若此，其标榜佛教正宗之用意则不言自明。

应该说罗教在有明一代发展顺利，影响巨大，坐落于原密云县石匣镇的罗祖墓塔也成为朝圣之地，且后世多有树碑立传者。但入清以后这种状况开始逆转，特别是发生于乾隆三十三年（1768）和嘉庆二十年（1815）的禁毁事件，对罗教而言无疑是灭顶之灾：罗梦鸿坟冢、坟上塔座树木及无为境字碑被一并销毁，并对罗梦鸿当年居址细加勘查，以追查罗祖"遗

---

[1] 马西沙、韩秉方：《中国民间宗教史》，第222~223页。
[2] 马西沙、韩秉方：《中国民间宗教史》，第184页。
[3] 马西沙、韩秉方：《中国民间宗教史》，第236页。
[4] 马西沙、韩秉方：《中国民间宗教史》，第201页。
[5] 张希舜等主编《宝卷初集》（4），第185页。
[6] 《北京晚报》2004年10月11日刊发孙明舜《司马台罗家墓葬之谜》一文，称在密云县（今密云区）司马台村发现"罗祖追恩碑"残碑一块，218字，同时在司马台村周边山坳发现有罗家庙与罗家坟两处遗迹。初步判断，清乾隆年间被平毁的罗梦鸿坟冢、塔、碑等遗迹很可能就在此地。而所谓的"罗祖追恩碑"，实为明万历四十一年周如砥拜书之"北檀州罗祖部卷追思记"碑，全文一千余字。

孽"。①受此重创，除南传罗教即斋教外，罗教已是元气大伤，日渐衰落。尽管如此，罗教的活动，特别是对罗教的信仰并未因此而中断，所不同的只是以更加靠拢正统或完全以正统佛教的面目出现而已。实际上，罗教中从来不乏佛门弟子，而佛门中也多有罗教信徒，忠信和尚很可能就是这样一位佛门临济宗中虔诚的罗教信徒，而且与罗祖籍贯地的罗教保持着某种联系。

据阳原县县志记载，佛教禅宗临济宗的发展，就近百年而言，以桑干河为界，大致分为四支。其中河北两支，"河南亦分两支。前清光绪初年，宁和尚假双塔金山寺地址，传教于揣骨疃、独山堡、三泉村、邓家庄、曲长城等村，此一支也。又有朝和尚者，于光绪三年，由东城大寺移住揣骨疃堡内之三义庙，传教各村，其弟子有围和尚、苏和尚等，此又一支也。……吾县桑干南北各寺僧众，不外以上四支所传。各寺所奉，则为弥陀、释迦、观音以及十八罗汉等，所喏则为心经、金刚、华严、法华以及楞严经等，但深明经义者，除朝、围诸和尚外，余皆喃喃，莫明深义"②。

由上可知，当地临济宗的四大支系中，除朝和尚一支师承关系较为清晰，且深明经义外，"余皆喃喃，莫明深义"，这其中即包括宁和尚。宁和尚即忠信和尚，俗家在当地泥泉堡村，受家庭影响，"幼而好佛"，直到"年三十，善心感动，立意作大功德"，于是复兴金山寺，重建罗公塔，故"县人颂为宁大善人"③。在民间看来，虽然宁和尚"莫明深义"，也无师承，很难称得上是位合格的临济宗僧人，却是一位较有影响的传教者，更是一位"善意弥坚"的大善人。实际上，善人这一称号，与其说是临济僧人的大众形象，毋宁说更加符合罗教传教者的身份特征。这样也就不难理解忠信和尚发愿复兴金山寺、建修罗公塔的真正动机了，即复兴金山寺目的在于"假双塔金山寺地址"以"传教"，而建修罗公塔则是缘于信徒对罗祖的崇敬之心和缅怀之情。

---

① 马西沙、韩秉方：《中国民间宗教史》，第172页。
② 李泰棻总纂，刘志鸿主修《阳原县志》，第231页。
③ 李泰棻总纂，刘志鸿主修《阳原县志》，第301~302页。

至此，既然罗状元、罗公为罗祖、罗梦鸿之尊称，而罗状元塔、罗状元坟实则为罗祖塔、罗祖坟，那么根据罗祖于嘉靖六年（1527）坐化后下葬原密云县石匣镇的史实，可以推断天启年间始建于阳原县双塔村的罗祖墓塔，很可能是当时的"罗祖会"信众为纪念罗祖而修建的衣冠冢和功德塔，后来塔毁坟在，于是才有了光绪年间忠信和尚于罗状元坟旁修建罗状元塔的善举。当然，在罗祖墓塔尽被平毁的情况下，忠信和尚此时修建罗祖塔，自然也就有着非同寻常的意义。

有理由相信，忠信和尚复建后的金山寺可能正试图成为联络各地罗教信徒的中心，特别是与山东罗教的联系。诚如马西沙先生所言："罗教在该教兴盛之初，活动范围已包括了山东省。罗祖梦鸿祖籍山东，罗氏家族往来直、鲁两地，数百年间从未间隔。在罗梦鸿老家山东即墨、崂山一带，从来都是罗教另一传教中心。"① 也正是由于这种历史渊源关系，虽然罗教以及罗氏家族屡屡遭到清廷的严厉查禁，但直、鲁两地罗教信徒之间的联系似乎并未完全中断。忠信和尚圆寂后，转生山东刘家砦刘某家一事，应该就是这种传统关系的延续和折射。

经查，山东刘家砦即今山东省青岛市即墨区田横镇刘家寨，砦同寨，有刘、黄两姓，刘姓居多。明时属莱州府鳌山卫雄崖守御千户所辖地，入清后并入即墨县，属于西移风乡之古城社②，地处明清时期山东罗教的传教中心，且与罗祖当年住地，即墨县里仁乡城阳社南城阳村（今青岛市城阳区流亭街道南城阳村，或称紫芽村、罗家疃、罗家村）相距不远，大约35公里。③ 而槽村，即刘家砦刘某的受托人封某所在的村落（据当地学者、河北省民俗学会理事池涌先生介绍，封姓至今仍是槽村的主要姓氏之一），则与忠信和尚的俗家泥泉堡（今河北省阳原县浮图讲乡泥泉堡村）为邻，相距不过2公里，且两村距离金山寺所在的双塔村均不足15公里，应该说同处于桑干河以南忠信和尚的传教范围。可以推断，在忠信和尚"假双塔金

---

① 马西沙、韩秉方：《中国民间宗教史》，第341页。
② 《即墨县志》（清同治十一年版），第50页。
③ 《即墨县志》（清同治十一年版），第90页。

山寺地址"传教之前，山东刘家砦刘某与河北槽村封某等罗教信徒间已经存在某种形式的联系，只不过这种联系多带有私人交往的性质，还很难说是一种教派性质的活动。但当忠信和尚复兴金山寺以为传教中心之后，这种罗教信徒间的个人交往或许正朝向以寺庙为中心的群体性方向发展，当然是以更加灵活变通的方式，也不排除与黄天道等新兴教派的合流与融摄。若此，忠信和尚重建金山寺的善行，就有了复兴罗教的动机和背景。

金山寺砖碑是明代天启年间当地罗教信众始建罗祖功德塔时所刻制，后塔毁碑弃，于清光绪年间忠信和尚复兴金山寺及重建罗公塔时，不经意间将原罗祖塔之砖碑铺入了金山寺观音殿配殿中，埋没至今，修葺时终被发现。砖碑讲述了一个关于罗祖的微故事，透露出些许"罗祖会"的信息。而罗祖塔的存废，实际上见证了罗教从发展壮大直至衰微没落的历史，这期间虽有忠信和尚复教的努力，且有直、鲁两地罗教信徒间的交集，唯世事变迁，大势已去，罗教正如其他民间宗教一样，在求存中图变，在图变中调适，最终融入社会变迁的过程而不时变易其形态。

第六章 《文华手卷》对勘与解读

《文华手卷》是黄天道稀见经书之一,被视为"末后护身文",又称"普明古佛遗留末后一着文华手卷"或"朝阳老爷遗留文华手卷",大抵成书于明末清初。乾隆二十八年(1763)碧天寺查获黄天道经卷字迹单之"普明古佛以(遗)留末后一着文华手卷"[①]即此,这应该是最早提及该经的明确记录。

最近几年根据田野调查与目前已出版宝卷文献可知,迄今所见《文华手卷》计有两种抄本:一是张家口市万全区李风云老人家藏精抄本,清乾隆二十九年(1764)造,横幅长卷,棉质,纵42.2厘米,横1204厘米,引首题"朝阳老耶遗留文花手卷",卷中插绘朱色"花押"120个,人物图像12幅,卷末附朱红"半印"一枚。二是马西沙先生主编《中华珍本宝卷》(第三辑第二十七册,社会科学文献出版社,2015)所收之《朝阳老爷遗留文华手卷遗稿》,约6000言,卷末题"康熙五十四年十二月十五造完至同光绪五年六月初九滕抄以完朝阳老爷遗留文华手卷",卷中"花押"120个,卷末附"半印"一枚,为光绪五年(1879)据康熙五十四年(1715)造经之誊抄本。由于在传写誊抄过程中所选用的原文底本来源不同,特别是受个人理解能力、方言发音以及其他主客观因素的影响,两种抄本均存在不同程度的语句脱落、文字讹夺、衍文倒字等现象。比较而言,李风云家藏本错讹谬误较少,字迹清晰,字体更加工整。因此,下文拟以李风云家藏本为底本,通过两本的对读互较,厘清两者的不同点与差异性,并对

[①] 马西沙、韩秉方:《中国民间宗教史》,第487页。

相关问题加以分析解读。

需要说明的是，校改的范围或原则，仅限于对明显存在衍、脱、讹、倒的字词语句进行技术上的删、补、改和勾正，并不对语句的具体内容做臆断改动，以保留其原貌。对通假字、异体字、正俗字等不做订改，脱落或无法辨识的文字以"□"代替。同时，为便于比对两者语句内容上的异同，拟采用逐字逐句或逐段句读对校的方式，校文或校注置于字词和句后。具体而言，凡应补、删、改或乙正的字句，均在圆括号（）内表示或注明，若人名或地名有异，亦在圆括号（）内说明。两抄本均绘有画押120幅，录文中在相应处以（附：画押）表示。以下为方便起见，李风云家藏抄本简称"李本"，《中华珍本宝卷》所收之抄本简称"珍本"。

第一节　抄本录文校注

朝阳古佛老耶遗留末后文华手卷（"朝阳古佛老耶遗留末后文华手卷"，珍本作"朝阳老爷遗留文华手卷遗稿"）

老耶（"耶"，珍本均作"爷"，"耶"与"爷"通假。下同）乞望我佛，得见尊师，其年卜世卜年（"卜世卜年"疑当作"某世某年"）不同，难矣（"难矣"，珍本作"南矣也"，"南"当作"难"，"也"疑衍）。老爷又言可依时致（"致"，珍本作"到"，"到"当作"致"）祀行也。先天（"天"，珍本作"太"，"太"当为"天"）之世也，其（"其"，珍本作"具"，"具"当作"其"）鬼不灵也，太平之世人民其年（"年"，珍本作"平"，"平"当作"年"）大福，以共襄（"襄"，珍本作"享"）也，切该兵火之灾，上奏（"奏"，珍本作"奉"，"奉"当作"奏"）古佛收俺一收，癸水遍地行，乡村（"乡村"，珍本二字互乙）人吃人，人有举也，饿殍人民也，孟春所以报使也，只有草寇飞升，五恶（珍本"恶"下有"人"字）也，人人难过，在西南也，洪巾大乱起，饿夫隐遗（"隐遗"，珍本作"殷贵"，存疑）人也，人人睁眼看，个个（"个"，珍本脱此字）生灵怎逃生（珍本此句作"个生灵怎"，脱"个""逃生"三字），世（珍本"世"

· 173 ·

下有"也"字，"也"字衍）人遭业苦，末劫见青（"青"，珍本作"清"）天。

朝阳（"朝阳"，珍本作"明杨"，"明杨"当作"朝阳"）留手卷，玉帝法弓长（"法弓长"，珍本作"发功张"，"发功张"当作"法弓长"），刘罗亲挂号，大地乱慌慌，造化谁知道，汉地躲灾殃，大众仔细仔细。

老耶赞叹，乞望我佛得知（"得知"，珍本作"的知"，"的知"当作"得知"），弟子郭真原（珍本"原"下有"籍"字）在北八天乌龙巷口人（珍本"人"下有"氏"字），是凤眼天人老耶（"老耶"，珍本作"老母"，存疑）发下天宫，至今投在（"在"，珍本作"主"，"主"当作"在"）真定府九龙岗上立下法门，普度会场五十二会人缘，内有殷贵殷赛二人刁恶，泄露金船，亲（"亲"，珍本作"清"，"清"当作"亲"）查呈报，为此，今将缘由原蒙（"蒙"，珍本作"门"，存疑）伏乞照验施行，须至呈者亲查（"亲查"，珍本作"钦差"，"钦差"当作"亲查"），口北又（"又"，珍本作"有"，"有"当作"又"）立会场二十四会人缘，圣主（"圣主"，珍本作"望祖"，"望祖"当作"圣主"）言说，奉领玉帝饬旨（"旨"，珍本作"令"），封你（"封你"，珍本作"奉领"，"奉领"当作"封你"）是后会之人发令祖师来到北岸，普度善男信女，住在齐河南北，都是南岸灵性，投在（"投在"，珍本作"后到"）三心圣地，化（"化"，珍本作"他"，"他"当作"化"）度人缘，久后妖魔（"久后妖魔"，珍本脱此四字）混乱闯会（"闯会"，珍本脱此二字），谁敢不认，老爷奉玉帝饬旨（"旨"，珍本作"令"），乞（"乞"，珍本作"七"，"七"当作"乞"）排文华手卷执照，老爷又叫十真领袖合会男女，牢守斋戒，久后有达摩进道，世界不安，人马乱乱烘烘，此是累（"累"，珍本作"屡"，"屡"当作"累"）劫不正，才是青天降下（"下"，珍本脱此字）苦楚无尽无穷（"无穷"，珍本脱此二字），迷人不信苦临身也（"苦临身也"，珍本作"苦楚凌身"），日月不明（"日月不明"，珍本作"把日月又交不明"），早访明师得安身，三心地（"地"，珍本脱此字）又显金童。

老耶留下岂非轻，八卦摇动大交宫，大地贤人紧用心，文华手卷人人

第六章 《文华手卷》对勘与解读

用（"用"，珍本作"要"），都是末后护身文，八百余家显灵文（"显灵文"，珍本作"灵符现"），一会一会查会名，魔人（"人"，珍本脱此字）邪子天不救，一百八会入金宫，七十二贤舍利子，二十四会李普明管（"二十四会李普明管"，珍本作"十二会里普明管"，"十二会"当作"二十四会"），老耶留下岂空言，末劫（"末劫"，珍本作"末后"）时年人难过，休听不信（"信"，珍本作"醒"）忤逆人，天法施现皇胎子，跟我回家高登仙（"仙"，珍本脱此字）界，三十三天不下凡，吾留手卷后人造，癸水浪里对合同，大众（珍本"众"下有"矣"字，"矣"字衍）仔细仔细小心（"仔细仔细小心"，珍本脱此句）。

圆顿玉明（"圆顿玉明"，珍本作"原洞玉华"）会皇极第（"第"，珍本脱此字）一会大家村会主王廷元（附：花押）。

圆顿玉华（"圆顿玉华"，珍本作"原洞玉明"）会皇极第（"第"，珍本脱此字）二会文村会主张定（附：花押）。

老耶分派一百单八会，奉领吾得（"得"，珍本均作"的"，"得"与"的"通假。下同）文华手卷照验各会男女细看分明，久后乾（珍本"乾"下有"坤"字，"坤"字衍）卦离卦（珍本"卦"下有"有"字，"有"字衍）坤卦有兑卦，只八卦开也（"也"，珍本脱此字），八卦上诸神发现，天降饥馑，人人难过，各会小心，真天发现，饿夫（珍本"夫"下有"大"字）乱，世界不安，有老耶赞叹五荤之人早访明师进道，得见会场，指与你大地人缘，贵人在（"在"，珍本脱此字），饿夫隐藏，仔细仔细，忽喇叭水火来侵，赞叹世界漏了一村一村，人家稀少（"人家稀少"，珍本脱此句），一庄一庄少了人家（"一庄一庄少了人家"，珍本作"一庄庄人家稀少了"），实怕五谷不长（"长"，珍本作"成"）人难过，君子吃斋进会场。吾当引你得见太平之年。

圆顿（"圆顿"，珍本作"原洞"）玉成会皇极第（"第"，珍本脱此字）三会真定府会主闫凤明（"闫凤明"，珍本作"刘简"）（附：花押）。

圆顿（"圆顿"，珍本作"原洞"）玉华会皇极第（"第"，珍本脱此字）四会真定府会主刘简（"刘简"，珍本作"闫奉明"）（附：花押）。

圆顿（"圆顿",珍本作"原洞"）玉旦会皇极第（"第",珍本脱此字）五会监六村会主杨志福（"杨志福",珍本作"杨志伏"）（附：花押）。

圆顿（"圆顿",珍本作"原洞"）法讲明会皇极第（"第",珍本脱此字）六会蔚村会主武云（附：花押）。

朝阳老耶言说，你只四会领袖合会善人，久后艮卦坎卦二卦，真正青（"青",珍本作"清"）天，查合（"合",珍本脱此字）会（珍本"会"下有"得"字）修行功程（"程",珍本作"呈","呈"当作"程"），领会要你考（"你考",珍本二字互乙）弘誓大愿，查功查后事手卷，吾当留下，峕挡癸水，奉云中（"中",珍本作"忠","忠"当作"中"）郡乱乱横横（"横横",珍本作"烘烘"）都是番（"番",珍本作"翻","翻"当作"番"）兵，盖天下都要查会，吾当奉玉帝灵文（"灵文",珍本作"饬令"），文华手卷护你各（"各",珍本作"合"）会善人，收五会六会七会八会得（"得",当作"的",珍本脱此字）灵性（珍本"性"下有"收"字,"收"字衍）入九州大会，大（"大",珍本作"人","人"当作"大"）众仔细仔细，手卷为（"为",珍本作"对"）证。

圆顿（"圆顿",珍本作"原洞"）玉霞会皇极第（"第",珍本脱此字）七会蔚村会主刘桂（"桂",珍本作"贵"）（附：花押）。

圆顿（"圆顿",珍本作"原洞"）玉零（"零",珍本作"灵","零"当作"灵"）会皇极第（"第",珍本脱此字）八会真定府会主光（"光",珍本作"广"）英（附：花押）。

圆顿（"圆顿",珍本作"原洞"）玉丹会皇极第（"第",珍本脱此字）九会真定府会主白鄂（附：花押）。

圆顿（"圆顿",珍本作"原洞"）玉童会皇极第（"第",珍本脱此字）十会文村会主荣杰（附：花押）。

圆顿（"圆顿",珍本作"原洞"）法明显（"显",珍本作"贤"）灵会皇极第（"第",珍本脱此字）十一会田家（"家",珍本脱此字）村会主杨继（"继",珍本作"计"）业（附：花押），大众手卷相对（"大众手

第六章 《文华手卷》对勘与解读

卷相对",珍本脱此语句)。

老耶言说(珍本"说"下有"你"字)只六会十真人缘,吾(珍本"吾"下有"当"字)奉西白莲老母领文华手卷护身得灵文,男女久后震卦上神将只在老地考查修行,查功大("大",珍本作"太","太"当作"大")众,天地重更,变乱世界,唬杀迷人("人",珍本脱此字),大众早寻吾得文华手卷,方才护你得身,久后领六会得("得",珍本脱此字)灵性,九会十会十一会十二会十三会十四会得("得",珍本脱此字)灵性入("入",珍本脱此字)竹林山下,大众("众",珍本作"会","会"当作"众")亲见金童,大众仔细仔细(珍本"细"下有"文华"二字)手卷对证。

圆顿("圆顿",珍本作"原洞")玉拈会皇极十二会牛(珍本"牛"下有"沟"字)村会主韩锅子(附:花押)。

圆顿("圆顿",珍本作"原洞")玉元会皇极十三会牛沟村会主武天宝(附:花押)手卷相对。

圆顿("圆顿",珍本作"原洞")玉成会皇极十四会四三村会主王成中(附:花押)。

圆顿("圆顿",珍本作"原洞")玉普会皇极十五会野村会主王国成("会野村会主王国成",珍本脱此八字)(附:花押)。

圆顿("圆顿",珍本作"原洞")玉春会皇极十六会野("野",珍本作"也","也"疑当作"野")村会主师大亨(附:花押)。

圆顿("圆顿",珍本作"原洞")圆顿十转("十转",珍本作"玉转")法明("法明",珍本脱此二字)会皇极十七会南村会主任伏(附:花押)。

朝阳老耶言说,只六会人缘,久后巽卦上神将八员查考诸物后事文册照验,善男信女,二六时中紧(珍本"紧"下有"紧"字)加功,四时香火休要空过,吾奉玉帝饬令,九州汉地有一中元圣号("号",珍本作"境")宝地,立(珍本"立"下有"起"字)龙华三会,了道说法,人人难过,吾当奉("奉",珍本作"后","后"当作"奉")领十五会十六

· 177 ·

图像与历史：华北民间宗教调查研究

会十七会十八会十九会二十会的灵性，入于北八天收管，大众仔细仔细（珍本"细"下有"文华"二字）手卷相对。

圆顿（"圆顿"，珍本作"原洞"）玉之会皇极十八会南村会主黄云（附：花押）。

圆顿（"圆顿"，珍本作"原洞"）玉玄会皇极十九会夏（"夏"，珍本作"下"）家村会主段天才（附：花押）。

圆顿（"圆顿"，珍本作"原洞"）玉期会皇极二十会刘（"刘"，珍本作"留"）村会主张如（"如"，珍本作"知"）（附：花押）。

圆顿（"圆顿"，珍本作"原洞"）玉劫会皇极二十一会刘（"刘"，珍本作"留"）村会主王举（附：花押）。

圆顿（"圆顿"，珍本作"原洞"）法满明会皇极二十二会北山（"山"，珍本作"三"）村会主高会（附：花押）。

老耶（珍本"耶"下有"带"字）领二十一会二十二会二十三会二十四会二十五会二十六会的灵性，径（"径"，珍本作"进"）入中央大会，大众仔细仔细，文华手卷相对。

圆顿（"圆顿"，珍本作"原洞"）玉童（"童"，珍本作"重"，"重"疑当作"童"）会皇极二十三会真定府会主赵伦（附：花押）。

圆顿（"圆顿"，珍本作"原洞"）玉香会皇极二十四会九龙岗上会主郭登（"登"，珍本作"灯"）云（附：花押）。

朝阳老耶在九龙岗上细参，末劫时年人人难过（"过"，珍本作"躲"），船开闪下人缘，善男信女上法船度愚痴不信，饥荒难过，漏出青天，逼散恶人，个个丧（"丧"，珍本作"丧在"）黄泉，草寇个个都（"都"，珍本脱此字）临边，找（"找"，珍本作"早"）访明师（"师"，珍本脱此字），得见（"得见"，珍本脱此二字）朝阳圆顿（"圆顿"。珍本作"原洞"）教主（"主"，珍本脱此字），弥勒化显（"化显"，珍本脱此二字）李（"李"，珍本作"木"）子当行整会场，万法灵性进会场，安会（珍本"安"下无"会"字，疑衍）在中央。

圆顿（"圆顿"，珍本作"原洞"）玉相会皇极二十五会九龙岗上会主

· 178 ·

第六章 《文华手卷》对勘与解读

徐（"徐"，珍本作"于"）安高（附：花押）。

圆顿（"圆顿"，珍本作"原洞"）玉宝明（"明"，珍本脱此字）会皇极二十六会九龙岗上会主徐芳（附：花押）。

圆顿（"圆顿"，珍本作"原洞"）玉师（"师"，珍本作"明"）会皇极二十七会九龙岗上会主徐兵（附：花押）。

圆顿（"圆顿"，珍本作"原洞"）玉恩会皇极二十八会九龙岗上会主梁定（附：花押）。

圆顿（"圆顿"，珍本作"原洞"）皇极明会皇极二十九会梁村会主邓举（附：花押）。

老耶言说，久后赛北设立银城，大风刮了（"刮了"，珍本作"又乱"，"乱"当作"刮"），善男信女才用得后事灵符、文华手卷，各会大小男女齐（"齐"，珍本作"安泰"，"安泰"疑衍）随吾得二十七会二十八会二十九会三十会三十一会三十二会得（"得"，珍本脱此字）灵性，安在龙华三会所管东八天，大众仔细仔细，文华手卷相对。

圆顿（"圆顿"，珍本作"原洞"）玉前会皇极三十会五村会主韩（"韩"，珍本脱此字）印才（附：花押）。

圆顿（"圆顿"，珍本作"原洞"）玉藏会皇极三十一会五村会主杨上智（附：花押）。

圆顿（"圆顿"，珍本作"原洞"）玉房（"房"，珍本作"万"）明会皇极三十二会地县会主安天定（"定"，珍本作"安"）（附：花押）。

圆顿（"圆顿"，珍本作"原洞"）玉皇（"皇"，珍本作"美"，"美"当作"皇"）会皇极三十三会高宁州（"高宁州"，珍本作"高宣洲"）会主贾应（"应"，珍本作"印"）祥（附：花押）。

此是南岸灵性，久后领三十三会三十四会三十五会三十六会得灵性专入白花城大会，文华手卷相对。（"此是南岸灵性，久后领三十三会三十四会三十五会三十六会得灵性专入白花城大会，文华手卷相对"，珍本脱此语句）。

老爷言说久后（"老爷言说久后"，珍本脱此句）无生老母专差一百二

图像与历史：华北民间宗教调查研究

十会（"会"，珍本脱此字）真列诸神，各斗（"斗"，珍本作"用"）真宝，达摩收领文华手卷相对（"相对"，珍本脱此二字），至今流传（"传"，珍本作"通"），贤人（"人"，珍本作"良"）用心收宝，久后有（"有"，珍本脱此字）癸水相对，善男信女找（"找"，珍本作"早"）访文华手卷，逼散残兵，谁敢侵之，玉帝亲差查会（珍本"会"下有"明善"二字，疑衍），各（"各"，珍本脱此字）男女单看入宣阳。

圆顿（"圆顿"，珍本作"原洞"）玉仙（"仙"，珍本作"真"）会皇极三十四会高宁州（"高宁州"，珍本作"高宣洲"）会主薛林（附：花押）。

圆顿（"圆顿"，珍本作"原洞"）玉先会皇极三十五会白家窑会主郑名（附：花押）。

圆顿（"圆顿"，珍本作"原洞"）玉梁会皇极三十六会吴村（"村"，珍本作"孙"，"孙"当作"村"）会主乔有梁（"梁"，珍本作"良"）（附：花押）。

圆顿（"圆顿"，珍本作"原洞"）玉池会皇极三十七会九龙岗上会主张文（附：花押）。

圆顿（"圆顿"，珍本作"原洞"）玉清会皇极三十八会南山（"山"，珍本作"三"）村会主刘丙（"丙"，珍本作"宾"）（附：花押）。

朝阳老耶言说，十真领袖久后有（"后有"，珍本脱此二字）监察（"察"，珍本作"查"）帅将七十二家花押手字，一件一件要对领三十七会三十八会三十九会四十会得灵性，入九州汉地飞龙之会，大众仔细仔细，文华手卷相对。

圆顿（"圆顿"，珍本作"原洞"）玉白会皇极三十九会真定府会主王彦如（附：花押）。

圆顿（"圆顿"，珍本作"原洞"）玉陈会皇极四十会言（"言"，珍本作"闫"）信村会主（"主"，珍本脱此字）田登（"登"，珍本作"灯"）（附：花押）。

圆顿（"圆顿"，珍本作"原洞"）玉秀真会皇极四十一会言（"言"，珍本作"闫")信村会主陈三("三",珍本作"山")(附:花押)。

圆顿("圆顿",珍本作"原洞玉","玉"字衍)八宝会皇极四十二会李村会主薛大万(附:花押)。

老耶亲领玉帝文华手卷,后("后",珍本脱此字)散灵丹,各会照验,领南岸得灵性("灵性",珍本脱此二字)四十一会四十二会四十三会四十四会得灵性,入在("在",珍本脱此字)九州排会,后人得见,才是真实,老耶无有空言("言",珍本作"语"),后人不信,吾当替("替",珍本作"赞","赞"当作"替")你依愿而("而",珍本脱此字)行。

圆顿("圆顿",珍本作"原洞")玉号("号",珍本作"子")会皇极四十三会安府村("安府村",珍本作"安村")会主江应(附:花押)。

圆顿("圆顿",珍本作"原洞")玉堂会皇极四十四会师诏村会主闫("闫",珍本作"严")臣(附:花押)。

圆顿("圆顿",珍本作"原洞")得玉("得玉",珍本作"玉的")会皇极四十五会十村会主王云必(附:花押)。

圆顿("圆顿",珍本作"原洞")玉成("成",珍本作"阳")会皇极("极",珍本作"村","村"当作"极")四十六会十村会主刘志会("会",珍本作"专")(附:花押)。

朝阳老耶("老耶",珍本脱此二字)留下末劫之事,久后吾当原身查会,一排十个(珍本"一排十个"下有"一排十个"四字,疑衍),不可乱行,大众仔细仔细,领四十五会四十六会四十七会四十八会得灵性,久后入圆通大会(珍本"会"下有"大众文华"四字)手卷相对。

圆顿("圆顿",珍本作"原洞")玉阳真会皇极四十七会府灵村会主范登("登",珍本作"灯")云(附:花押)。

圆顿("圆顿",珍本作"原洞")玉智会皇极四十八会恒村("村",珍本作"孙","孙"当作"村")会主唐天成(附:花押)。

南岸四十九会得灵性入北岸三心地("地",珍本脱此字),入在二十三会,单等元人入银城,朝阳老耶查各会,大众仔细仔细,有("有",珍本脱此字）文化手卷相对。

圆顿（"圆顿"，珍本作"原洞"）玉罗会皇极四十九会贾村会主忻天（"天"，珍本作"大"）元（附：花押）。

南岸五十会头领（"领"，珍本脱此字）转在（"在"，珍本脱此字）北岸，带（"带"，珍本作"大"，"大"当作"带"）领各会的灵性，领吾法旨，久后北岸与吾化度人缘，执掌大会，末劫临至，单用（"用"，珍本作"化"，"化"当作"用"）文华手卷相对，入三心地大会，大众仔细仔细矣（"大众仔细仔细矣"，珍本脱此句）。

圆顿（"圆顿"，珍本作"原洞"）玉温会皇极五十会九龙岗（珍本"岗"下有"上"字）会主（"主"，珍本脱此字）白洪（附：花押）。

南岸五十一会得灵性降在北岸，榆林村前化普明大会（"榆林村前化普明大会"，珍本作"与从前化度人缘入普明大会"），文华手卷相对。

圆顿（"圆顿"，珍本作"原洞"）玉宫（"宫"，珍本作"官"，"官"当作"宫"）会皇极五十一会寒山村会主李登高（"会寒山村会主李登高"，珍本脱此句）（附：花押）。

朝阳老耶亲口传言，五十二会刘明云带（"带"，珍本脱此字）领各会得灵性，入在（"入在"，珍本作"径入"）龙华三会参拜（"参拜"，珍本脱此二字）普明，大众（"众"，珍本作"会"，"会"当作"众"）仔细仔细（"仔细仔细"，珍本脱此句）文华手卷相对。

圆顿（"圆顿"，珍本作"原洞"）玉天明会皇极五十二会保贵村会主刘明云（附：花押）。

监察帅将说，只怕他（"怕他"，珍本脱此二字）忤逆非子，转眼无恩，谤说前师，八十一劫不得出期（"期"，珍本作"明"，"明"当作"期"），受罪无尽（"无尽"，珍本脱此二字），二十四会贤良，早访明师，得见青天，久后帅将查会，善人拜天参（"参"，珍本作"才"）见普祖，大众仔细仔细（珍本"仔细"下有"文华"二字）手卷相对。

圆顿（"圆顿"，珍本作"原通"）八宝玉（"玉"，珍本脱此字）明会皇极五十三会北岸头一会膳房堡会主许言工（珍本"许言工"下有"张混

· 182 ·

千、马青、孔堂"三人），大众手卷相对（"大众手卷相对"，珍本脱此句）。谢元得（"得"，珍本作"德"）称得是（"得是"，珍本脱此二字）龙王号，不要认他（"他"，珍本脱此字）是邪（附：花押、人物图像）。

圆洞（"圆洞"当作"圆顿"，珍本作"原通"）八宝成玉（"成玉"，珍本作"玉旦"）会皇极五十四会北岸第二会右卫会主刘成心（"刘成心"，珍本作"刘臣心"。珍本"会主"下有"张混龙、朝汗青、刘臣心、先言文"四人）大众手卷相对（"大众手卷相对"，珍本脱此句）。

大众手卷相对（"大众手卷相对"，珍本脱此句）。者印（按："者印"疑当作"这人"）称火星烘（"烘"，珍本作"哄"）会场（"场"，珍本脱此字）是邪，大众仔细仔细（珍本"仔细"下有"不要认"三字）有文花手卷相对（附：花押、人物图像）。

圆通（"圆通"，珍本作"原通"）八宝玉花会皇极五十五会北岸第三会杰庄（按："杰庄"疑当作"张杰庄"）会主位三（"杰庄会主位三"，珍本脱此句）（附：花押）。

久后，女（"女"，珍本作"有"）陶氏发三会（"会"，珍本脱此字）手卷相对，监察帅将常用机取十会人缘，有吾得文华手卷相对（"监察帅将常用机取十会人缘，有吾得文华手卷相对"，珍本脱此两句）。

圆通（"圆通"，珍本作"原通"）八宝普静会皇极五十六会北岸第四会右卫会主荆天明（"荆天明"，珍本作"荆天名"。珍本"会主"下有"白令朝、刘连、荆天名、吕言明"四人）（附：花押）。

圆通（"圆通"，珍本作"原通"）八宝黄羊会皇极五十七会北岸第五会右卫会主王祥（"右卫会主王祥"，珍本作"左卫会主催祖、姜洪、王祥阳、白令赌。"王祥"疑当作"王祥阳"）。

久后在花山为证，杨（"杨"，珍本作"羊"）武称九（"九"，珍本作"阎"）卷，在（"在"，珍本脱此字）南岸领六会（"领六会"，珍本作"有领十八会"）是邪，称吕先生只是水精（"称吕先生只是水精"，珍本作"称吕老仙又是水精"），久后小心在意大众仔细仔细（附：花押）。

圆通（"圆通"，珍本作"原通"）八宝黄玉（"玉"，珍本作"王"）

183

会皇极五十八会北岸第六会保安会主殷九臣（"殷九臣"，珍本作"殷九成"。珍本"会主"下有"焦明、刘顺、殷九成、朱元的"四人）。忤逆非人，转眼无恩，领三会手卷相对（珍本"相对"下有"领功"二字）（附：花押）。

圆通（"圆通"，珍本作"原通"）八宝九莲会皇极五十九会北岸第七会左卫会主胡文（珍本"会主"下有"云明、胡文、白令贤、王晁"四人）。常时荣敬天地（"地"，珍本脱此字）祖称龙华三会，不要认他，他（"他，他"，珍本脱此二字）是邪，手卷相对（附：花押）。

圆通（"圆通"，珍本作"原通"）八宝九转玉莲（"玉莲"，珍本作"王花"）会皇极六十会北岸第八会马房（珍本"马房"下有"川"字）李家村会主刘其（"其"，珍本作"期"。珍本"会主"下有"刘期、张方"二人）（附：花押）。

圆通（"圆通"，珍本作"原通"）八宝穿宫会皇极六十一会北岸第九会夏（"夏"，珍本作"下"）家村会主刘会（珍本"会主"下有"刘会、陈六、许堂功"三人）（附：花押）。

贺喜取四十会文花手卷天查兑，天真时（"时"，珍本作"师"）转真，文花手卷相兑，大众仔细仔细。

圆通（"圆通"，珍本作"原通"）八宝五（"五"，珍本脱此字）明会皇极六十二会北岸第十会马房川留村会主刘卜印（珍本"会主"下有"方起、殷罗祥、刘卜印、王五罗"四人）（附：花押）。

圆通（"圆通"，珍本作"原通"）八宝无云会皇极六十三会北岸第十一会会主马房川白家村（"村"，珍本作"庄"）会主（"会主"，珍本脱此二字）武定云（珍本"会主"下有"明才心、许军期、武定云、王正方"四人）（附：花押）。

大阳星久后手提人头血淋淋，问道大众只要手卷相对（"相对"，珍本作"对证"），金星木星（"金星木星"，珍本作"金木二星"），久后手提人头血淋淋，领会大众（珍本"大众"下有"要"字）手卷相对。

圆通（"圆通"，珍本作"原通"）信山明会皇极六十四会北岸第十二会保安会主安国思（珍本"会主"下有"安国思、安催明、安罗仙"三人）（附：花押）。

圆通（"圆通"，珍本作"原通"）玉玄明会皇极六十五会北岸第十三会宣府城（"城"，珍本脱此字）会主郑道明（珍本"会主"下有"郑道明、袁一暗、罗朝"三人）。皇姑（"姑"，珍本作"孤"，"孤"当作"姑"）称普世佛，拈花救男女，修行不是正也（"也"，珍本脱此字），本是邪人，大众（珍本"大众"下有"要"字）手卷相对（附：花押）。

圆通（"圆通"，珍本作"原通"）零玉显（"零玉显"，珍本作"福零明"）会皇极六十六会北岸第十四会宣府城（"城"，珍本脱此字）会主张宝（珍本"会主"下有"张宝、张桢、罗宝"三人）（附：花押）。

刘禄、李先（"先"，珍本作"光"）武二人领会，大众手卷相对，癸水四人（"人"，珍本脱此字）合（"合"，珍本作"哈"，"哈"当作"合"）胎，变化一猫儿云合猫三汗（"变化一猫儿云合猫三汗"，珍本作"见云哈苗三汗"）见急领会场，大众手卷相对。

圆通（"圆通"，珍本作"原通"）玉金明会皇极六十七会北岸第十五会马房川新村会主薛天（"天"，珍本作"大"）明（珍本"会主"下有"薛大明、黄保、罗定"三人）（附：花押）。

朝阳老耶言说，久后只些（"些"，珍本脱此字）邪人都（"都"，珍本脱此字）称古佛模样，称石女称普贤称吕祖（珍本"吕祖"下有"老仙"二字），只些妖精久后混（"混"，珍本作"轰"）会，永不翻身，大众仔细仔细，手卷相对（附：花押）。

圆通（"圆通"，珍本作"原通"）玉安明会皇极六十八会北岸第十六会（珍本"会"下有"时"字）山西在（"在"，珍本脱此字）保安（"保安"，珍本作"旧保安"）住（"住"，珍本脱此字）会主云相（珍本"会主"下有"云相、尤宾、罗子高"三人）。柴沟堡四个邪人称佛混会（"会"，珍本脱此字），不是正也，大众仔细仔细手卷相对。

圆通（"圆通"，珍本作"原通"）显明（"明"，珍本作"吕"，"吕"当作"明"）八宝会皇极六十九会北岸第十七会八宝庄（"庄"，珍本作

"村")会主黄天祖(珍本"会主"下有"黄天祖、一令暗、罗子方"三人)。花山邪人称佛,不是正也,大众仔细仔细,手卷相对(附:花押)。

圆通("圆通",珍本作"原通")八宝显羊("羊",珍本作"手")玉会皇极七十会北岸第十八会宣府城("城",珍本脱此字)会主李贤(珍本"会主"下有"李贤、一令见"二人)(附:花押)。

圆通("圆通",珍本作"原通")八宝玉静会皇极七十一会北岸第十九会张家口会主宋禄(珍本"会主"下有"宋禄、罗子呈"二人)。白妖山出三人妖,乌河南出经卷,不是正也,郭杨邓领吾得七十会("七十会",珍本作"会十七会")不是正也,手卷相对("手卷相对",珍本脱此四字)(附:花押、人物图像)。

郭朝、赵仿二人参会末劫("参会末劫",珍本作"末劫时参会,大众仔细仔细")手卷相对。

木易总领会场人缘打仙米四十五分大众手卷相对("大众手卷相对",珍本脱此句)。

圆通("圆通",珍本作"原通")法满明会皇极七十二会北岸第二十会宣府城("城",珍本脱此字)会主傅其("其",珍本作"具")祖(珍本"会主"下有"傅具祖、罗哈、一合见"三人)(附:花押)。

圆通("圆通",珍本作"原通")八宝了言会皇极七十三会北岸第二十一会东洪州会主赵云(珍本"会主"下有"赵云、罗大恰、罗子云"三人)(附:花押)。

东洪州住人周福(珍本"福"下有"北"字,疑衍)、冀白安领十四("十四",珍本作"四十")会人缘打仙米五十六分,大众(珍本"大众"下有"有"字)文花手卷相对。

圆通("圆通",珍本作"原通")八宝玉法明会皇极七十四会北岸(珍本"岸"下有"第"字)二十二会右卫会主闫真("闫真",珍本作"言真嚷"。珍本"会主"下有"言真嚷、肖元、罗子万"三人)。罗青、温元北岸化(珍本"化"下有"作"字)妖魔要("要",珍本脱此字)吃(珍本"吃"下有"恶"字,疑衍)人混("混",珍本作"洪","洪"当

· 186 ·

作"混")会场,不是正也,大众文花手卷相对("相对",珍本脱此二字)(附:花押)。

圆通("圆通",珍本作"原通")玉花明会皇极七十五会北岸(珍本"岸"下有"第"字)二十三会西平庄会主王真(珍本"会主"下有"王真、皂七令、罗子贤"三人)(附:花押)。

罗凤净明真人专打仙米一千八百分,总领会场五十七会("五十七会",珍本脱此四字),有("有",珍本作"也有")吾得文花手卷相兑(珍本"兑"下有"大众"二字)仔细仔细,久后有吕公文凭照验拣选各会头领、大众贤("贤",珍本作"良")才,人人难过,大众仔细仔细(珍本"仔细"下有"有吾得文花"五字)手卷相对。

圆通("圆通",珍本作"原通")九转法满普贤明会皇极七十六会北岸(珍本"岸"下有"第"字)二十四会牛角堡会主李小军(珍本"会主"下有"李中军、黄一合、罗子言"三人)(附:花押)。

圆通("圆通",珍本作"原通")倒("倒",珍本脱此字)挂玉令明会皇极七十七会金花李一会会主王官久后要人北岸二十三会("会主王官久后要人北岸二十三会",珍本作"下下乘会主主官久后要人北岸二十三会"。"主官"当作"王官")。银城不留金花李,一排一排干下乘,大众良才人人难过,大众("干下乘大众良才人人难过大众",珍本脱此语句)仔细(珍本"仔细"下有"仔细吾得文花"字句)手卷相对。

朝阳老耶言说,久后只四("四",珍本作"几")个邪人,化古佛模样套哄巧设善事,不是正也(珍本"也"下有"普祖会场"四字)大众仔细仔细(珍本"仔细"下有"文花"二字)手卷相对。

圆通("圆通",珍本作"原通")倒挂八宝明会皇极七十八会金花李二会主闫字守("闫字守",珍本作"言守子")。乌鸡大放哭声("乌鸡大放哭声",珍本作"乌鸡化人大放声"),久后飞升,领会入二十四会,手卷相对(附:花押、人物图像——顶部透出一团云气,乌鸦伴飞鸣叫)。

圆通("圆通",珍本作"原通")玉花("花",珍本作"法")明会皇极七十九会金花李三会主高天应。虎妖单看解会明白,久后(珍本

"后"下有"人"字）二十二会，不是正也（珍本"也"下有"吾得"二字）手卷相对（附：花押、人物图像）。

普祖会场大众仔细手卷相兑（"普祖会场大众仔细手卷相兑"，珍本脱此语句）。

圆通（"圆通"，珍本作"原通"）法宝明会皇极八十会金花李四会主翟□□。称石女头行要（珍本"要"下有"人"字）二十三会，不是正也，手卷相对（附：花押）。

圆通（"圆通"，珍本作"原通"）八宝现龙明（"龙明"，珍本脱此二字）会皇极八十一会金花李（珍本"李"下有"第"字）五会主曲天高。虹妖领会二十五会，哄人人（"人"，珍本作"十"，"人"当作"十"）九会，不是正也手卷相对（"手卷相对"，珍本脱此四字）（附：花押、人物图像）。

圆通（"圆通"，珍本作"原通"）玉元明会皇极八十二会金花李（珍本"李"下有"第"字）六会主任天，大众手卷相对（"大众手卷相对"，珍本脱此语句）。老耶（"耶"，珍本作"祖"）号令度人缘，管良（"良"，珍本作"粮"）成不是正也（珍本"也"下有"人"字）普祖一十八（"一十八"，珍本作"十八"）会（附：花押）。

圆通（"圆通"，珍本作"原通"）玉清明会皇极八十三会金花李（珍本"李"下有"第"字）七会主李枝（"枝"，珍本作"支"），久后入银城领号，大众（珍本"大众"下有"文华"二字）手卷相对（附：花押）。

圆通（"圆通"，珍本作"原通"）三官玉（"玉"，珍本作"王"，"王"当作"玉"）明（"明"，珍本脱此字）会皇极八十四会金花李八会主贾曲，久后入银城领号，大众文花手卷相对，所领金花（"大众文花手卷相对所领金花"，珍本脱此语句）教四人高孟、许（"许"，珍本作"计"）礼、李伏、朱元（附：花押）。

圆通（"圆通"，珍本作"原通"）八宝明藏宝会皇极八十五会金花会（"会"，珍本脱此字）李九会主祁尚仁，有吾得文花手卷得入银城大众仔细（"有吾得文花手卷得入银城大众仔细"，珍本脱此语句）（附：花押）。

第六章 《文华手卷》对勘与解读

圆通（"圆通"，珍本作"原通"）法莲（"莲"，珍本作"连"，"连"当作"莲"）明会皇极八十六会主白自入北岸一十七会金花李十会（珍本"会"下有"主"字）闯普祖，有吾得文花手卷相对（"相对"，珍本脱此二字）得入银城（附：花押）。

圆通（"圆通"，珍本作"原通"）柄天明会皇极八十七会大乘教一会会（"会"，珍本脱此字）主王安。大众仔细（珍本"仔细"下有"仔细"二字）有大乘教八会入（"入"，珍本作"大"，"大"当作"入"）普明（"明"，珍本脱此字）祖（珍本"祖"下有"大"字）会，大众（"大众"，珍本脱此二字）文花手卷照验相对（附：花押）。

圆通（"圆通"，珍本作"原通"）防天明会皇极八十八会大乘教二会会（"会"，珍本脱此字）主王训。久后混（"混"，珍本作"轰"）普祖十三会，发在鲁（"鲁"，珍本脱此字）国五会，无有执照湿（"湿"，珍本作"石"）生灵性（附：花押）。

圆通（"圆通"，珍本作"原通"）八宝真会皇极八十九会大乘教三会会（"会"，珍本脱此字）主胡千（附：花押）。

圆通（"圆通"，珍本作"原通"）八宝玉玉（"玉"，珍本脱此字）会皇极九十会大乘教四会会（"会"，珍本脱此字）主温上田（"田"，珍本作"国"）（附：花押）。

圆通（"圆通"，珍本作"原通"）八宝贤明会皇极九十一会大乘教五会会（"会"，珍本脱此字）主胡兵（附：花押）。

有（"有"，珍本脱此字）朝阳老耶，文花手卷相对，大乘教吾（"教吾"，珍本二字互乙，作"五教"，"五"当作"吾"）不用，久后投在北岸十三会，只要手卷相对。

圆通（"圆通"，珍本作"原通"）玉宫会皇极九十二会大乘教六会会（"会"，珍本脱此字）主刘銮（"銮"，珍本脱此字）（珍本"刘"下有"榆林堡"三字），大众（"大众"，珍本脱此二字）文花手卷相对（附：花押、人物图像）。

圆通（"圆通"，珍本作"原通"）八宝传贤会皇极九十三会大乘教七

189

会会（"会"，珍本脱此字）主降易，久后闯会，大众仔细（珍本"仔细"下有"仔细有"三字）文花手卷相对（附：花押、人物图像）。

圆通（"圆通"，珍本作"原通"）进宫阴（"阴"，珍本作"明"）会皇极九十四会大乘教八会会（"会"，珍本脱此字）主辛大兵，手卷相对（"手卷相对"，珍本脱此四字）（附：花押、人物图像）。

圆通（"圆通"，珍本作"原通"）八宝齐圆（"圆"，珍本作"元"）明会皇极九十五会大乘教九会会（"会"，珍本脱此字）主王帛（珍本"王帛"下有"大众文花手卷相对，称真人四个"语句）。曹堡（"堡"，珍本作"保"）、姜甫、张秀（"秀"，珍本作"明"）任佩，不是正也（珍本"也"下有"是邪"二字），大众（"大众"，珍本脱此二字）文花手卷相对（附：花押、人物图像）。

圆通（"圆通"，珍本作"原通"）八宝庚天会皇极九十六大乘教十会会（"会"，珍本脱此字）主池先，大众仔细（珍本"仔细"下有"仔细有"三字）文花手卷相对（附：花押）。

圆通（"圆通"，珍本作"原通"）玉皇（"皇"，珍本作"白"）五莲会皇极九十七会无相一会会（"会"，珍本脱此字）主春元，大众仔细有吾得文花手卷相对（"大众仔细有吾得文花手卷相对"，珍本脱此语句）（附：花押）。

圆通（"圆通"，珍本作"原通"）八宝莲台明会皇极九十八会无相二会会（"会"，珍本脱此字）主尚才。魔人哄会吃人，久后闯会，大众仔细仔细，有吾得（"有吾得"，珍本脱此三字）文花手卷相对（附：花押）。

圆通（"圆通"，珍本作"原通"）进传明会皇极九十九会无相三会会（"会"，珍本脱此字）主张定。妖精乱吃五荤之人，久后闯会，大众（"大众"，珍本脱此二字）得（"得"，珍本作"将"）吾的文花手卷相对（附：花押）。

圆通（"圆通"，珍本作"原通"）八宝后罗明会皇极一百会无相四会会（"会"，珍本脱此字）主白明。称尊师闯会，不是正也，大众将吾文花手卷相对（附：花押）。

第六章 《文华手卷》对勘与解读

圆通（"圆通"，珍本作"原通"）玉宫会皇极一百一（"一百一"，珍本作"一百〇一"）会无相五会会（"会"，珍本脱此字）主姚臣。称弥勒佛查会吃人，个个都死，不是正也，大众仔细（珍本"仔细"下有"仔细"二字）有（"有"，珍本作"将"）吾的文花手卷相对（附：花押）。

圆通（"圆通"，珍本作"原通"）八宝现阳明会皇极一百二（"一百二"，珍本作"一百〇二"）会无相六会会（"会"，珍本脱此字）主李文入会，大众仔细（珍本"仔细"下有"仔细"二字），有吾得（"有吾得"，珍本脱此三字）文花手卷相对（附：花押）。

圆通（"圆通"，珍本作"原通"）八宝灵官（"官"，珍本作"宫"）明会皇极一百三（"一百三"，珍本作"一百〇三"）会无相七会会（"会"，珍本脱此字）主如才入会，大众仔细有吾得文花手卷相对（"大众仔细有吾得文花手卷相对"，珍本脱此语句）（附：花押）。

老耶（珍本"老耶"下有"久后"二字）入会大乱，大众手卷照验相对。

圆通（"圆通"，珍本作"原通"）八宝起明会皇极一百四（"一百四"，珍本作"一百〇四"）会无相八会会（"会"，珍本脱此字）主罗廷（"廷"，珍本作"庭"）入会（珍本"会"下有"大众仔细仔细文花手卷相对"语句）（附：花押）。

圆通（"圆通"，珍本作"原通"）普传神会皇极一百五（"一百五"，珍本作"一百〇五"）会无相九会会（"会"，珍本脱此字）主陈堂入会，大众仔细仔细文花手卷相对（附：花押）。

圆通（"圆通"，珍本作"原通"）八（"八"，珍本作"玉"）宝千灵会皇极一百六（"一百六"，珍本作"一百〇六"）会无相十会会（"会"，珍本脱此字）主李春（"李春"，珍本作"李春白"）久后入会，仔细手卷相对（"仔细手卷相对"，珍本脱此语句）（附：花押）。

圆通（"圆通"，珍本作"原通"）八宝圣光（"光"，珍本作"先"，"先"当作"光"）会皇极一百七（"一百七"，珍本作"一百〇七"）会无相十一会会（"会"，珍本脱此字）主范秀。精灵之（珍本"之"下有

191

"性"字）一日（"一日"，珍本脱此二字）闯会（"会"，珍本脱此字）八十七会，不是正也，大众（珍本"大众"下有"与你"二字）文花手卷相对（附：花押）。

圆通（"圆通"，珍本作"原通"）九天明会皇极一百八（"一百八"，珍本作"一百〇八"）会无相十二会会（"会"，珍本脱此字）主王（"王"，珍本作"武"）易，久后只些人（"些人"，珍本脱此二字）入会大乱，大众（"众"，珍本作"乱"，"乱"当作"众"）与你文花手卷相对久后（"与你文花手卷相对久后"，珍本脱此语句）降在中央闯会，大众仔细（珍本"仔细"下有"仔细"二字）文花手卷相对。引领灵鬼哄众人不是正也（"引领灵鬼哄众人不是正也"，珍本脱此语句）（附：花押）。

圆通（"圆通"，珍本作"原通"）八宝周天会皇极一百九（"一百九"，珍本作"一百〇九"）会释教一会（珍本"会"下有"主"字）性明（附：花押）。

老耶嘱咐各会，小心久后妖魔五人闯会（珍本"会"下有"大众仔细仔细"语句）有吾得（"得"，珍本脱此字）手卷相对。

圆通（"圆通"，珍本作"原通"）五灵明会皇极一百一十会释教二会（珍本"会"下有"主"字）性童，久后在中央闯会（"久后在中央闯会"，珍本脱此语句）大众仔细文花手卷相对（"大众仔细文花手卷相对"，珍本作"大众有吾得文花手卷相对"）（附：花押）。

圆通（"圆通"，珍本作"原通"）领明宝会皇极一百一十一会释教三会（珍本"会"下有"主"字）法零，久后降在中央闯会（"久后降在中央闯会"，珍本作"老爷言说只五人久后闯普祖二十四会不是正也"）（附：花押）。

圆通（"圆通"，珍本作"原通"）八宝净（"净"，珍本作"静"）圆明会皇极一百一十二会释教四会（珍本"会"下有"主"字）性零（附：花押）。

圆通（"圆通"，珍本作"原通"）八宝聚仙明会皇极一百一十三会释教五会会（"会"，珍本脱此字）主呈零，久后降在中央闯会，大众仔细

第六章 《文华手卷》对勘与解读

（珍本"仔细"下有"仔细有"三字）文花手卷相对。

圆通（"圆通"，珍本作"原通"）玉明神乐明会皇极一百一十四会释教六会会（"会"，珍本脱此字）主僧的相（"僧的相"，珍本作"生的祖"）。蛇龙乱混会场吃人，不是正也，大众仔细（珍本"仔细"下有"仔细"二字）有吾得文花手卷相对（"有吾得文花手卷相对"，珍本脱此语句）（附：花押）。

圆通（"圆通"，珍本作"原通"）八宝供（"供"，珍本作"的"）灵会皇极一百一十五会释教七会会（"会"，珍本脱此字）主吕言。善化鸟人（"善化鸟人"，珍本作"蟒化为人"），吃得路绝（"绝"，珍本作"断"）人稀，大众仔细（珍本"仔细"下有"仔细"二字）有吾得（"得"，珍本脱此字）文花手卷相对（附：花押）。

久后（珍本"后"下有"有"字）一十八（"一十八"，珍本作"十八"）帝领会，天下都是黄道，日（"日"，珍本作"久"）后大风要刮善人天道所领人缘是也（"也"，珍本脱此字），大众仔细（珍本"仔细"下有"仔细"二字）有吾得（"吾得"，珍本脱此二字）文花手卷相对。

圆通（"圆通"，珍本作"原通"）八宝明阳会皇极一百一十六会中央一会（附：花押）。

圆通法聚显明会（"圆通法聚显明会"，珍本脱此语句）皇极一百一十七会西秦一会（附：花押）。

罗文（"文"，珍本作"义"）久后入中央查会，大众仔细（珍本"仔细"下有"仔细有吾得"五字）文花手卷相对。

观音老母（珍本"母"下有"在"字）九州汉地崴查各会，升堂问大（"大"，珍本脱此字）众有（"有"，珍本脱此字）善男信女（"善男信女"，珍本作"善信男女"）祇圆（"圆"，珍本作"园"，"圆"当作"园"）说法，大众仔细（珍本"仔细"下有"仔细"二字），有吾得（"有吾得"，珍本脱此三字）文花手卷相对。

圆通（"圆通"，珍本作"原通"）净圆八宝（"净圆八宝"，珍本作"八宝圆"）明会皇极一百一十八会观音（珍本"观音"下有"老"字）

193

母一会（附：花押）。

圆通（"圆通"，珍本作"原通"）一（"一"，珍本脱此字）点法玉灵（"灵"，珍本作"明"）会皇极一百一十九会北水一会（附：花押）。

三官大帝升堂说法（"说法"，珍本脱此二字）查会（珍本"会"下有"护身"二字），有吾得（"有吾得"，珍本脱此三字）文花手卷相对，男女仔细仔细，普散金花。

圆通（"圆通"，珍本作"原通"）八宝咐灵会皇极一百二十会刘太宝（"宝"，珍本作"保"）一会（附：花押）。

刘太宝（"宝"，珍本作"保"）带（"带"，珍本作"帝"，"帝"当作"带"）领天兵，巡查北岸查会考证（"巡查北岸查会考证"，珍本作"巡查各会"），善男信女仔细仔细，有吾得（"得"，珍本脱此字）文花手卷相对（附：半印）。

朝阳老耶遗留（"朝阳老耶遗留"，珍本作"朝阳留"）手卷（珍本"手卷"下有"相对"二字），勘证（"证"，珍本作"正"）照验，临尾大印半个（"半个"，珍本脱此二字）勘合（"合"，珍本脱此字）同与癸水相对（"癸水相对"，珍本脱此四字）。

大清乾隆式拾玖年岁次甲申季冬吉日造，山西平定州寿阳县北乡蔚家庄村居住，会主温宪乡，副会温贵金、任继德，写手温永定，合会众善人等同置。（珍本卷末题款："康熙五十四年十二月十五造完，至同光绪五年六月初九誊抄以完，朝阳老爷遗留文花手卷"）。

第二节 黄天道名号之辨

"黄为中，天为日，道是普明。"① 黄天道是对普明祖李宾所创教派的一种称号，因语境、场景，特别是阐经释义强调重点的不同，又有"黄天圣道""全真道""无为道""圆顿教""长生教"等诸多名号，如《普明如来

---

① 《云外青霄显明直指宝卷》，民国抄本，张家口市万全区李凤云藏经。

第六章 《文华手卷》对勘与解读

无为了义宝卷上》:"无为奥妙,好一个黄天圣道"①,"普贤菩萨全真道……今时遇着黄天道……若人肯依无为道,二六时中休暂停"②。《普静如来钥匙宝卷上册》:"我掌弥勒圆顿教"③,"古佛留下圆顿教,普度众生离红尘",并解释:"圆者,十方都圆满。顿者,顿吾心意明。教者,教人都成道。"④又云:"道乃黄天道,教是圆顿教,法属无为法,门置立法门。"⑤虽然名号不一,但集中体现了黄天道试图圆融各派,协和诸教,构建一种包罗天人、独自为尊、个性鲜明教派体系的努力。故此,被赋予了特定含义的"圆顿",成为黄天道经卷中出现频率最高的用词之一,尤其是在"文花手卷"中,更是如此。

"文花手卷"所载"圆顿皇极"共120会,其中李本作"圆顿"者,共有53会,即第1会至第53会,作"圆洞"者1会,即第54会,作"圆通"者66会,即第55会至第120会。相对于"圆顿""圆通"而言,珍本第1会至第52会,则均作"圆洞",第53会至第120会均作"原通"。由于在当地晋方言中,"顿"与"洞"语音相近,属于近音字,"圆"与"原"或"元"发音相同,属于同音字。因此,"圆洞"与"圆顿"音近通假,如李本第54会即此例,珍本则是大凡李本作"圆顿"处均作"圆洞",有的经卷甚至直接将圆顿教称为"圆洞教"⑥,而"圆通"与"原通",音同相通,或写作"元通"。

"圆通"或"原通",除《文花手卷》外,也是黄天道其他经卷中不时出现的一个名号,如《朝阳遗留三佛脚册唱经偈》"普贤化成圆通主"⑦、

---

① 《普明如来无为了义宝卷》,张希舜等主编《宝卷初集》(4),第390页。
② 《普明如来无为了义宝卷》"宝火如来分第七",张希舜等主编《宝卷初集》(4),第424、425页。
③ 《普静如来钥匙宝卷上》"钥匙佛宝卷序",张希舜等主编《宝卷初集》(5),第34页。
④ 《普静如来钥匙宝卷上》"钥匙佛如来开四句妙偈分第一",张希舜等主编《宝卷初集》(5),第46页。
⑤ 《周祖传普明指诀》,民国二十年抄本,张家口市万全区李风云藏经。
⑥ 《慧眼皇极静观五色毫光唱经》,王见川等编《明清民间宗教经卷文献续编》第三册,第101页、108页。
⑦ 王见川等编《明清民间宗教经卷文献续编》第一册,第373页。

·195·

"圆通教主尊"①,《朝阳遗留三佛脚册通诰经》"十佛古圆通"②,《慧眼皇极静观五色毫光唱经》"竹林山下圆通现"③,"久等着,尼僧圆通来收"④,云云。"圆通"似乎又多了一层含义,成为诸佛诸祖的法号名称。根据李世瑜20世纪40年代的调查可知,当年赵家梁村普明庙一方"供奉南无普明金光佛,普光归圣佛,普贤古佛,普净古佛,圆通古佛之神位"中即有"圆通古佛"名号,并发现对联中有一副书有"明光二祖立法门,金花两朵号圆通"字样。⑤至于"圆通"具体指哪位教主,学界看法不尽一致,一般认为"圆通教主"最早所指应是西大乘教始祖吕菩萨,如《销释木人开山宝卷》:"有圆通教主,观音老母,下生临东,落在陕西西安府王寿村,化现吕皇圣祖。"⑥但就黄天道而言,早期五位"佛祖"各有法名,如普明、普光、普净、普照、普贤,或曰普明金光佛、普光归圣佛、普贤古佛、普净古佛、圆通古佛。那么按照对应关系,圆通古佛当为普照名号。而赵家梁普明庙吊联之"明光二祖立法门,金花两朵号圆通",显然"明光二祖"即普明、普光夫妇,"金花两朵"则喻指其两个女儿普净和普照。"号圆通"可作两解:一是其中之一位的法号,二是指两者法号的合称。但考虑到"五位佛祖"中普明、普光、普净、普贤四位的法名一定,再无其他名号,故"号圆通"应当主要是指普照而言。由于在教派实践中,较之其他四位教祖,普照在教内的地位和影响相对较小,以至于在不少经卷中鲜有提及,甚至完全被忽略,如《周祖传普明指诀》"光明净贤三玄机","普明古佛开荒下种","普光古佛接续法门","普净古佛静悟天机","普贤古佛全真大道"⑦,"明光净贤立定根,宣阳立起龙华会"⑧,"普明佛回宫去了,普光佛

---

① 王见川等编《明清民间宗教经卷文献续编》第一册,第390页。
② 王见川等编《明清民间宗教经卷文献续编》第一册,第424页。
③ 王见川等编《明清民间宗教经卷文献续编》第三册,第71页。
④ 王见川等编《明清民间宗教经卷文献续编》第三册,第88页。
⑤ 李世瑜:《现代华北秘密宗教》,上海文艺出版社,1990,第27~28页。
⑥ 《销释木人开山宝卷》,马西沙主编《中华珍本宝卷》第二辑第十四册,社会科学文献出版社,2014,第602页。
⑦ 《周祖传普明指诀》,民国抄本,张家口市万全区李风云藏经。
⑧ 《普明遗留珣琦(璂)印记文纂》,民国抄本,张家口市万全区李风云藏经。

接法，承形苦行九年去归宫，遗留净贤绪船灯"[1]。

可见，在诸祖相提并论时，唯见"明光净贤"，全然没有"圆通古佛"或普照的位置。经卷中明确将"金花两朵"之普净、圆通古佛普照并列相称的是《灵符手卷》："大祖普净佛，二祖圆通古佛"[2]，同卷并绘有"普照圆通真宝"灵符一幅（见图6-1）。

应该说，这是将"圆通古佛"与普照两者直接联系起来的确证之一。虽说普照在教内的地位、贡献和影响不比其他四位，但"母以女贵"，作为"中兴教主"普贤的母亲，以及黄天道普明、普光神圣家族的一员，其"圆通"名号自然也会随着黄天道教势的张大而名声日隆，并成为神圣家族的专属名号之一，传承流布。某种意义而言，《文华手卷》中的诸般"圆通"会名号，应当就是这种影响的折射。

图 6-1 普照圆通符

第三节 圆顿皇极体系中的会及其结构

黄天道的会，又称普度会场，既是黄天道信众群体的基层组织形式，也是一种集会方式。凡会均立有会主、副会主、写手、走道等职，负责讲经布道，主持各种法事活动，因此会主往往是各会以及各种仪式活动的灵魂人物和核心所在，其个人的能力和人格魅力决定着会的兴衰、规模和影响力。可以说，会兴会衰，完全取决于会主之作为。正因如此，对会主、写手、走道等关键职位的人选，均有若干比较严格的具体要求和

---

[1] 《朝阳遗留九甲灵文宝卷》，民国抄本，张家口市万全区李凤云藏经。
[2] 《灵符手卷》，又名《普明古佛遗留末后一着灵符手卷咒语》，民国抄本，张家口市万全区张德年藏经。

标准：

当初留下表文字号普度会场，先立会主，会主者，万善之表师，合会之芳型，其责任至重，其功果至弘，戒律须清净，香火火须要勤修，心田须要端正广大，持事须要忍辱慈悲，人有万类等等各别，和合万类同归一心，凡遇节会，预先一日写表文，打扫静室一间供候，先长一至，一同拈香拜礼，安顿先长写表，会主走道，仍在傍边伺候，用心稽查行头字意，写完写手挂号，会主押字，将原字供在佛，望佛一参，请在表上照图样篆额，笔画务要均楷，天地六耳务要融洛，然后与先长对清明白，无一毫差错，方可封起，以便缴礼，次早上供之期，预先洗涤身心督令安设道场，备办供献，至午严肃竟业，虔诚献供，俨然诸神云集，万圣降临，至于掌磬领，领众申表进纸，此分职当为不可轻诿他人，持身务要齐庄凝重寡肃，少之勿敢轻慢，一己何敢伸越神明，以此替祖传道，独驾慈船，阐扬教典，暗钓贤良，同登极乐，其事别矣。

次立写手，写手万善之仰赖，大众之凭翼，主管天文圣表大众人画名画字，功劳甚大，果位至尊，香功勤者，九莲内上品上生，香功半者，九莲内中品中生，持说书写便生华藏之天，与人演谈，定搭涅槃之路，凡至大节之期，预先一天，扫荡杂法邪见，沐浴五体身心，拈香拜礼，前半礼展开文表，收心敛意，照格式书写字体，务要端楷，笔画须要明白，一切字体不可减笔了草，表文系大众归根赴命之本，了死超生之元，一有差错，不持增己罪恶，耽误大众之生死性命，若写的清格者，申至五云宫，有文义圣真佛提调誊录，督令三百六十誊录仙官写表章上交都斗宫中，后显诸佛班头答查对号，若有大意心粗吃烟不洁者，每将表文污染，申至五云宫内誊录仙官不敢誊写，尽将表文堆积三真院一傍，都斗宫不得挂号，久后何以答查。为写手者切当慎之，可以专心重意。

继立走道者，群真之领袖，**诸佛之班头**，拥护佛法调便会场，虔诚办道，伺候诸神，凡遇会节之期，早赴会场，扫荡尘垢，沥净经堂，安设供物，上供正贴走望佛一参，正走顶供贴走捧望佛，供毕缴礼，正走点香大拜，前半礼如若讽经走道二人领签寂静执门香护法，次早正走道拿表贴走拿纸马，请至炉内前，将表文交与正会主，先点表章，后点纸马，焚毕，捧樽茶谢礼，走道二人缴礼，大凡一切凡事照事传与大众，倡率诸人历风霜之艰苦，受跋涉之劬劳，上下差遣，内外照应，须当人身当先不可怠慢加功勉也。①

可见，对于担负要职的会主、写手、走道而言，不仅需要具备一定的知识素养，熟悉各项仪式活动的规则和要求，对神明、经卷存敬畏之心，更需品行端正、心地仁慈，以身作则、虔诚办道，特别是在创教初期或早期发展阶段更是如此，譬如普明祖亲传弟子侯真和赵越，一位是写手，一位是24会之一窑子头会主，均为教内骨干人物。当然，在实践中也会因时因地而有一定变通。

可以说，形形色色、规模不等的会，构成了黄天道信众群体的最基本单位，也是黄天道有别于其他教派的组织特点之一。只要"开写缘簿"，即可"立会为首"，由于黄天道的会本质上是基于共同信仰而结成的一种开放式群体形式，对信众并无严格的约束力，加之会主职位时常易人，因此兼会、跳会、闯会、混会甚至脱会现象时有发生，即便齐整如圆顿皇极会体系也不例外。

圆顿皇极会体系是黄天道发展过程中建构的诸多信众群体形式之一。根据《文花手卷》所记，圆顿或圆通皇极会体系共有120会，结构上而言，大致可划分为"南岸52会"、"北岸24会"与"金花李等44会"三大板块。

南岸52会，即圆顿各会皇极第1~52会。各会均立有会主，其中有6会为真定府会主，7会为九龙岗会主，其他各会则为蔚村、牛沟村、白家窑等村会主。真定府是明行政区划之一，所辖州县较多，尽管尚不能确定蔚

---

① 《周祖传普明指诀》，民国抄本，张家口市万全区李风云藏经。

村等到底隶属哪个府、州、县，但既然同属"南岸"，则或在真定府辖区，或为其周边区域。九龙岗，应是真定府平山县的一处形胜，在不少经卷中多有提及，亦真亦幻，俨然一处宗教圣地。① 根据记载，九龙岗是黄天道所谓六祖郭真"降灵"及出世之地："真定府苏隆县真人降生，九龙岗郭家坡是我家门"②，"九龙岗上发经文，迷人不醒老郭真"③。在黄天道的道统传说中，郭真与七祖李宾一样，被视为普明古佛或弥勒佛下生为人，临凡转世的化身："普明古佛初下生在平定州洛摩村张家。……八生在真定府平山县九龙岗上郭真，九生在万泉（全）县左卫牛角堡姓李"④。"弥勒佛第九番下生真定府苏龙县九龙岗与郭家为子"⑤。又云郭祖"自幼不迷真（性），拜郭举为师，说法度化缘人，查地里凡圣都知，郭师返拜为师，后来通凡答圣，圣投凡体，尚有殷贵殷赛图谋要钱，泯灭法门，首告察院锦衣拷打，又送唐知府问罪，知府见是真佛祖，方便埋头不显说不能尽见，有印信神符为证，飞神符留与后人吞带，降魔妖怪，消灾免难，此为上品，飞神符共是一百八道，过去未来现在三家理信，弥勒曰转凡成圣，化现了九番"⑥。这便是关于郭祖早年投师学道以及教内殷贵殷赛事件的原委。根据"嘉靖十三甲子年，十八己亥去撑船，十九庚子魔人发，殷贵殷赛漏了天"所记⑦，殷贵殷赛事件发生于嘉靖十九年岁次庚子，即公元1540年，而此时普明祖李宾尚未得法，开道则更是在18年之后。那么关于郭祖布道行迹，《文花手卷》云："弟子郭真原（珍本'原'下有'籍'字）在北八天乌龙巷口人（珍本'人'下有'氏'字），是凤眼天人老耶（'老耶'，珍本作'老母'，存疑）发下天宫，至今投在（'在'，珍本作'主'，'主'当作'在'）真定府九龙岗上立下法门，普度会场五十二会人缘，内有殷贵殷赛

---

① 称九龙岗者若干，地望上而言，河北省石家庄市平山县岗南镇郭家庄村之九龙岗可能性最大。郭家庄村或即郭家坡，"苏隆县"或为束鹿县之音讹。
② 《朝阳遗留九甲灵文宝卷》，民国抄本，张家口市万全区李风云藏经。
③ 《朝阳古佛遗留三佛脚册末劫了言唱经》，民国抄本，张家口市万全区李风云藏经。
④ 《周祖传普明指诀》，民国抄本，张家口市万全区李风云藏经。
⑤ 《普明遗留灵符文化手卷》又《弥勒飞符印图》，民国抄本，张家口市万全区李风云藏经。
⑥ 《普明遗留灵符文化手卷》又《弥勒飞符印图》，民国抄本，张家口市万全区李风云藏经。
⑦ 《普明遗留考甲文簿》，王见川等编《明清民间宗教经卷文献续编》第一册，第139页。

二人歹恶，泄露金船。"类似记载又见之《云盘宝赞》："普明祖本是药师佛一转，先次降生真定府郭家坡前，老爷度下五十二会，不曾移名，内中出两个魔人殷贵殷赛弟兄二人，把老爷禀在厅前。"① 所记甚略，但透出的信息极为关键：第一，普度会场 52 会，即南岸 52 会为郭真所创嫡传法会。第二，真定府九龙岗是郭真立教出世之地，郭真是这一法门的教主。第三，创教伊始，殷贵殷赛事件使郭真及其及教门受到官方追究，并成为永久之痛。虽然我们不能判断郭真法门及其 52 会因此会受到何种影响，但可以肯定，经过这次挫折，郭真法门的扩张势头无疑受到了一定遏制。或许由于郭祖出生在所谓南岸，故经卷中又称之为"南爷"，"南爷弘治五年（1492）辛酉降生，嘉靖十三年（1534）甲午得法，十八年（1539）己亥开道，壬寅（1542）回宫"②，享年 50 岁。也就是说在郭祖开道后翌年，便发生了殷贵殷赛事件，第三年郭祖去世。应该说郭祖去世后，其教门在较长时期内陷入了一种低迷状态，直到普明祖出世，52 会最终皈宗黄天道，局面方为之一变，郭真也因此被追认为黄天道第六代教祖。

郭祖法门皈宗黄天道，堪称黄天道发展史上的重要事件。此后，正如《文华手卷》所云："南岸五十一会得灵性降在北岸，榆林村③前化普明大会（'榆林村前化普明大会'，珍本作'与从前化度人缘入普明大会'）。"暗示郭祖嫡传法会，至此已全部加入了普明大会，而推动这一转化过程的关键人物和带领者，就是"圆顿玉天明会皇极五十二会保贵村会主刘明云"："朝阳老耶亲口传言，五十二会刘明云带（'带'，珍本脱此字）领各会得灵性，入在（'入在'，珍本作'径入'）龙华三会参拜（'参拜'，珍本脱此二字）普明。"在《朝阳古佛遗留三佛脚册末劫了言唱经》中，"刘明云"则被写作"刘明人"，或以"刘姓人"指称，因为有促成归宗之功，故夸赞其为"贤人"："五十二会出贤人，姓刘明人"，"有唱有偈脚册经，留在谁

---

① 《普明古佛遗留八宝云盘宝赞》，民国抄本，赵常善堂藏经。
② 《周祖传普明指诀》，民国抄本，张家口市万全区李风云藏经。
③ "榆林村"或为榆林堡，榆林堡地处北京市延庆区康庄镇，为明代京北三大堡之一。

家，五十二会姓刘人，藏在家中"。① 自从刘明云带领各会"灵性"参拜普明，皈宗黄天道以后，九龙岗自然也就改换门庭，成了普明老祖道门谈玄的会场："千变万化人难识，九龙刚（岗）上去谈玄，埋名十年无消耗，普明老祖道门贤。"② 52 会皈宗黄天道，无疑壮大了其势力，并为收服统合其他各会创造了条件。

北岸 24 会，即圆顿各会皇极第 53 会至第 76 会。《文花手卷》所言"口北又立会场二十四会人缘"即此，属"后会之人发令祖师来到北岸，普度善男信女"，又曰"二十四会李普明管"。24 会实际上是普明祖的嫡传法会，俗称老会，相对于郭祖 52 会，24 会又称后会。经云："吾朝阳初起南岸，度就五十二会人缘，九转北地降生普明，善男信女跟吾转化塞北，尽散二十四会里边。"③ 也就是说，先有郭祖南岸 52 会，后有普明"北地"24 会，南北一贯，前后相续。换言之，24 会是普明祖继郭祖之后，亲自缔造的教会组织，也是普明祖的立教之本，24 位会主则是其核心和骨干，而且多为普明祖的嫡传弟子或亲信。因此，在地域分布上，基本上限于普明祖亲传大道时曾经到达过或活动过的地方，如万全、怀安、蔚县以及山西广灵一带，其中蔚县有会主 6 人，万全右卫 5 人，所谓"燃慧灯于二十四处，驾宝筏于善地宣云"④，即指普明祖当年行教于宣府、大同府一带，广度人缘，亲传 24 会的标志性事件。不过，由于世事变迁，此时的北岸 24 会在地域结构，特别是人事关系方面已发生不少变化，其中最明显的一点就是 24 位会主中无一位是蔚县籍，北岸头一会膳房堡会主也由许姓取代了王姓。凡此等等，说明 24 会虽然仍是普明老会的法脉，但其地位和影响早已今非昔比。特别是随着黄天道教势的渐次扩张，其他派系人物或势力的投机性融入和攀附，其结果有三：一是黄天道的会在数量和规模上日益庞杂；二是成分越来越复杂，组织上日趋散化，内部的离心倾向逐渐显现；三是教

---

① 《朝阳古佛遗留三佛脚册末劫了言唱经》，民国抄本，张家口市万全区李风云藏经。
② 《普明遗留考甲文簿》，王见川等编《明清民间宗教经卷文献续编》第一册，第 139 页。
③ 《朝阳遗留九甲灵文宝卷》，民国抄本，张家口市万全区李风云藏经。
④ 《虎眼禅师传留唱经》，王见川等编《明清民间宗教经卷文献续编》第一册，第 5 页。

争愈演愈烈，"邪人"不时作乱。因此，构建一个形式上保持统一、以会主为核心、各得其位、各安其序、认祖归宗的教派体系就成为当务之急。应该说，以南岸52会与北岸24会为主体的圆顿皇极会体系的建构就是这一背景下的产物。

金花李等44会，即圆通各会皇极第77会至120会，包括"金花李10会""大乘教10会""无相12会""释教7会""中央1会""西秦1会""观音母1会""北水1会""刘太保会"。仅从数量而言，44会占比较高，但由于分属不同支系，单支力量弱小，大者12会，小者1会，是圆顿皇极会体系中相对松散、游移性较强、变数最大的"会群"。《文华手卷》在提及这一"会群"时，"入会""闯会""混会""不是正也"之类用语频频出现，反复提醒大众小心仔细，注意照验查对。如：金花李10会，有7会被指久后要领会入普明祖北岸各会，其中第3会至第5会被点明"不是正也"。大乘教10会，有3会被指久后闯会、入会或混会北岸普明祖大会，有1会被点明"不是正也"。无相12会，其中有3会被点明"不是正也"，被指"久后闯会"、"入会"或"入会大乱"者则多达10会。释教7会，有4会被指久后降在中央闯会或乱混会场，有2会被点明"不是正也"。所谓闯会，虽说是参会、入会的一种形式，但由于罔顾被闯会场的既有秩序，甚至带有挑衅或喧宾夺主的性质，事实上往往会造成"入会大乱"、混乱会场的负面效应，加之个别闯会会主心存不良，动机不纯，所以闯会行为被视为扰乱会场的教内不端而多遭诟病。这也是《文华手卷》反复强调"大众仔细仔细，文华手卷相对"，且以画押为凭，甚至将"邪人"形象图绘标注的用心所在（见图6-2自称火星、龙王号诸邪人图像）。

综上所述，圆顿皇极会120会体系，只能说初步建构了一个区域性的群体组织形式，对于加强各会之间的联系和交流，凝聚信众，巩固教势范围，具有一定的实际意义，但由于各会之间渊源不同、亲疏有别、绝非一脉，特别是各会会主背景不一、成分复杂、反复无常，虽然名义上共尊普明祖，皈宗黄天道，但实际上各行其是、互不统属。因此，《文华手卷》所构建的圆顿或圆通皇极会体系，更多的是一种象征性存在，现实中作用有限。

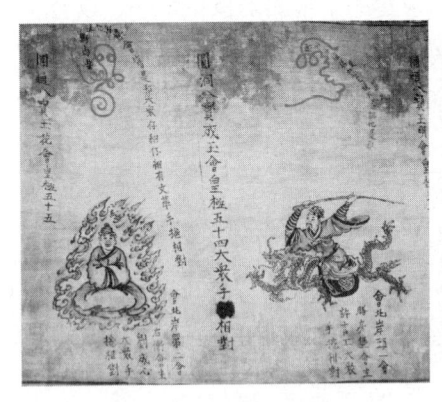

图像与历史：华北民间宗教调查研究

图 6-2　自称火星下凡和龙王号之邪人

图 6-3　冒充会主之邪人

第四节　膳房堡许氏家族与北岸头一会的缘由

北岸头一会属普明祖嫡传24会之一。24会缔造初期，各会会主多为普明老祖的亲传弟子或亲信，如膳房堡会主王世英即其一。① 据调查，王姓家族在膳房堡村的户数原本不多，加之外迁，迄今只有一户，而许姓则属该村的大家族。由于过去许氏家族中多有吃素念佛、信仰黄天道者，且与黄天道祖庭碧天寺结缘颇深，甚至有传说认为普明祖结发妻子普光，即膳房堡村许氏家族女，后来县志也有类似记载②，特别是由于家族史上曾出现过几位有影响的教派人物，大大抬升了许氏家族在教内的地位和影响力。

根据许氏家族18世孙许献吉（1952年生）家藏清末抄本《先远三代宗亲家谱》，以及家堂所供"许氏列祖世系牌位图"可知，许氏一世祖兄弟四人于明洪武1418年［按：应为明永乐十六年（1418）］，自山西洪洞县大槐树迁入河北省万全县膳房堡村，开枝散叶，迄今已历20余代，600多年。其家族谱系传承如图6-4所示。

---

① 《普明遗留考甲文簿》，王见川等编《明清民间宗教经卷文献续编》第一册，第137页。
② 路联逵、任守恭主修《万全县志》卷七，第49页。

第六章 《文华手卷》对勘与解读

膳房堡许氏世系图

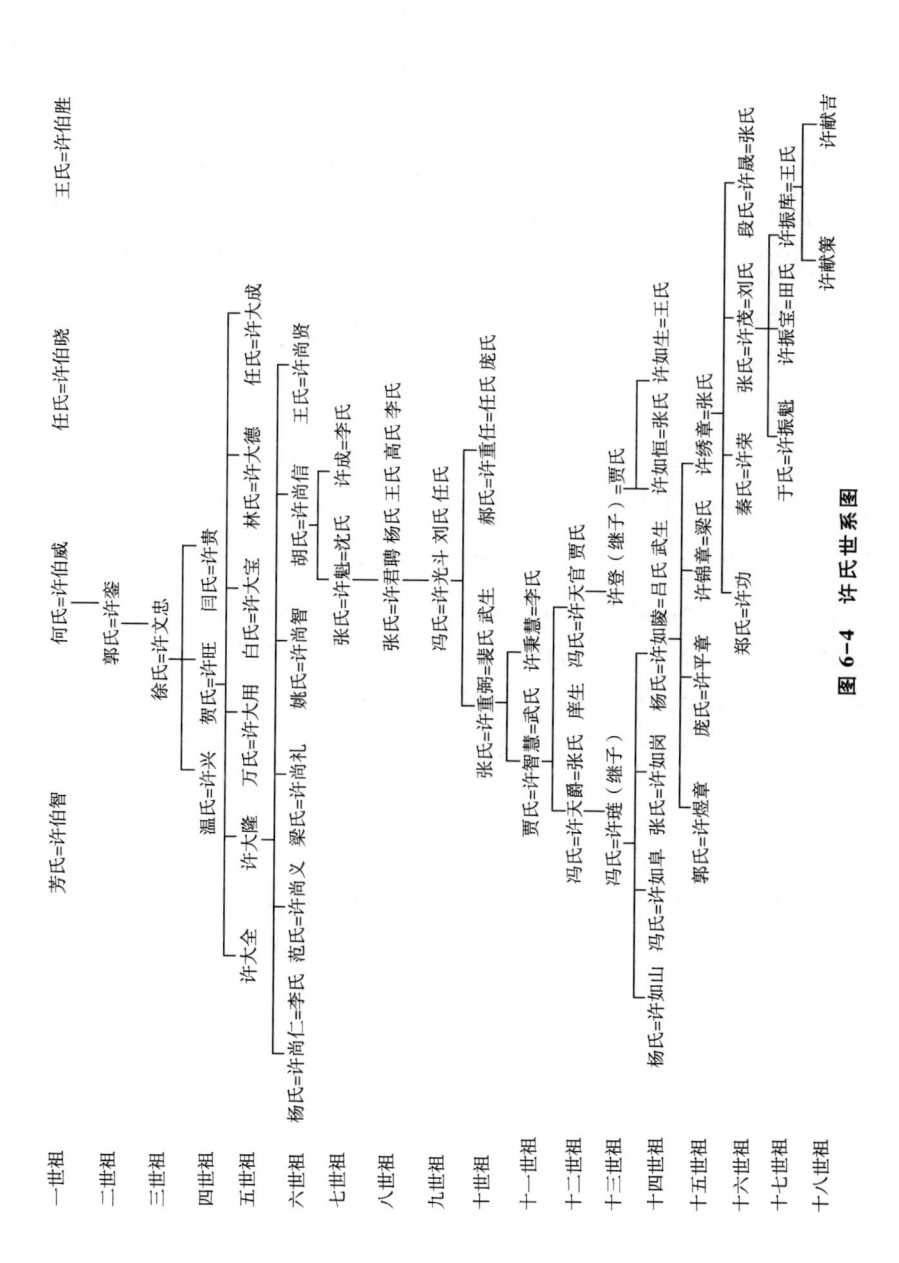

图 6-4 许氏世系图

许献吉介绍，听老一辈人讲，第七世祖许魁，是一位在当地黄天道中有影响的教派人物，信佛至虔，最终坐化归空，了道成真。自己的爷爷许茂和太爷许绣章也是教门中人。那么，按代差年龄25～30岁估算，且参以许氏第十八世孙之大致年龄段，许魁生活的时代当在天启、崇祯至顺治、康熙年间（即17世纪20年代至70年代）。不过，虽然世传许魁为许氏家族史上著名的黄天道人物，但在相关经卷中却从无提及，倒是有一位名"许言工"者见诸记载，如《文华手卷》所载圆顿八宝玉明会皇极五十三会北岸头一会膳房堡会主即为许言工。那么，许言工乃何许人物？许氏家谱查无此人，更无"言"字辈先祖，虽然许魁生活时代与许言工基本一致，但许魁并非许言工，两者之间不存在发生关联的任何证据。因此，破解许言工身份之谜，只能求诸其他线索。

《佛说勘合玄文真宝》为新见黄天道孤本经书，原本佚失，仅存复印件，封面题"明抄本"，实则当为以明抄本为母本的清抄本，其成书年代与《文华手卷》相当，主要讲述的是皇极古佛老祖、朝阳老爷留下打粮金筹，即皇极筹七十二根，由七十二贤分别掌领，"久后塞北设立银城，广度人缘，收元了道"。值得注意的是"七十二贤"之"皇极筹五十二号任佩、皇极筹五十三号曹宝、皇极筹五十五号姜甫、皇极筹五十七号尤宾、皇极筹五十八号张明"、"皇极筹二十六号郭朝"以及中央戊己筹、龙兴十六高僧之一赵仿，正是《文华手卷》中所指称的当时的"邪人"。而"乾地膳房堡住人""皇极筹三十号许堂"，则属中央戊己筹、龙兴十六高僧之一，又称"收元一祖言午"。可见，如同"弓长祖"名号的来历一样，言午祖即许堂的名号或尊称。言午为许，以拆字法表姓，这在民间较为常见，而用于称谓，避免直呼其名，既含蓄，更显敬重。

那么《佛说勘合玄文真宝》所云"膳房堡住人收元一祖言午"许堂与《文华手卷》所言"北岸头一会膳房堡会主许言工"，两者同姓同村同期，时空条件高度一致，历史难有如此巧合，由此可以推断：许堂即许言工，两者实则一人。言午与言工字形相近，"言工"很可能是"言午"之形讹，初属鲁鱼亥豕之误，后则以讹传讹。

关于许堂，许献吉称，自己没听说过许堂、许言工其人其事。同时介绍，六世祖为兄弟六人，各有后嗣，但在宗亲世系中，自六世以下，只是列出了第五房许尚信一支，即七世祖许魁、许成一支的世系传承，其他房支并未纳入，许魁并没有其他名号或别称。因此推测，许堂很可能是六世祖许尚信其他兄弟中某位的子嗣，与许魁等应为堂兄弟关系，且同为吃素信佛之人。因不属于许献吉本支嫡亲先祖，故不在族谱，更不在记忆中。更何况从十三世祖开始，许氏该房支已非嫡系，而是继子许琎、许登之后裔。

有迹象表明，言午祖许堂应该是一位比较开明的会主，对黄天道各派系甚至其他教门均采取一种比较包容的态度，不仅兼属"圆顿皇极会体系"与"皇极筹七十二贤"系统，而且在布道传法方面似乎更加积极主动，不拘一格，由此受到教内传统势力的排斥、反对甚至谩骂："北岸头行乱传法，不依天行"[①]；"膳房堡此处出了言午人，三辈真来四辈丢，背了旧路，我的佛耶，差行错路是狗徒"；"言午听，四辈年轻信邪人，堡内妖怪十三人，逐日胡混，我的佛耶，这会末后变鱼虫"。[②] 恶言恶语，已经近乎指名道姓，其针对性显而易见，矛盾的焦点是因为"北岸头行乱传法"，膳房堡"言午人背了旧路"。毋庸讳言，作为会主的"言午人"许堂自然首当其冲。不过，或许正是从这一时期开始，以膳房堡北岸头一会为核心的黄天道周边各会，逐渐走上了一条不同于"旧路"的道路，那就是"黄会"与"明会"的合流共存。

[①] 《朝阳古佛遗留三佛脚册末劫了言唱经》，民国抄本，张家口市万全区李凤云藏经。
[②] 《朝阳遗留九甲灵文宝卷》，民国抄本，张家口市万全区李凤云藏经。

第七章　明宗会源流与黄会

第一节　还源祖、还源古佛与明宗会源流

一　还源教与还源祖

目前学界对于还源教的了解相对较少,研究不多。对于还源教始创于何时,目前学界主要有两种观点:一是马西沙先生认为还源教为还源祖始创于明嘉靖、万历年间（1522~1620）。① 二是认为还源教创于隆庆年间（1567~1572）。② 而对于还源祖之家乡、留经等情况的看法,学界分歧较少,基本认同经卷的相关记载,但具体史实须做更多补证。

据载,还源祖生前吐经六部,又称"六部六册",即《销释悟性还源宝卷》《销释开心结果宝卷》《销释下生叹世宝卷》《销释明证地狱宝卷》《销释科意正宗宝卷》《销释归家报恩宝卷》,现存版本为万历十九年（1591）刊造、崇祯十三年（1640）重刊之经卷。六部经卷,总论还源,各有所重,有机统一,如"叹世卷,一句句,分派祖意。地狱卷,救众生,早出沉沦。还源卷,家乡客,早还本位。正宗卷,证傍门,单顾一针。开心卷,见性人,开花结果。报恩卷,众人宣,孝养双亲"③。其中

---

① 马西沙、韩秉方:《中国民间宗教史》,第558页。
② 谭松林主编,连立昌、秦宝琦著《中国秘密社会》第二卷"元明教门",第374页。
③ 《销释下生叹世宝卷》"性命双修出九宫品第十四",马西沙主编《中华珍本宝卷》第二辑第十二册,第432~433页。

《销释悟性还源宝卷》对还源祖出身行迹,特别是参禅悟道、明心见性的修行实践,述之甚详。

祖云:盖闻还源者,乃是归根也。要论归根,家住永平府栾州东胜卫人也。昏迷自性不得惺(醒)悟,迷失深厚犹豫一十八载不惺(醒)分文,再不想生来死去之路,古旧圆光,只有灵山古佛慧眼遥观,暗想还源自性到于东土,一十八春不见回还,就叫圆真普眼菩萨,你往东土跟找光明一遭,听说拜谢圣意,下的灵山来至村中双林树下落脚,盘膝打坐,夜至三更,作一南柯景梦,摄光显化还源悟惺(醒),我佛差你临凡度脱众生,焉能一十八年斋戒不闭,几时回还?连警三遭,醒来却是一梦,自己昧知到于第明,早晨沐手焚香,拜谢天地,斋戒闭了,闷闷昏昏,逐日犹豫,不知来踪去路,直到万历十一年正月十五日正当午时,一阵昏迷,倒在尘埃,分文不醒,只见一僧人,身披经衣,手托钵盂,来到宅门,高叫那子焉能不参禅,如何眈睡?还源梦中答应怎么参禅?僧曰:听吾指点,上前从顶门往下从脚根(跟)往上,指点一遍,佯长去了。祖云省来面朝正南端坐,只见真性出窍入窍,金色世界,化乐天宫,光明不断,瑞气腾腾,又见满宅之中香烟缭绕,心中欢喜,吾那时就要归山,寻思一会,想起父母年老,无有倚靠,家中修罢,父母不依,聚下妻儿贾氏,闷闷昏昏,直到万历十六年九月二十七日黄昏戌时,入一三昧禅定,当人发现,顿断灵气,去了三日醒回,寻思一会,心如刀搅,几时顿断恩爱,沉沦何时抛却,自巳昧知,只到十月初三日,满斗焚香拜谢天地,辞谢父母,又辞诸亲故友,拜罢径奔盘山,佯长去了,每路心中烦恼,游到净业庵中,不惜身命,昼夜苦坐,坐到十一月初一日,禅定几死,真性归家,撇下凡胎假相,一包脓血之身,在于地下,祖云赞叹,有我本性在内,争南占北,一时无我,肉似泥胎,骨如柴棒,又说家乡古佛,一见真性接着接到菩提树下,高一千由旬,正当五百由旬真性而坐,巍巍不动,只听天乐迎空,笙琴细响,又见罗汉圣僧都来参拜,拜罢各照尊次坐下，还源曰：这是那（哪）里？古佛言说这是家乡紫阳殿化乐宫，今日你还家，接待当人。古佛又问还源，焉能不在东土，来家何故？尊言东土众生极是难度，信正的少，信邪的广多。古佛又说，你还去东土度脱众生，我与你八件圣宝，八大菩萨罗汉圣僧，又领八万四千威意到于东土，逢恶恶度，逢善善度，你那里传教说法，我这里光明自照，听曰拜谢古佛，又见圆光滚滚来入本窍，忽的一声坐在方寸，二目睁开，只见那光明不断，醒来浑身冰冷，四稍酸麻，心中烦恼，无人将养，多亏贤公康道诱引法门，搬回将养，直至十二月十五日正当二更，面朝正西端坐，只见西南摄白云祥光十道，穿墙而过，遣吾摄照，心如明镜，法似苍海，无有遮拦，才留下一部还源宝卷与后代照样所修。①

经文开宗明义，首先点明所谓还源乃是归根，要论归根，家住永平府栾州东胜卫人。底细既已交代清楚，接着现身说法，讲述自己修行的曲折经历与人生感悟。

机缘起于灵山古佛慧眼遥观，发现还源祖昏迷自性"一十八载不惺（醒）分文"，暗想"还源自性到于东土，一十八春不见回还"，于是差遣圆真普眼菩萨，摄光显化，警醒还源。从此，还源祖发心向道，唯不得要领，直到万历十一年（癸未，1583）正月十五日午时，睡梦中由圣僧开示，指与参禅之法，方得开悟，遂萌生归山隐修之念。

但碍于家中父母年老，无有倚靠，故暂且在家修行。又遵父母之命，不得已娶妻贾氏。直到万历十六年（戊子，1588）九月二十七日黄昏戌时，参禅入定，运出阳神，三日方醒。只是尘缘未了，直到十月初三日，毅然辞谢父母及诸亲故友，径奔盘山，游到净业庵中，昼夜参禅苦坐，到十一月初一日，定中真性归家，复遵古佛使命，愿东土度脱众生。出定醒来，身冷体弱，加之生活无着，心中烦恼，多亏贤公康道诱引法门，接回调养，

---

① 《销释悟性还源宝卷》，马西沙主编《中华珍本宝卷》第二辑第十二册，第7~15页。

直至十二月十五日正当二更，慧光发现，明心见性，留下一部还源宝卷，以供"后代照样所修"。

由上而言，可以明确以下几点。（1）还源祖家住永平府滦州东胜卫。东胜卫分为东胜左卫与东胜右卫，左卫在今卢龙县，为府治所在地，右卫在今遵化市。（2）还源祖18岁时发心向道，至万历十一年正月始参禅修行。以此推断，还源祖的生年当在嘉靖末年1565年前后。（3）还源祖问道缘由，完全在于个人根性，与家庭环境无关。其具体师承不甚明了，或为某位僧人。（4）还源祖初期在家修行，为火宅居士，娶妻贾氏，别无兄弟，与年迈父母一起生活。（5）婚后近5年，即万历十六年（1588）十月初三日至十一月初一日，在盘山净业庵参禅修行近一个月。净业庵又名云净寺，辽金故址，后历代重修，位于今蓟州区官庄镇砖瓦窑村二队。[①]（6）赖"贤公康道诱引法门"助养关照，万历十六年十二月十五日明心见性，开悟得道，留一部还源宝卷。不过，所谓一部还源宝卷，实则为十二部经和卷之统称，如经云"还源宝卷修行大，有凡有圣在经中"[②]。又"今得道，显本性，留下宝卷。留宝卷，十二部，劝化众生。凡六部，在东土，兴流天下，圣六部，在今朝，镇库太平"[③]。

这样，还源祖至盘山修行仅两月有余，即功成果满，且远超预期，诚如宝卷所云："我只说，奔盘山，三年功满。不承望，修行大，当时功成。"[④] 其时，还源祖25岁左右，正值青春年华，但体质似乎欠佳。随后，以盘山之行为契机，还源祖正式开启了其开宗立派的创教活动。而在这一过程中，盘山当地的康道及其诱引法门，可谓助力甚大，不仅对还源祖本人照顾有加，而且在刊板印造和重刊宝卷方面发挥了重要作用，如迄今所

[①] 丁连举编著《蓟县民俗录》，天津人民出版社，2016，第66页。吴梦麟、刘卫东校点，清释智朴撰《盘山志》卷四"建置"，中国书店，1997，第200页。

[②] 《销释悟性还源宝卷》"收元结果品第二十三"，马西沙主编《中华珍本宝卷》第二辑第十二册，第156页。

[③] 《销释悟性还源宝卷》"盘古不坏经品第十一"，马西沙主编《中华珍本宝卷》第二辑第十二册，第86页。

[④] 《销释悟性还源宝卷》，马西沙主编《中华珍本宝卷》第二辑第十二册，第16~17页。

见"万历十九年（1591）十月吉日刊造""崇祯十三年三月吉日诱引法门康道洎领各会善信陈善人重刊"之"宝卷六册"①，即当时康道集合诱引法门各会善信，特别是陈善人之力重刊版本。同时可证，最迟至万历十九年（1591），还源教之六部六册已经全部刊出，而康道从万历十六年至崇祯十三年，则一直为诱引法门会首，至少52载。甚至有理由推测，康道诱引法门或许就是还源祖赖以创教的基础和核心力量。

还源祖与康道为同时代人物，康道享年至少70岁，那么还源祖寿命几何？经云：

> 还源卷，得完成，丝毫不挂。修行人，一常苦，才得成功。为真经，不打紧，逐日烦恼。无昼夜，苦坐禅，功上加功。以今番，圆成了，兴流天下。收了元，结了果，即早回程。吾今日，留真经，不图财物。单找你，信心人，同（回）到家中。后来人，家乡客，仔细听法。经中说，无别言，单找灵根。善男女，舍资财，刊板印造。吾归家，稍（捎）带你，一处相逢。若要有，做官人，刊板印造。刊一部，还源卷，永不下生。若要是，会中人，齐心刊板。十方缘，助道场，万古标名。十二部，经和卷，男女刊了。与诸佛，一般齐，永续长生。吾今日，刊真经，不为自己。为天下，男和女，本来之人。②

其大意为自己历尽辛苦，还源宝卷终于完成，且必将流布天下，虽说已了无牵挂，本该收元结果，即早回宫，但因宝卷尚未刊印，于心不甘。并再三强调，留经不图财物，刊经非为自己，如有善男信女、官员、会中人肯舍资财，齐心刊板印造，则必有福报，与诸佛齐，永续长生。

---

① 《销释归家报恩宝卷》"主人菩萨参禅品第二十四"，马西沙主编《中华珍本宝卷》第二辑第十三册，第333页。

② 《销释悟性还源宝卷》"了当人品二十一"，马西沙主编《中华珍本宝卷》第二辑第十二册，第143~146页。

"宝卷造完今圆满，一去归空恁纵横。贾氏门前留宝卷，无毁无坏到如今。"① 从留经到刊经，应该说还源祖的努力最终得到回报，宝卷刊造进展顺利。那么，心愿既已达成，归空即成自然。换言之，留经与刊经属前后关联的两个不同时间段，还源祖归空之日，当在刊板印造之际。那么，据《销释归家报恩宝卷》卷末题款"万历十九年十月吉日刊造宝卷六册"判断，还源祖卒年当不会早于万历十九年。若此，还源祖归空时尚不到30岁，属英年早逝，六部六册成为其身后最重要的教派遗产。

禅定功夫是还源祖修行的主要内容。经云"禅定功夫几个知闻，答上这真宗，受持妙法，了死超生"②；"一禅定，不见性，不肯放舍。二禅定，圆光现，直上昆仑。三禅定，玄妙门，当人出现。四禅定，霹雳响，击碎昆仑。响一声，真性去，超佛越祖。到家乡，无相国，古佛来迎"③。又云参禅"十步功案"：

十步功，都行过，见性明心。头一步，念弥陀，打扫心地。第二步，学打坐，观想当人。第三步，当人动，不离本地。第四步，找圆光，直上昆仑。第五步，出九宫，三华聚顶。第六步，见当人，常古玄门。第七步，金乌洞，霹雳山响。遵天门，响一声，迸出圆光。圆光性，超三界，龙华赴会。第八步，功程大，五蕴顿空。第九步，归家去，逍遥自在。第十步，脱凡胎，永不下生。后代人，参的透，十步功案。不用你，去参禅，死坐行功。④

---

① 《销释归家报恩宝卷》"主人菩萨参禅品第二十四"，马西沙主编《中华珍本宝卷》第二辑第十三册，第327页。
② 《销释悟性还源宝卷》"度众生显性品第九"，马西沙主编《中华珍本宝卷》第二辑第十二册，第75~76页。
③ 《销释归家报恩宝卷》"了凡身题目脱苦品第一"，马西沙主编《中华珍本宝卷》第二辑第十三册，第18页。
④ 《销释开心结果宝卷》"团圆菩萨收尽品第六"，马西沙主编《中华珍本宝卷》第二辑第十二册，第228~230页。

参禅不仅是还源祖明心见性、超凡入圣、了死超生的基本功程，也是还源祖获得神秘体验的一种方式。这种体验，可称之为圆光性，或圆光本体①，是修行达于至境的一种自然显现。其特点表现为光景和梦景的体验：

  一段圆光去归空，禅定解脱到家中，醒来又见白光摄，冲天拄地接当人。②

  僵（强）说罢，入涅槃，参禅打坐。见真性，一轮月，跳在当空。掐剑诀，端坐住，知觉动用。一段光，通天地，就要起身。不多时，见家乡，亲来接引。无为祖，摄宝光，冲满天宫。③

  坚固解脱找圆明，当人弩（努）力上昆仑。摩顶授偈归家去，圆光发现出九宫。
…………
  默默的，一步功，当人发现。……一段光，在目前，无来无去。见圆光，无其数，昼夜常明。性见命，命见性，打成一片。凡八两，圣半斤，丈六圆明。常出窍，超三界，逍遥自在。恁纵横，伴无为，坐定光明。④

  修行人，在蒲团，参禅入定。见真性，共明月，目前常行。⑤

定中圆光发现，皎如明月，性命相见，逍遥自在，这就是宝卷所谓见

---

① 《销释悟性还源宝卷》"接当人归家品第一"，马西沙主编《中华珍本宝卷》第二辑第十二册，第23页。
② 《销释悟性还源宝卷》，马西沙主编《中华珍本宝卷》第二辑第十二册，第20页。
③ 《销释开心结果宝卷》，马西沙主编《中华珍本宝卷》第二辑第十二册，第195页。
④ 《销释下生叹世宝卷》"争名夺利愚人无下场品第一"，马西沙主编《中华珍本宝卷》第二辑第十二册，第348~350页。
⑤ 《销释下生叹世宝卷》"明真解祖吊贤人品第三"，马西沙主编《中华珍本宝卷》第二辑第十二册，第363页。

性解脱或见性解，"见性解脱显光明，性离凡体月在空"，"见性解，世间少，难明此意。这真性，离凡体，常伴清风。修行人，见本性，心中欢喜"，"见性解脱显现修行，当人离凡身，三界以外常伴清风"，"当人出窍离凡身，稳坐藕花千叶心。白光不断池中显，接送当来主人公"。① 性离凡体是见性解脱的本质。在这里，所谓离凡体之性或离凡身出窍之当人，虽已初具内丹修行中元神或阳神概念的意味，但似乎带有更多罗祖无为教影响的印记。其实，无为法、无为妙法、兴流天下无为法、无为圣意、真空老祖等概念，在还源宝卷中不时出现，而所谓还源法却只是偶有提及。还源会应该是还源教当时的自称，入还源会者，宝卷中称之为"会下道人"。显然，道人名号并非还源会所独称。

总之，还源教为还源祖始创于万历十六年（1588）至十九年②，标榜"还源会下，单传正宗，修行办道"③，重禅定法门，不离本性，以明心见性为宗旨。还源祖姓名不详④，大致生活于嘉靖四十四年（1565）至万历十九年，英年早逝，留有六部六册宝卷。

二　还源古佛与明宗会

还源教创立后，遂成为与无为教、黄天道、大乘教、西大乘教、圆顿教等齐名，具有地区影响力的教派之一，这不仅改变了北直隶地区的宗教

---

① 《销释下生叹世宝卷》"明真解祖吊贤人品第三"，马西沙主编《中华珍本宝卷》第二辑第十二册，第361~364页。
② 清顺治己亥（1659）刊本《销释接续莲宗宝卷》云：木子"在壬辰年（1592）写祖龙华经一部"，"在甲午年（1594）留开山经一部"，"在己亥年（1599）写莲宗经一部"（马西沙主编《中华珍本宝卷》第一辑第九册，第270页）。上述三部经均提及还源祖与还源教，此均可佐证还源教始创不晚于1592年。
③ 《销释下生叹世宝卷》"周朝佛显圆光品第十一"，马西沙主编《中华珍本宝卷》第二辑第十二册，第416页。
④ "大乘教经名《还源》、《开心》、《明证》、《报恩》等项，其教闻系王师傅从前在北京盘山修行兴教的"（《军机处录副奏折》，乾隆三十三年九月十七日浙江巡抚永德奏折，转引自马西沙、韩秉方《中国民间宗教史》，第1096页）。奏折所言大乘教经名，实则为还源教经典，而盘山修行兴教之王师傅也与还源祖身份相合。以此而言，还源祖或俗姓王，还源教当与罗祖大乘教存在某种关联。

版图，而且为教派之间的互动注入了新活力。这一时期，除无为教罗清、黄天道李宾等少数几位教祖故去以外，其他各派教祖、接法教主，或大力弘道，扩张教势，或设想构建一种统合诸教、分派定宗、杆枝相续的道统体系，如"木子"即其代表性人物。"木子"或"木人"，自称"在壬午年（1582）参拜弓长，亲蒙受偈，在壬辰年（1592）写祖龙华经一部，明心见性，在甲午年（1594）留开山经一部，兴隆祖教，在己亥年（1599）写莲宗经一部"①。木子自认为嫡出弓长祖圆顿教门，接续大乘教石佛祖教法，且从1592年至1599年，陆续撰写经书三部，即所谓"木子留经偈，替祖写真经"②，其意图之一就是构建一个接续莲宗、圆融诸派的道统体系。所谓接续莲宗，即如经书所云"接者是接续传法，续者是续祖莲宗，莲者是莲宗圣意，宗者是宗教流通，这便是接续莲宗也"③。在木子构想的这一宏大蓝图中，还源教还源祖与无为教四维祖、西大乘吕皇祖、黄天教普静祖、大乘教石佛祖、圆顿教弓长祖等，统统被纳入"接续禅宗诸祖派"的框架体系。④ 尽管如此，还源教、还源祖的教派属性和地位是明确而清晰的，还源祖是还源教之还源祖，属还源教创教祖之专称和唯一名号，此外并未发现有其他法号或别称。"有还源祖，入盘山修行，留六部六册经卷，设还源法门。"⑤ 还源祖、盘山修行、六部六册、还源法门，成为还源教有别于其他教派的关键词。

大乘教石佛祖与还源教还源祖对举并称，一同被纳入莲宗接续体系，以其与圆顿教弓长、木子之间的师承关系，石佛祖又被尊称为法王石佛、石佛王祖、法王、石佛域老法王等诸多名号：

---

① 《销释接续莲宗宝卷》"接续莲宗品第一"，马西沙主编《中华珍本宝卷》第一辑第九册，第270页。
② 《销释接续莲宗宝卷》"接续莲宗品第一"，马西沙主编《中华珍本宝卷》第一辑第九册，第281页。
③ 《销释接续莲宗宝卷》，"接续莲宗品第一"，马西沙主编《中华珍本宝卷》第一辑第九册，第38页。
④ 《销释接续莲宗宝卷》"红梅六枝品第二十四"，马西沙主编《中华珍本宝卷》第一辑第九册，第186页。
⑤ 《销释木人开山宝卷》，马西沙主编《中华珍本宝卷》第二辑第十四册，第604页。

第七章　明宗会源流与黄会

法王石佛演大乘，弓长老祖立法门。①

弓长曰：吾儿在东土领石佛王祖修行。②

有石佛域老法王亲下龙宫取在石佛域。③

昔日法王留真经，后有弓长转法轮。④

有法王石佛下生投东，落在无影山前石佛域中。⑤

弓长祖，拜石佛，领授修行。⑥

老法王立下东大乘。⑦

如果说还源祖以其还源法门与还源六部经而称名的话，那么石佛祖、石佛王祖之类名号，则因其家门在石佛口且姓王而得之。

关于石佛祖所指，学界普遍认为石佛祖即东大乘教，或闻香教、清茶门教创始人王森。其祖籍为顺天府蓟州人，原名石自然，后改名王森，又

---

① 《销释接续莲宗宝卷》"红梅十八枝品第三十六"，马西沙主编《中华珍本宝卷》第一辑第九册，第 272 页。
② 《古佛天真考证龙华宝经》（万历二十七年折本）"张领法品第五"，马西沙主编《中华珍本宝卷》第三辑第二十九册，第 68 页。
③ 《古佛天真考证龙华宝经》（万历二十七年折本）"东西取经品第十二"，马西沙主编《中华珍本宝卷》第三辑第二十九册，第 153~154 页。
④ 《古佛天真考证龙华宝经》（万历二十七年折本）"东西取经品第十二"，马西沙主编《中华珍本宝卷》第三辑第二十九册，第 156 页。
⑤ 《销释木人开山宝卷》，马西沙主编《中华珍本宝卷》第二辑第十四册，第 602 页。
⑥ 《销释木人开山宝卷》"唤惺当人品第四"，马西沙主编《中华珍本宝卷》第二辑第十四册，第 657 页。
⑦ 《销释木人开山宝卷》"开荒苦功品第六"，马西沙主编《中华珍本宝卷》第二辑第十四册，第 675 页。

名王道森。① 由于该教派在创成和发展过程中曾受多种教派影响，其教义体系庞杂，经非一卷，教不一名，虽然内容丰富却缺少特色。② 而究其原因，大概在于搜罗经卷过多，自创和原创经卷较少，且不够知名。据称，石佛王祖在家乡石佛口留有一千二百部经卷："祖因泄露天机，戊午③还源入圣。祖在生时，域中亲留真经一千二百部，上四百部说的是诸佛命脉，秘密消息，中四百部讲的是符水丹书，救度众生，下四百部言的是真言口诀，出世之因。"④ 或许，所谓留经一千二百部未免夸张。且不论石佛王祖是否王森，但按常理推测，王森既为东大乘教教主，且名声日隆，招摇一方，若无吐经造卷之能，仅凭搜罗或继承经书，攀附权贵，实难做到这一点。想必东大乘教与其他新兴教派一样，应当有本派特色的原创经典，或许这些经典不够著名。

至于东大乘教始创于何时？经卷无明确记载，学界一般认为创立于万历年间，但具体何年何月，尚难定论。不过，弓长祖作为石佛王祖的嫡传弟子，从其行迹可做大致推断。经云"我且问你：汝在东土，行的是那步功夫？弓长曰：吾儿在东土领石佛王祖修行，传与我三皈五戒"⑤。又云弓长祖"甲子年（1564）正月一，见性明心"⑥，"己巳年（1569）南北展道，辛巳年（1581）东西取经"⑦，包括"领定真五老"亲往"石佛域内取真经"。以上可以理解为弓长祖从一开始即师从石佛王祖修行，王祖传与其三

---

① 马西沙、韩秉方：《中国民间宗教史》，第550页。
② 马西沙、韩秉方：《中国民间宗教史》，第610页。
③ 《古佛天真考证龙华宝经》万历二十七年（1599）折本所记石佛王祖"还源入圣"之"戊午"年，当为嘉靖三十七年（1558），与王森卒年相差甚远。以此推测，石佛王祖或另有其人，王森或是后来袭用其名号者，而东大乘教的创始当不会晚于1558年。
④ 《古佛天真考证龙华宝经》"东西取经品第十二"，马西沙主编《中华珍本宝卷》第三辑第二十九册，第154页。
⑤ 《古佛天真考证龙华宝经》（万历二十七年折本）"家乡走圣品第四"，马西沙主编《中华珍本宝卷》第三辑第二十九册，第68页。
⑥ 《古佛天真考证龙华宝经》（万历二十七年折本）"无生传令品第三"，马西沙主编《中华珍本宝卷》第三辑第二十九册，第54页。
⑦ 《古佛天真考证龙华宝经》（万历二十七年折本）"东西取经品第十二"，马西沙主编《中华珍本宝卷》第三辑第二十九册，第157页。

皈五戒等功夫，并在嘉靖四十三年（1564）甲子明心见性，隆庆三年己巳（1569）南北展道，万历九年辛巳（1581）广罗经卷。那么以此判断，石佛王祖作为一代祖师，其得道传法的时间应该不会晚于嘉靖四十三年，若考虑到弓长从学法到明心见性，中间有一个修行过程的话，则王祖实际上的布道活动应该更早。因此东大乘教创立的时间当在嘉靖四十三年之前或更早。

关于王森的生卒年，一种观点认为王森生于嘉靖二十一年（1542），卒于万历四十七年（1619），享年77岁。[①] 或认为王森生于嘉靖十五年（1536），卒于万历四十七年（1619），活了84岁。[②] 两者对王森卒年的看法一致，唯在其生年问题上略异。

迄今，由于缺乏相关资料，学界对于王森其人是否还有其他法名或道号，是否创有本派经典，以及关于其家世的更多情况，还不是十分了解。最近几年，新见两本东大乘教系的经书宝卷，即《佛说莲宗宝图》和《还源祖莲宗宝卷》，可在一定程度上弥补这方面信息的不足。两册经书均属民国抄本，在文字及宗派图、九杆图、天干图等内容方面，两者基本一致，应为同卷异名之经书。不过，虽然两者均配有六幅绘图，但其中各有一幅不同，即《佛说莲宗宝图》无"法名图"，而《还源祖莲宗宝卷》则无"安身立命图"。值得注意的是，《佛说莲宗宝图》绘图之后的"后续"部分，则是《还源祖莲宗宝卷》所缺内容，但也是最重要的内容。

顾名思义，经书的主题在于阐述莲宗接续的宗派杆枝体系及其形而上的神学依据，在其编织的三宗五派九杆十八枝层级结构中，又大别为大乘性宗兴隆派、弓长莲宗兴隆派和总引明宗兴隆派等三大派系，三者相对独立，自成体系，统属"圆顿佛门兴隆派"，即所谓"立定三十六字总宗派，各绪宗派枝杆，莲宗宝图，圆顿佛门兴隆派"。其中总引明宗兴隆派，又称明宗，属"还源古佛"之"红梅"宗派杆枝系统，还源古佛即明宗之祖，经云"还源古佛明宗祖"，"还源祖教是清净教，门是大乘门，法师（是）

[①] 马西沙、韩秉方：《中国民间宗教史》，第550页。
[②] 谭松林主编，连立昌、秦宝琦著《中国秘密社会》第二卷"元明教门"，第221页。

蕴空法，道是真常道，会是华严海会，派是总引明宗兴隆派，号是通天圣号，杆是九色杆，枝是五行枝，祖立三宗五派九杆十八枝"。① 又"道号明宗祖还源，古性（按：性当为姓）王爷落东边。万历年间祖出世，大法开通度有缘"②。由上可知，还源祖俗姓王，万历年间出世行教，道号明宗，故又称之为明宗祖或还源古佛明宗祖，民间则偶或呼之为王还源、王明宗。不难理解，之所以称之为明宗祖，与其总引明宗兴隆派不无关系。总引明宗兴隆派又称明宗会，如拜师发愿文中即有"今日投在我佛会下持斋学好，受持老爷三皈五戒，领愿三层，是还源老祖的儿女明宗会内弟子"，云云。③

"古姓王祖落东边。"所谓东边，意指明宗王祖之家乡，即永平府栾州卫石佛口。此地是其开宗立派、出世行教之发祥地，故永平府栾州卫石佛口又称之为"明宗教乡"④。

关于"明宗教乡"之王祖家世及明宗会清净戒律，经云：

明宗教乡永平府栾（滦）州卫石佛口王府堂中世代宗祖倍列后于

诰封荣禄大夫祖王公生于正德丙寅年（1506）十二月初八日，卒于万历丙子年（1576）正月初三日。

诰封一品妇人姜氏祖母生于嘉靖己亥年（1539）十一月初八日，卒于万历丁丑年（1577）正月二十五日。

教主王森头开法，古还源佛生于嘉靖己亥年（1539）十二月初八日，卒于太（泰）昌庚申年（1620）四月十七日子时。

掌法古太太孙氏生于万历癸酉年（1573）八月初七日，卒于天启

---

① 《还源祖莲宗宝卷》，民国抄本，张家口市万全区张德年藏经。《佛说莲宗宝图》，民国抄本。
② 《佛说莲宗宝图》，民国抄本。又《血盆经等经咒发愿文》（民国二十八年抄本，张家口市万全区张德年藏经）："道号明宗祖还源，古姓王祖落东边。万历年间祖出世，大法开通度有缘。"《细讲注解释明道礼堂言》（民国九年抄本，永善堂）："若知吾乃何祖，道号明宗古还源。"
③ 《血盆经等经咒发愿文》，民国二十八年抄本，张家口市万全区张德年藏经。
④ 《佛说莲宗宝图》，民国抄本。

壬戌年（1622）正月十七日。

掌法二倍老爷生于万历乙亥年（1575）正月初三日，卒于顺治戊子年（1648）十月二十日。

二倍太太郎氏生于万历乙酉年（1585）八月十一日，卒于天启壬戌年（1622）十一月初八日。

诰封游江杭州副总兵三倍老爷生于万历丙辰年（1616）四月初□日，卒于康熙丙辰年（1676）十月初四日。

诰封一品妇人官太太石氏生于顺治壬午（？）年（甲午1652年或壬辰1654年）正月二十五日，卒于康熙癸未年（1703）九月十五日。

诰封荣昌县知县儒人四倍老爷，太太吴氏。

红梅杆东九枝陕西西安府渭南县城东乡三十里亦水岭丰收原竹林村掌法周爷以上，绪广平府杜爷、安家楼安爷、永平府栾州东胜卫石佛口家乡王爷，是还源老祖留三宗五派九杆十八枝、清净教、大乘门、蕴空法、收元道，普传与众头行知悉，要按佛皈行事，勿的混行，今将条皈开例于后：

看经只许祖凡圣一十二部，不许诸杂念，如要不尊者，看那教经皈那教去，吾门不准。

早晚拜佛，以大参礼佛，不许三参二参，世人如有不改者，出教。

上供，只许茶供果供饼供面供油供，不许早供汤饭午供菜蔬改正。

佛堂上供，以堂法主在前，散众在后，各按次第不许乱混佛皈，以防降灾。

请佛祷忏，只许一句了言，不许胡请多说，日出千言，岂有不错之理，戒之。

入堂参礼，先要正冠净手，不许双进双出，站窥乘要以十，不许行事，正之。

大众入堂，不许胡言乱语，各守皈阁，如不尊者，顶经罚跪。

三皈者不正，五戒不清者不准皈元。

不孝父母，忤逆之人，不准皈元。

不报皇王者，不准皈元。一不行截上者不准皈元。

不赌博不行正事者，不准皈元，出会。

吃烟之人，如有法者，传与后人，不许尊他，混行者不准皈元。

杀牲者一偷盗之人，不尊法戒者，邪淫之人，永下地狱，不准皈元。

上条例按情理轻重，各以参改，如有法之人，乱戒者，不准皈元。

按佛规行事者，要三皈正五戒清，一切行正之人周门永保皈元。

清净戒律十不许

不许在会中拘神捉鬼，二不许在会中法水灵符，三不许在会中求课占卦，四不许在会中烧纸点灯，五不许在会中诸经杂像，六不许在会中论国衰兴，七不许在会中夜聚明散，八不许在会中妄起无名，九不许在会中开斋戒，不准入会，十不许在会中欺师背恩。

清净教门无别说，单提正念但指像，扑顽空造业众生。①

以上提供了诸多关于石佛口王祖家世及其教门戒律的确切信息，概而言之，至少可以明了以下几点。

第一，古还源佛、还源古佛或还源老祖，即教主王森无疑。王森为"头开法"之始祖，生于嘉靖十八年己亥年（1539）十二月初八日，卒于泰昌元年庚申年（1620）四月十七日子时，享年81岁。其妻即掌法古太太孙氏，生于万历元年癸酉年（1573）八月初七日，卒于天启二年壬戌年（1622）正月十七日，终年49岁。

第二，王森之父生于正德元年丙寅年（1506）十二月初八日，卒于万历四年丙子年（1576）正月初三日，享年70岁。其母姜氏，生于嘉靖十八年己亥年（1539）十一月初八日，卒于万历五年丁丑年（1577）正月二十

---

① 《佛说莲宗宝图》，民国抄本。

五日，终年38岁。不过从其生年判断，可知姜氏并非王森生母，或为侧室、继室也未可知。

第三，掌法二辈老爷，即王森之子，生于万历三年乙亥年（1575）正月初三日，卒于顺治五年戊子年（1648）十月二十日，享年73岁。以其年龄判断，可知王森之妻孙氏并非其生母。其妻即二倍（辈）太太郎氏，生于万历十三年乙酉年（1585）八月十一日，卒于天启二年壬戌年（1622）十一月初八日，终年37岁。

第四，三辈老爷，即王森之孙，生于万历四十四年丙辰年（1616）四月初□日，卒于康熙十五年丙辰年（1676）十月初四日，享年60岁，既未掌法，也非教内人物。所谓诰封游江杭州副总兵，显示三辈老爷当属官场中人，同时根据方志资料，可以推定，三辈老爷即王可就。王可就，字向明，王森次子王好义之子，以功升延安参将、杭州城守副将、福建副总兵等职，年六十二，平叛捐躯，"上叹悯其忠，赐祭，荫二子。长应麟任荣昌令"①。其妻石氏，诰封一品妇人官太太，生于顺治壬午（？）年（按：顺治无壬午年，或甲午1652年，或壬辰1654年）正月二十五日，卒于康熙四十二年癸未年（1703）九月十五日，终年49岁或51岁。值得注意的是，三辈老爷既为王可就，那么按传统排辈习惯，二辈老爷非王可就之父王好义莫属。

第五，四辈老爷，所谓诰封荣昌县知县儒人，即王可就之长子、荣昌令王应麟②，太太吴氏。

第六，"三宗五派九杆十八枝、清净教、大乘门、蕴空法、收元道"为还源老祖所留。

第七，条规戒律共25项，其中首条强调"看经只许祖凡圣一十二部，不许诸杂念，如要不尊者，看那教经皈那教去，吾门不准"；又"不许在会

---

① 吴士鸿修，孙学恒纂，顾艳霞点校《嘉庆〈滦州志〉》卷之七"人物志·忠烈"，中国广播电视出版社，2007，第265页。
② 吴士鸿修，孙学恒纂，顾艳霞点校《嘉庆〈滦州志〉》卷之七"人物志·忠烈"，第265页。

中诸经杂像"。可见,"凡圣一十二部"应当是其教内认可的祖留本派唯一经典。所谓"凡圣一十二部",即"圣六部:文殊、普贤、地藏、观音、无字、圣母。凡六部:明宗、开宗、显宗、归宗、正宗、圆宗"①。其详如经所云:"凡六部颁行天下,首部明宗,颁行天下。二部开宗,考正人心。三部显宗,仁义礼智。四部皈宗,了脱幽冥。五部正宗,扶宗立教。六部园宗,孝顺双亲。圣六部镇库太平,无字经、观音经、文殊经、普贤经、地藏经、圣母经。"② 凡六部经中,迄今已知最早刊本为明刻本《明宗牟尼注解祖经》,此外尚有民国刊本《明宗牟尼注解祖经》《显宗下生注解祖经》《正宗无字注解祖经》《圆宗五陀注解玄经》等四部经卷。③

综上分析,可知还源祖、还源古佛即石佛口王森,道号明宗,或称王还源、王明宗,为清净教、大乘门、总引明宗兴隆派之教主,凡圣十二部堪称其本派经典。二辈掌法即王森次子王好贤,但从其孙辈王可就开始,则与教门全无干系。进而推测,这份"明宗教乡"王森家族世系,很可能出自王森家族特别是王好贤二房后裔之手。因为它全然隐去了长房王好礼、三房王好贤的存在。

那么,既然已有还源教之还源祖名号,王森为什么会被称为还源祖?很显然,此还源祖非彼还源祖。还源教之还源祖与明宗会之王还源,两者既非一人,更不同教,年龄、身世、家庭、父母、子女等情况以及组织理念一概有别,唯同属滦州东胜卫,同地同乡,或者同姓。难道是巧合抑或有意为之?

据马西沙先生研究,王森于万历四十七年物故后,至天启年间,王氏家族因闻香教反明事件诱发的矛盾而内讧,"导致王姓及闻香教的分裂。王好贤后裔一支不得不从滦州石佛口迁至卢龙县安家楼④。而王好礼、王好义

---

① 《还源祖莲宗宝卷》,民国抄本,张家口市万全区张德年藏经。
② 《明宗牟尼注解祖经》,民国石印本,明会永善堂藏经。
③ 王见川等编《明清民间宗教经卷文献续编》第二册编目。
④ 据实地调查,安家楼村距离石佛口村约15华里,过去两村分属卢龙县和滦县,现同属唐山市滦州市九百户镇和雷庄镇下辖村。——笔者注

后裔仍然族居石佛口。此后石佛口一支掌握教内大权"①。入清以后,"王氏家族继续分裂。王门三支(长房王好礼、二房王好义、三房王好贤)后裔由于各自社会政治、经济地位不同,在传教问题上表现出不同立场。清初,二房王好义之子王可就率众降清,获取高官厚禄,封妻荫子。此派后裔几乎无人传教",至"清代中叶,清茶门教传教中心已由滦州石佛口移至卢龙县安家楼"②。可见,由于时代变迁,社会政治地位以及在传教问题上所表现出的立场不同,王森家族后裔各自做出了不同的选择。特别是在清廷渐次展开对邪教打压取缔的背景下,二房王好义后裔实际上是做出了一种与传教家族,特别是王好贤族人尽量撇清关系、拉远距离以明哲保身的策略,尽管事实上不能完全回避和摆脱与王氏家族的关系,特别是作为祖辈与教主双重身份的王森,则是无论如何绕不过去的人物。于是,模糊或抹去敏感人物之身份、信息,变换或新起某种法号、名目,就成为变通之法。从石佛王祖、石佛祖而古还源佛、还源古佛、还源佛、王还源、王明宗,从闻香教、清茶门教到总引明宗兴隆派、明宗会、明宗教,既是一种适应性社会转型,更是一种应急性生存策略。尤其是在石佛祖渐被污名化、妖魔化的情况下③,讳称石佛祖,变换法名道号,或直接将王森改称王道森④,从特定的个性化标志符号——名号和姓名上,彻底切断

---

① 马西沙、韩秉方:《中国民间宗教史》,第 575 页。
② 马西沙、韩秉方:《中国民间宗教史》,第 595 页。
③ "滦州石佛祖,乃其一也,诱惑男女数千人,各授房中术,互相采补,而石佛口之教匪,破案于道光年间,皆云系闻香教,始于明季王好善之妖狐断尾,与破邪详辨,所传少异。"乾嘉以来,石佛祖、闻香教等早已被污名化、妖魔化,深为清廷乃至民间所忌。且不论所谓"明季王好善之妖狐断尾"纯属张冠李戴以及王好善其人之虚,仅就后世所修《滦县志》一并录入"王道森"与"石佛祖"之故事,竟不知两者之关联,一褒一贬而言,可见名号之变的现实作用。袁荣、刘祖培纂修《滦县志》卷十六"故事·杂录",民国二十六年刻本,第 35 页。
④ 清康熙年间立"王总戎祖墓诰命碑"云:"尔王道森,乃延绥镇延安营参将王可就之祖父,植德不替,佑启后人,绵及乃孙,丕显鸿绪,休贻大父,聿观世泽,兹以覃恩,赠尔为昭勇将军。"此王道森即王森之别称。既获诰赠,自然不能以王森本名示人,以免与闻香教发生关联。袁荣、刘祖培纂修《滦县志》卷二"地理志·邱墓",民国二十六年刻本,第 67 页。

两者之间的关联也属无奈之举。要么就是石佛祖与王森并非一人，各有所指。

王森既为东大乘教、明宗会教主，但其师承关系却一直是个谜团。据明宗会永善堂藏经、凡六部经之一《明宗牟尼注解祖经》透露，其修行经历大致如下：

> 自幼学道数十春，虚度十五遇长生。正交子时真点化，昏眠不醒整三春。牟尼宫内端然坐，南岳寺里讽真经。牛头生瑞佛出现，地涌金莲大转轮。
>
> 偶遇圣僧传点诀，打七炼魔找来宗。内中不显如来性，苦苦参禅遇陀僧。气眼开放通肉眼，肉眼明开法眼通。只通慧眼天眼现，六通明开六部宗。一十八岁明心性，开船普度九州人。独驾孤舟云台现，四河中心度原人。家西有座赦罪府，家东淘沙河又深。观音云台眼前座，背后留宗正法门。原人早到看真经，识的祖意往里寻。忽然参出一步道，圆光滚出三界中。
>
> 明宗云：吾按大藏经中拣出一部出细妙法，遗留六部宗教刊板印造，刊板者不在门里门外，不在出家在家、贫穷富豪、公侯白（伯）子、官员人等，刊板印造，同转云宫，随佛上生，无有虚言。
>
> 大明万历二十二、二十三年乙未、丙申（按：乙未、丙申岁应为万历二十三年和万历二十四年）岁出世落凡，留牟尼注解祖经一十二部。①

大意为明宗祖自幼学道，偶遇圣僧点诀开示，修习打七参禅法门，18岁明心见心，开始行教说法，万历二十二年（1594）、二十三年（1595）或万历二十三年（1595）、二十四年（1596）"出世落凡"，并留"牟尼注解祖经一十二部"。"家西有座赦罪府，家东淘沙河又深"，则暗示了其家乡的

---

① 《明宗牟尼注解祖经》，民国石印本，明会永善堂藏经。

具体位置，所谓"赦罪府"应是其家庙巍峰山寿峰寺之隐喻①，"淘沙河"即流经石佛口村之沙河②。如果明宗祖确为王森，那么按王森生于嘉靖十八年己亥（1539）推算，18岁即嘉靖三十六年（1557）明心见性，56岁即万历二十三年（1595）左右出世留经，可以说出道早，留经晚。值得注意的是，在其明心见性的次年，即嘉靖三十七年（1558），石佛域"祖因泄露天机，戊午还源入圣"③。很有可能，在石佛域王祖、老法王石佛祖归空后不久，石佛口东大乘教已然完成了教权转换，由来自蓟州、改姓王氏或归宗王氏家族的闻香教教主王森，即"石自然"接法续灯，移花接木，从而开启了一个后石佛祖时代，即王森家族掌教的时代，虽然教内保留了石佛祖的名号，但石佛祖早已不是原来意义上的老法王石佛祖，而是接法石佛祖王森，而且"还源古佛""还源祖""古还源佛""明宗祖"等新的称号以及"一十二部经"的出现，标志着东大乘教内部正在悄然发生着某种新变化，那就是明宗会的分宗立派与流布。

如前所述，明宗会缘起于总引明宗兴隆派，属于大乘天真圆顿教构想的宗派杆枝体系的一部分，至于明宗会何时分宗，且以明宗会名号开展教派活动，目前尚难定论。据已知经卷资料分析，明宗会作为教派的名号最早见于黄天道经书，如《朝阳遗留九甲灵文宝卷》云"又有一等教相，乃是明宗之会，号称普明，假赖圆顿，这些魔鬼，后来末劫以尽，一个个窜走度人"④。这里提及的"明宗之会"，即黄天道的明会，主要活动于当时宣府万全右卫一带，虽然名义上共尊普明，但行圆顿教法，故为黄天道正统所强烈排斥和诋毁。不过，明宗会之所以能够皈宗黄天道，并进入黄天道

---

① "巍峰山寿峰寺在城西四十里，寺旧有碑，系明万历年王姓重修，今已废。"袁棻、刘祖培纂修《滦县志》卷四"人民·宗教·寺观"，民国二十六年刻本，第20页。
② "沙河在城西四十里，发源迁安县西南草束子屯，由沙河驿南流至新立庄之西，巍峰山之东，过石佛口南流。"袁棻、刘祖培纂修《滦县志》卷二"地理河流"，民国二十六年刻本，第25页。
③ 《古佛天真考证龙华宝经》（万历二十七年折本）"东西取经品第十二"，马西沙主编《中华珍本宝卷》第三辑第二十九册，第154页。
④ 《朝阳遗留九甲灵文宝卷》，民国抄本，张家口市万全区李风云藏经。

祖庭核心区域活动,与当时黄天道"北岸头一会膳房堡会主许言工"[①],即言午祖许堂的接纳直接相关。为此,言午祖被教内指斥为"北岸头行乱传法,不依天行"[②],"膳房堡此处出了言午人,三辈真来四辈丢,背了旧路"[③]。据调查分析,言午祖许堂大致生活于天启、崇祯至顺治、康熙年间,即公元17世纪20年代至70年代之间。以此推断,明宗会分宗行教当在王森去世之后。王森物故后,王氏家族与东大乘教陷入分裂,三房王好贤后裔迁至卢龙县安家楼,入清以后,始以清茶门教名义游走各地,继续行教。而石佛口二房王好义一支则实际掌握教权,以明宗会名号分宗立派,入清以后则与传教家族渐行渐远,最终脱离干系。或许就是在这一过程中,明宗会一支进入宣府万全右卫一带。为了能够在黄天道的核心地区求得立足并发展,明宗会借助与膳房堡北岸头一会的关系,通过皈宗入派、共祖普明的方式,成为黄天道的另派别传。虽然其最初的动机在于借黄天道之名,行明宗会之实,但彼此间相处日久,交流互动,难免有迎合靠拢的成分,如明宗会民国刊本《明宗牟尼注解祖经》扉画"诸佛诸天图"中,即在原明刊本的基础上添加了普明佛、普光佛、普宗(净)佛等黄天道元素(图7-1左为明刊本,右为民国石印本),以便适应变化了的行教环境。乾隆二十八年(1763),清廷查禁万全黄天道烈火秋霜,掘坟戮尸,寸磔扬灰,寺毁塔圮,黄天道包括明宗会元气大伤,日渐式微。直到光绪元年(1875),明宗会志明师傅修庙办道,方迎来所谓复兴之期。

图 7-1 诸佛诸天图

---

① 《朝阳老爷遗留文华手卷遗稿》(康熙五十四年造,又有乾隆二十九年本),马西沙主编《中华珍本宝卷》第三辑第二十七册,第331页。
② 《朝阳古佛遗留三佛脚册末劫了言唱经》,民国抄本,张家口市万全区李凤云藏经。
③ 《朝阳遗留九甲灵文宝卷》,民国抄本,张家口市万全区李凤云藏经。

三 《九莲经》教派属性辨析

《九莲经》即《皇极金丹九莲正信皈真还乡宝卷》，是明清时期影响较大的一部民间宗教经典，目前学界研究较多，但在其教派属性问题上看法不一。马西沙先生认为《九莲经》作为清茶门教的核心经典，有《老九莲》与"续九莲"两种版本，其中《续九莲》为王森及其后裔依据《老九莲》基本框架所造，并添加了新的思想内容。[①] 或认为《九莲经》为金丹教金丹祖吐经，并非闻香教经典。[②] 那么《九莲经》究竟出自哪个教派？教祖何人？与东大乘教或闻香教又是什么关系？下面拟据《九莲经》以及相关经卷，以经解经，试做分析。

《九莲经》迄今所见最早版本为明嘉靖二年（1523）五月吉日重刊之《皇极金丹九莲正信皈真还乡宝卷》，上下两卷，又名《武当山玄天上帝经》。那么以时间推断，王森生于嘉靖十八年（1539），逻辑上不可能为闻香教王森所造。从教义层面而言，该经重在阐发"无为法、金丹大道"，强调收源还乡、宗派接续。明确表示，金丹道、金丹法、金莲道为祖师所传。所谓祖师即无为老祖，又称金丹祖、天真祖、无为教主、无为三极教主、后天教主、收源祖无量佛等。其自称"奉天差临凡住世度贤良"，"领牒文临凡显教"[③]。后"因为泄了天机，罚在幽岩之地羑里城中一十二载，苦炼身心，功行满足，去见无生"[④]。其生平大要，经云："甲子临凡九转，壬子定派分宗。己未逢拙遇难，庚午入圣回宫。"[⑤] 其意为甲子年即正统九年（1444）临凡下生，壬子弘治五年（1492）显教立宗，己未弘治十二年（1499），因泄露圣机，恼动天心，老母饬令，受罚12年，即所谓"天宫里

---

① 马西沙、韩秉方：《中国民间宗教史》，第612页注释。
② 谭松林主编，连立昌、秦宝琦著《中国秘密社会》第二卷"元明教门"，第221页。
③ 《皇极金丹九莲正信皈真还乡宝卷》"无为分宗论派接绪后天品第二十二"，马西沙主编《中华珍本宝卷》第三辑第二十一册，第210~211页。
④ 《皇极金丹九莲正信皈真还乡宝卷》"无为分宗论派接绪后天品第二十二"，马西沙主编《中华珍本宝卷》第三辑第二十一册，第206页。
⑤ 《皇极金丹九莲正信皈真还乡宝卷》"谨领圣意云童回宫品第二十三"，马西沙主编《中华珍本宝卷》第三辑第二十一册，第220页。

降下灾星"①。庚午正德五年（1510），"留经在世，入圣回宫"。这样，从1444年"临凡"到1510年"回宫"，无为祖师寿活66岁，48岁时开宗立派，55岁至66岁遭遇无妄之灾，积功磨性，造皇极经一部留世，其生活的时代与无为教罗祖（1442~1527）大致同期。又云："太上道生元始化，开辟混沌显天真，亘古至今年深远，直至皇明戊午中。"②戊午当为弘治十一年（1498），正值其"逢拙遇难"的前夜。

无为老祖姓甚名谁、家住何方？《九莲经》藏头露尾并未言明，甚至干脆隐姓埋名，不愿示人，有价值的线索恐怕仅限于几个不多的地理名称，如"二龙河，鳌头住，影姓埋名"③。又"第八转，双凤山，明明泄漏。显无为，金丹道，普度众生。第九转，无影山，云城北岸。泄天机，传后事，留下真经。分九宫，安八卦，船灯接绪。立九杆，十八枝，将法开通"④。

"无影山"亦真亦幻，或地理性概念，或内丹术语，具体所指并不一定。⑤ 双凤山所指有二，一为县志所载之"曹家口社山西刘家庄双凤山"⑥，即今之唐山市铁菩萨山。二为"围山""凤山"之合称⑦，位于今唐山市开平区双桥镇。二龙河则"在城西七十里，李家套庄东，其发源有二，故名。

---

① 《皇极金丹九莲正信皈真还乡宝卷》"谨领圣意云童回宫品第二十三"，马西沙主编《中华珍本宝卷》第三辑第二十一册，第216页。
② 《皇极金丹九莲正信皈真还乡宝卷》"元人问道品第七"，马西沙主编《中华珍本宝卷》第三辑第二十一册，第67页。
③ 《皇极金丹九莲正信皈真还乡宝卷》"显性明机品第十二"，马西沙主编《中华珍本宝卷》第三辑第二十一册，第117页。
④ 《皇极金丹九莲正信皈真还乡宝卷》"无为十第修行品第二十品"，马西沙主编《中华珍本宝卷》第三辑第二十一册，第192~193页。
⑤ "凤凰山在尖山西北五里，石佛口庄之东，土人名为九顶凤凰山。"袁荣、刘祖培纂修《滦县志》卷二"地理志·山脉"，民国二十六年刻本，第11页。据实地调查可知，石佛口凤凰山，当地又称之为"九顶无影凤凰山"，简称"无影山"，以其日间不见山影故得名。九顶无影凤凰山与巍峰山，分处沙河左右、东西两岸，相距约1.5公里，其中巍峰山现为滦州市和唐山市古冶区之界山。因累年采石或烧灰之故，两山今已面目全非，不复往日之风采。
⑥ 袁荣、刘祖培纂修《滦县志》卷四"人民·宗教·寺观"，民国二十六年刻本，第19页。
⑦ 袁荣、刘祖培纂修《滦县志》卷二"地理志·山脉"，民国二十六年刻本，第13页。

一由白道子山，一由围山西南流至后庄营东，十余里合越河之水，入陡河"①，其流域大致在今开平区双桥镇范围及其周边一带。至于"鳌头住"之鳌头，所指不明，但不会超出二龙河流域。这样综合上述因素，可以基本断定，无为老祖的家乡或住地就在今二龙河一带的双桥镇，属于明代永平府开平中屯卫辖地。

虽然《九莲经》对无为老祖的身世、行迹所言甚略，但在后来成书的《销释接续莲宗宝卷》中却道破了无为老祖的真实身份。

> 经云却说天真设教四字，天者是先天祖气，真者是真空下生，设者是设立宗派，教者是教化众生，这便是天真设教也。……无量天真临凡，号曰真武老祖，从在武当山立下玄教，今又来临凡下世，化俗为善，下生潭州郡二龙河鳌头地，隐姓埋名，传一步金丹妙理，演说一字为宗，设教传法，乃天真门无量佛一字金身教，置立法门，立十乘头绪，接续传宗，修炼金丹一粒，将五行配合一身之造化，金者性也，丹者命也，金丹者性命也。
>
> …………
>
> 无量寿佛设玄宗，天真古佛化俗中，下生燕南和赵北，二龙潭州隐姓名。祖居三山鳌头地，金牛洞里苦修行，诸日参禅常搭坐，昼夜下苦炼身心，忽然一日明心性，一字金丹法流通。普传大乘天真法，置立法门渡缘人，一字为宗玄妙理，大乘圆顿立法门，十乘普驾法船渡，接法传灯续莲宗。
>
> 无量佛古天真临凡下世，二龙河潭州郡隐姓埋名，三山显不出户鳌头居住，金牛洞隐圣体暗造灵文，传一步金丹道西来大意，将五行配四相锻炼成真。②

---

① 袁荣、刘祖培纂修《滦县志》卷二"地理志·河流"，民国二十六年刻本，第25页。
② 《销释接续莲宗宝卷》"红梅四杆品第十三"，马西沙主编《中华珍本宝卷》第一辑第九册，第112~115页。

一辈辈接续传宗，你说第四个大圣是谁？天真古佛圣临东。二龙河鳌头安身，天真临凡传何教典？立十乘传下修行。①

天真教度头续皈宗入派，无量祖驾法船龙华相逢。②

以上，第一，诠释了天真设教的基本宗旨，并言明设教的主体即天真祖。第二，天真又名天真古佛、无量天真、无量寿佛、无量佛古天真，"号曰真武老祖"，先是在武当山立下道门玄教，后临凡下生于燕南赵北，祖居潭州二龙河三山鳌头地。第三，天真古佛早年在金牛洞参禅苦修，明心见性，证悟金丹大道。第四，置立法门，设教传法。设天真教、大乘圆顿门，传大乘天真法、一字金丹法，立十乘头绪，接续莲宗。

这样，依其行迹，至此可以得出结论，祖居二龙河一带的这位无为教主、天真古佛，就是神龙见首不见尾的天真教无量祖，而《九莲经》正是出自该派，也正因为无量祖与武当山玄教之间的渊源关系，《九莲经》又名《武当山玄天上帝经》。

天真教创始于还源教、东大乘教、黄天道等未起之时，早期或受全真道的某种影响，主要流布于永平府一带，属地方教派之一。后随着无量祖的去世以及其他教派的崛起，特别是东大乘教的迅速扩张，作为教派，天真教或已名存实亡，更多地融入了其他教派，但作为教派遗产的《九莲经》，事实上已成为不少教派的通用经典，并对黄天道、闻香教、弘阳教、圆顿教等产生过一定影响。

---

① 《销释接续莲宗宝卷》"红梅一枝品第十九"，马西沙主编《中华珍本宝卷》第一辑第九册，第157页。
② 《销释接续莲宗宝卷》"红梅六枝品第二十四"，马西沙主编《中华珍本宝卷》第一辑第九册，第186页。

第二节 明、黄二会的复兴与志明①

一 传说中志明的民间形象

志明故事在当地流传甚广，可谓家喻户晓。传说，一次赶会途中，洋河发大水，人们无法渡河，志明踩着水就过去了。人们以为他跳河了，结果回家一看，志明早在家里等着了。

村里以前有个龙王庙，志明曾在庙里当徒弟，庙里的老道有头驴，志明的任务就是每天割草喂驴。有一块地，不算大，长的是驴爱吃的"嘎嘎草"，志明每天来这里割草，每次都能割很多，好像永远也割不完，但别人来这里却看不见，割不着。

其中最著名的就是志明驱雹的故事。当地每年下冰雹，以张杰庄和小屯堡之间为界，冰雹只打在张杰庄的地界，从不会落在小屯堡，据说是志明师傅在保佑。

又说志明能掐会算，说明天有雨了就会下雨，他在地上画一个大圆圈，人站在里面，圈内不湿、圈外湿。要是下冰雹，他手一挥，就把冰雹驱散，转到别处去了。直到今天，小屯堡仍然不遭冰雹灾害。

据说有一次，志明在这里打算吃饭，但叫他吃，却怎么也不吃，一吃别的地方就下冰雹。

1965年拆大庙时，志明师傅的肉身塑像被毁坏了，只剩下了骸骨，于是建了一座小庙供奉。迄今每遇干旱，都会有信众前来祈雨，很灵验。

---

① 本部分主要基于2009年5~11月的三次实地调研访谈资料，就志明传说以及大庙管理等情况进行梳理归纳。需要说明的是，这三次调研，前后历时近一个月，走访知情人12位，访谈近20人次，涉及膳房堡、小屯堡、张杰庄、杏园庄、梁家庄、新开口、西北街等7个村庄，其中教派人物4位，即明会2位、黄会1位、某教派1位；年龄最小者60岁，70~75岁者3位，75~80岁者5位，80~85岁者3位。岁月无情，迄今这些曾经的受访者，或已作古，或耄耋之年，耳目不再聪明，记忆不复当年，曾经清晰的过往，化作依稀的闪念，委实令人感慨，不胜唏嘘。

综上所传，志明的民间形象是一位会法术、有神通的人物。迄今，虽然志明的故事已经过去了一百多年，但每每提及，似乎就像发生在昨天一般真实清晰。特别是在小屯堡，志明的传说更是妇孺皆知。在村民看来，志明与小屯堡渊源颇深，小屯堡就像是志明的第二故乡，唯后悔当初没有听从志明师傅的劝告在本村打一眼圣井，否则大庙就不会是建在膳房堡了。

二　志明的出身来历与行迹

关于志明的出身来历，民间有多种说法，虽然版本不同，或详或略，但基本内容无大出入。一说志明师傅是附近新河口乡茶窑子（经实地查证，应为张北县台路沟乡朝阳窑子村，又作朝阳窰、朝阳窑。张家口方言，茶、常发音同，朝阳连读即为茶或常）人，在哈八气一带。小时候每天种地打柴，跟哥嫂一起生活。一次志明师傅和小伙伴们上山打柴，别人都是满载而归，只有志明两手空空。哥嫂见状，对他又打又骂，并把他赶出了家门。志明于是跑到了小屯堡，饿了就讨吃要饭，天黑就住在庙里。庙里有个老道，见他可怜，就收留了他。志明也很勤快，每天起床后总是把院落打扫得干干净净，老道很爱他。而且志明看见佛像就磕头，以前哥嫂却是不让他这样做。时间长了，老道也去世了，只剩下志明孤身一人，最后跟小屯堡的人去了大庙。普明是前世，志明是后世。志明说，大庙该遭三次大劫，毁三次盖三次，现在已毁了两次，第三次还没有盖。于是召集黄、明两会，商议盖庙的事宜。

再说志明到了普佛寺后张罗着准备盖庙，此事也惊动了十里八村，施主们见是个小和尚，心存疑虑，就为难说：村民从来都是靠种庄稼吃饭，靠天吃饭，没有见过靠盖庙吃饭的。志明回答：修好了庙，叫天多下点雨不就什么都解决了。于是召集"十八村"的施主，宣布建庙。志明提议：盖庙得选出三个经理，一个施工经理，一个米面经理，再一个是财政经理。其中财政经理就是新开口村的李文广。当时谁也不敢出任财政经理，因为**既要有能力，也需要财力，一般人难以胜任**。

动工后，先盖了三间正殿，是"十八村"集股。志明说：施主们不要发怵，橡子、檩子都会有的。人们很是怀疑：你说有，在哪里呢？志明认真地说：大门前有个井，井里橡子可多了。施主们觉得好笑：壳（当地方言，傻之意）志明，井里哪有橡子。志明并不生气，说：井就在这里，往下挖吧！挖出大青石，青石下面就是一眼井。大家按他说的往下挖，果然挖出一块青石，掀开青石，下面真的有一眼井，但并没有看见什么橡子。这时志明发话了：大家先别急，先磕个头，井水是圣水，有病的喝了马上就好。众人不信，正好有个人在施工中手指受了伤，疼痛不止，就试着用野草蘸了点井水洒在伤指上，果然就不疼了，但人们还是将信将疑。这时忽然过来了一个哑巴，有人怂恿说，那就叫哑巴喝点水试试吧。一喝，没想到哑巴当下就开口说话。这下人们是彻底信服了，一有病就来求圣水，而且喝了马上就好。神迹越传越远，每天前来求圣水的络绎不绝，越来越多。志明对大家说：如果有人用圣水治好了病的话，就发点布施。于是，信众的布施从四面八方纷纷而来，不久钱财广集，普佛寺很快就盖成了。据说，当时钱财多得用三个会计都记不过账来。

又说志明师傅的俗名叫马有财，志明是出家以后的法号，老家是张北县茶窑子（即台路沟乡朝阳窑子），后来游方到小屯堡看守寺庙，起初曾住在乔家。

据乔家后人讲，志明不姓乔，刚到小屯堡时就像个乞丐一样，乔家的太爷乔凯是个大善人，看他可怜就收留了他。最后快要修成时，志明师傅才建议在村里建一个庙堂。村里的人认为建个庙堂没意思，是在瞎说，拿什么来建？没钱啊。志明说就打一眼井。村里的人说打井干什么？志明说打了井就能来钱。村里的人到底没有相信，后来就到膳房堡打了一眼井。原来井水是圣水，能治病，于是周围的人都来布施取圣水，终于筹足了钱，盖好了庙。大庙是乔凯帮助志明建的，庙建成后乔凯就走（意即去世）了。志明先走，乔凯后走，一块转了（意即转世超生）。临终前乔凯吩咐族人：**快给我穿衣服吧！志明师傅在等着我呢。**乔凯有痨病，志明临转前曾对乔凯讲：我要走了，给你留下一口唾沫，你张开嘴。乔凯当时不相信，就没有接受。志明就把唾沫和在豆面里擀成面条给乔凯吃，乔凯也没有吃，因为不相信。后来才知道那口唾沫其实是志明师傅修成的仙丹，要是乔凯吃了就好了，就成了半仙之体。志明是修成的，是普通人修成的佛。当地有个说法，说小屯堡这么大的地方只有一个半真人，一个人是指志明师傅，那半个人就是乔凯。因为乔凯没吃仙丹，所以只是半个人，半仙之体，不是真人。

由上可以大致勾勒出志明的身世行迹，即志明俗名马有财，张北县台路沟乡朝阳窑子人，父母双亡，跟随哥嫂生活，后被老道收留看庙，出家为僧，法号志明。老道圆寂后，志明游方至小屯堡，与乔家结缘，发愿修盖寺庙。无奈小屯堡村民半信半疑，犹豫不决。他只好到膳房堡，借助神井疗病奇迹，广募财物，寺庙终于落成。

对于寺庙的修建，万全县志载：

> 迨后旱魃为灾，乡民祷于普明坟墓，油然作云，沛然下雨，则苗勃然兴之。甘霖既降，信佛弥坚，于是鸠工庀材，建庙祀之，名曰普佛寺，时在光绪元年。当是时也，有僧人智明来自小屯堡，参与修庙事宜，口讲指划，应验如神，因之寺院逐渐扩充，前后建筑，院宇五进。[①]

> 五区膳房堡西有普佛寺者，寺院宽敞，房屋甚多，每年修理庙产甚为丰富。相传此寺之起源，完全在此寺东偏院之井。此井在若干年前，无故出现水，能治百病，人皆视为神水，远近相传，争先取水，有病者饮之无不立愈，以故人皆感之，酬以布施，数年之间，聚集巨万，于是以款建庙成。今日全县独一无二之大寺，皆神水之赐也，并经普明之点化，款既易集，工程亦易早成，皆非人力所能致。[②]

那么，根据县志记载，结合民间传说，说明志明参与修庙事宜以及赖神水之赐，酬以布施，终成大寺一事，并非虚言。当然，这一切都在于冥

---

① 路联逵、任守恭主修《万全县志》卷七，第49页。
② 路联逵、任守恭主修《万全县志》卷十，第15页。

冥中"普明之点化"和福佑。事实上，志明作为一位来自小屯堡的"明会"僧人，当时正是巧妙利用了当地民众对于普明的崇拜与自身的人格魅力，才得以纠合各方力量，将业已废弃一百多年的碧天寺重新建造，并更名为普佛寺，俗称大庙，时在光绪元年（1875）。或许因为志明建庙有功，以志明为代表的明会，从此堂而皇之进驻普佛寺，且辟有专门的活动场所与供奉本派始祖的佛殿，正式开启了明、黄两会共享一庙，皈宗合流的历史。

三 黄会和明会

根据教派人物的访谈，我们可以得知，黄会是普明传的一支，是普明爷爷的根，明会又叫明道，是志明的一支，但明会不是志明创的，是释迦佛传的一支，与大佛教一样，两个都是在普佛寺修行。笔者认为虽然黄天道分为明会和黄会两个组织，但两者之间没有矛盾，都是吃素的善人。黄会活动时一般是在庙里敲磬、鸣钟、念经。明会的人则是在庙里念经礼忏，念经时，前面放一张桌子，上面摆放经卷，由一个人挑经，领念，众人跟诵。

即便在外教看来，黄天道的明会和黄会也是同属一家，规矩很严，不抽烟，不喝酒，讲五戒，绝七情六欲，讲究一念不起，清心打坐。打坐叫道行，教内人常讲"有道没道，自己知道"。打坐的时间不讲究，除吃喝拉撒以外，行住坐卧全是功夫。道徒平素在家，每天需按四个时辰（子时、卯时、午时、酉时）进行早晚拜佛诵经修炼，但明会没有。

明、黄两会之间，没有矛盾。老人去世，道徒会去念经，为其超度，消除罪过，去西方极乐世界。一般是逢月三日、四日、八日等念经做法事，当然也不一定。念经时有专门挑经的人，边挑边念，众人跟着诵读。

明会一年中有两次大的法会，一次是十月初八志明师傅成道日，一次是四月初八佛诞日。平常如果谁家有什么不顺利的事，就去给人家念念经，念一次经要三五天，不收钱，都是吃素的人，一般是师傅带几个徒弟去念经。再就是给人挑个好日子，就是"开吉"。

黄会、明会只是大体的分别，不严格。一般是入了哪会是哪会，不跳会。平时念经等活动，黄会和明会都在一块，双方没有矛盾，互不干涉，其他都一样。大致区别归纳如下。

黄会在普明殿念经做法事，明会是在大佛殿即大雄宝殿念经做法事，大雄宝殿供奉的是释迦佛和文殊、普贤两菩萨。

起源方面，黄会起源早，明会起源晚。明会是王还源在万历皇帝朱翊钧时创立的，比黄会创立的时间略晚。

仪式方面，做道场时，黄会有乐器，在普明殿活动；明会没有乐器，在大雄宝殿活动。黄会和明会念的经不一样。明会通常只在庙里念经，吃荤的地方不去，只念经不吹打。而每到秋后丰收季节，村里搞"谢土"仪式，则由黄会主持，连续三天，吹吹打打，明会的不参与。

入会方式方面，明会入会后，男的称为某某师傅，女的叫二师傅。凡是入会的，师傅都会教授、传抄、背诵这样的经文口诀："弟子祖，还原祖，道是清净道，佛是云（蕴）空佛。新（兴）隆派，通天号，红梅干，第九支①，善终（三宗）四派善人，弟子某某，弟子某某是某某某的弟子，师傅某某某，上请某某某师傅。"最后念到无生老母跟前。膳房堡这片属于红梅干第九支，人数不定，不正派的不要，有引进人和师傅，平时都是由年长的老师傅负责组织活动。

总之，明、黄二会虽然共处一庙，但和而不同，各行其是，彼此无扰。法事活动中，黄会多器乐吹打仪式，或"谢土"或"度亡"，强调子午卯酉四时修炼；明会则重念经看卷，内分宗、派、干（杆）、支（枝）等层级结构。黄会属普明祖法脉，明会则是还源祖道统。明会虽与黄会共尊普明，但不忘还源祖根。两者经卷各有所传，自成体系，只是偶有错杂。

四 普佛寺的管理和住持

据介绍，大庙落成后，当时是由"十八村"管理和供养，"十八村"就是18施主，布施米面、钱粮等，如新开口有300户，就要出300股。遇到

---

① 该经文口诀或出自《佛说莲宗宝图》，又名《还源祖莲宗宝卷》之"还源祖，教是清净教，门是大乘门，法师（是）蕴空法，道是真常道，会是华严海会，派是总引明宗兴隆派，号是通天圣号，杆是九色杆，枝是五行枝，祖立三宗五派九杆十八枝"。

丰年盖庙，由各户出股分摊，天旱祈雨，费用也是各户分担。每遇盖庙等重大事务，一般是由住持和尚召集"十八村"协商，公开所需费用，然后由各村分担。"十八村"不是指18个村庄，是十里八村的泛称，实际上是18个股。协商时，每村选一个施主做代表，施主是村里选出来的，一般是有能力、办事认真、有威信的人，就像现在选村主任一样。

"十八村"，包括膳房堡、黄家堡、梁家庄、窑儿沟、冯家窑、北忻窑（今北新屯）、东马营（今新开口）、莲针沟、望虎台、牛窑沟、巨德堡、马头山、太平庄、菜山沟、正北沟、黄土湾、洞尚、艾蒿沟，以及膳南山、和尚庄、上西湾等，均是膳房堡周边方圆约15公里范围内的村庄，其中巨德堡和上西湾是两村合股。

据回忆，方丈和尚姓李。明会的大和尚是新开口的道复，来自口外。明会的二和尚姓田，西红庙村人，叫道廉。三和尚是膳房堡本村人，姓贺，叫道默，以前在赐儿山待过。道默就是果贤，果贤是道廉的师傅，道廉是道复的师傅。

寺庙的住持是明会的人。膳房堡的人是"吃庙的"，管庙的多是膳房堡的人。志明师傅走了以后，孟二、孟四师傅才来到大庙。兆银是老二，是孟二师傅，兆贵是老四，是孟四师傅，兄弟俩是蔚县人，在大庙修行成真。孟二师傅先走，孟四师傅紧跟着后走，两人生前有约定，看看谁先修成，谁修成的早谁先走。孟二师傅、孟四师傅都是明会的人。

由上文不难看出，光绪元年大庙落成后，志明事实上成为首任住持。志明坐化以后，先后由道默、道廉、道复师徒三人担任住持一职，其中道默即果贤为膳房堡本村人，俗姓贺。

应该说，差不多与果贤住持大庙同一时期，明会的孟（门）二、孟（门）四师傅作为"居士"来到了膳房堡。据"门公碑"记载，门二师傅兆银，生于咸丰癸丑年（1853）甲子月十一日亥时，涅槃于民国庚申年（1920）己卯月初五日子时。门四师傅兆贵，生于咸丰戊午年（1858）庚申月二十一日辰时，涅槃于民国庚申年己卯月初五日巳时。其原籍为"北直蔚罗郡南留庄"，"幼而养真，壮而访"，后云游至张北县狮子村创设经堂。数年后,因"普佛寺施董住持等公请旅寺洁理",于是入寺整顿教务,且于"四隅等村均有助善"。又云"虽有治齐之效而贺姓切有荐贤之理"。这大致可以理解为,自从门氏兄弟入寺协理教务以来,初见"治齐之效",而这与贺姓的"荐贤"不无关系。那么,所谓贺姓究竟为谁?很显然,门氏兄弟的到来,是因为得到了普佛寺"施董住持"等公的邀请,而当时住持大庙的正是果贤,即道默。换言之,果贤也是邀请门氏兄弟的诸公之一,且果贤俗姓贺,膳房堡村人。由此不难想象,果贤作为大庙的住持和膳房堡村贺姓家族的代言人,在"荐贤"邀请门氏兄弟方面应当是起了决定性作用。

此外,据方志文献记载,志明于光绪四年四月初八日坐化后,先传至治妙,之后是果贤接续,第四任道廉失踪后,寺为明、黄二会争执,苦讼不休,卒将该寺由十八村经营,一年一换。民国十七年(1928)以后道复为住持,唯年幼且不谙经典。[①] 又"民国19年(1930),膳房堡普佛寺明、黄两会发生争执,明会主持高登祥出走,到西红庙与道徒蔡荣会又建黄经堂1处。1939年前后,又在第八屯、龙池屯、弘慈洞各建黄经堂1处"[②]。

串联分析,普佛寺历任住持,已知者共有5位,即首任志明师傅、二任道默、三任道廉、四任道复以及后来的高登祥,且均有明会背景。虽说民国时期明、黄二会曾发生过争执,但应属偶发事件,并非常态。当然,明会势力的坐大也是一个不容忽视的事实。随着明会的日趋活跃,特别是在寺庙事务上越来越多的影响,客观上挤压了黄会的权力空间,加之普佛寺"寺产田地甚多,寺内佣工、牛马、农具,设备齐全,俨然一大庄户也"[③]。因此,也不排除资源或利益因素对双方关系的某种影响。不过,随着"十八村"经营的开始,教派管理模式最终代之以属地管理模式,从而从根本上化解了明、黄二会潜在的利益和寺权之争。

---

① 路联逵、任守恭主修《万全县志》卷七,第50页。
② 《中国会道门史料集成》编纂委员会编纂《中国会道门史料集成》上册,中国社会科学出版社,2004,第78页。
③ 路联逵、任守恭主修《万全县志》卷七,第50页。

后 记

本书是2015年度国家社科基金项目"黄天道研究"（15BZJ040）的最终研究成果，也是笔者长期以来田野调查之心得。2004年初春，为充实即将付梓的博士学位论文，笔者第一次踏上了前往张家口的路途，并有幸发现了赵家梁村尚存的普明庙及其壁画图像，从此开启了十多年乐此不疲的探访寻查之路。虽说甘苦自知，但所获甚丰，特别是对黄天道寺庙与经卷的调查，不仅发现了几处颇具代表性的"孤庙""全庙"，而且陆续访到了原生性、活态化的三大资料群。它们的收藏者，也是保护者，大都因家族关系与黄天道存在某种或直接或间接的关系，有的本身就是信仰者或方外之人，应该说，这批稀见珍贵经书之所以能够传留至今，与他们的精心保管和爱护是分不开的。对他们而言，经书实在包含着太多的情感和意义，既是传世家族遗产，更是一份珍贵的精神财富。感谢他们的理解、信任和善意，毫无保留地将家藏经书悉数示阅笔者，并慨允拍照取材，同时提供了诸多关于黄天道传说故事、师徒关系、戒规仪式、日常修行等方面的情况，堪称难得的一手资料。

俗话说万事开头难，田野调查尤其如此。从蛛丝马迹寻起，渐及更多线索的发现，从人地两生，到轻车熟路，靠的完全是诚心、耐心和恒心。这得感谢那些淳朴而热情的乡民，虽然他们大多并不了解这项研究的性质，却总能积极配合，给予最实际的帮助。当然，行走乡村间，离不开包车、租车，张家口市的王新华师傅和万全镇西北街的二牛师傅，是笔者调查时打交道最多的两位司机，他们为人热情，熟悉当地的人和事，相处日久，他们对调查的意图、寻访的目标对象，以及需要了解的问题已是十分清楚。

因此很多场合，不必亲自发问，他们已主动代行其事，省却了诸多方言沟通上的不便，甚至在诸如行程安排、调查点布设、与当事人接触等方面，也给笔者提供了不少很好的建议，从而使调查工作更加顺畅高效，人脉关系也逐渐建立。事实上，两位师傅充当了绝好的陪同、方言翻译和助手的角色，水峪口村竹林寺就是按王师傅建议，临时增加的调查点之一。后期调查期间，万全县（区）文化局局长张振山先生与工商局王德山先生两位民间文化热爱者，不仅给予了笔者热诚帮助和支持，而且提供了不少有价值的调查线索，特别是王德山先生，利用地利人和，多次陪同笔者走村访卷，助力甚多。在此，谨向两位表示衷心的谢意。业师马西沙先生，长期以来一直关心本项研究的进展情况，始终给予鞭策和鼓励，解难答疑，使我受益良多。

光阴荏苒，岁月如梭，十几年一晃而过，曾经的访谈对象，大多年事已高，有的因病离世，对那段过往的故事从此以后将愈少人知。每念及此，感慨良多。在此，衷心祝愿他们健康长寿、安享晚年！世事多艰，人生无常，或许这就是信仰赖以产生的社会土壤。

感谢社会科学文献出版社编辑的精心审校和辛勤付出，也特别感谢时任中国社会科学院民族学与人类学研究所所长的郝时远研究员，在本项研究最为关键的起步阶段，若没有他的信任和力荐，是不会及时立项并顺利展开的。

图书在版编目(CIP)数据

图像与历史：华北民间宗教调查研究／梁景之著. -- 北京：社会科学文献出版社，2022.10（2024.4 重印）
ISBN 978-7-5228-0460-6

Ⅰ.①图… Ⅱ.①梁… Ⅲ.①民间宗教-调查研究-华北地区　Ⅳ.①B933

中国版本图书馆CIP数据核字（2022）第135684号

图像与历史：华北民间宗教调查研究

著　　者／梁景之

出 版 人／冀祥德
组稿编辑／宋月华
责任编辑／周志静
责任印制／王京美

出　　版／社会科学文献出版社·人文分社（010）59367215
　　　　　　地址：北京市北三环中路甲29号院华龙大厦　邮编：100029
　　　　　　网址：www.ssap.com.cn
发　　行／社会科学文献出版社（010）59367028
印　　装／唐山玺诚印务有限公司

规　　格／开 本：787mm×1092mm　1/16
　　　　　　印　张：17.25　插　页：1.75　字　数：239千字
版　　次／2022年10月第1版　2024年4月第3次印刷
书　　号／ISBN 978-7-5228-0460-6
定　　价／98.00元

读者服务电话：4008918866

版权所有 翻印必究